DUMONT

COLIN THUBRON

EIN BERG IN TIBET

ZU FUSS DURCH DEN HIMALAYA ZUM HEILIGEN BERG KAILASH

AUS DEM ENGLISCHEN VON
WERNER LÖCHER-LAWRENCE

DUMONT

FSC
www.fsc.org
MIX
Papier aus ver-
antwortungsvollen
Quellen
FSC® C105485

Die englische Originalausgabe ist unter dem Titel
»To a Mountain in Tibet« erschienen
© Colin Thubron 2011

1. Auflage 2014
© 2014 für die deutsche Ausgabe: DuMont Reiseverlag, Ostfildern
Alle Rechte vorbehalten
Übersetzung: Werner Löcher-Lawrence
Gestaltung: Herburg Weiland, München
Umschlagfoto: Getty Images, www.richnacin.com
Karten: Gerald Konopik, DuMont Reisekartografie, Fürstenfeldbruck
Printed in Spain
ISBN 978-3-7701-8261-9
www.dumontreise.de

EIN BERG IN TIBET

ZU FUSS DURCH DEN HIMALAYA
ZUM HEILIGEN BERG KAILASH

Inhalt

Kapitel Eins

Die Sonne erreicht ihren Zenit. Silbergraue Felsen liegen zwischen Dornendickicht und rauchblauen Blumen um den Pfad verteilt. Die auf den weiter entfernten Bergen hängenden Gewitterwolken bewegen sich nicht. Außer dem Knirschen unserer Stiefel und dem Trekkingstock des Sherpas ist nichts zu hören. In den Steinen unter unseren Füßen glitzert Quarz.

Diese ersten Stunden atmen ein unverbrauchtes Hochgefühl. Der Pfad vor uns ist mit einem schimmernden, harten Glanz überzogen. Die Erde ist wieder jung. Vielleicht ist die Höhe der Grund für diese Leichtigkeit und Vorfreude. Innerhalb von einer Stunde sind wir von Meereshöhe auf gut zweitausendachthundert Meter geflogen, und ich fühle mich schwerelos, als hinterließen meine Füße hier oben keine Spuren.

Unter uns hängt die kleine Stadt Simikot über einem Abgrund aus leeren Tälern. Ihre Wellblechdächer leuchten zwischen grünen Gerstenfeldern und fallen langsam hinter uns zurück. Die Twin Otter, mit der wir hergekommen sind, hat bereits wieder von der Rollbahn abgehoben, umgedreht und ist zwischen den Bergen verschwunden. Straßen gibt es keine. Humla ist der abgelegenste Distrikt Nepals und wird auch heute noch wenig von Trekkern besucht. Die nächste geteerte Schnellstraße ist die Verbindung zwischen Kathmandu und Delhi, die hinter Hunderten von Kilometern Berglandschaft südlich durchs Tiefland führt, und die Bergsteiger-Highlights Dhaulagiri, Annapurna und Mount Everest liegen weit außer Sichtweite im Osten.

Später öffnet sich eine dunkel bewaldete Schlucht nach Westen und schneidet einen gewaltigen Korridor durch die Berge. Ihre Wände wachsen schwindelerregend zu viertausendfünfhundert Meter hohen, von Wolken und Schnee zerklüfteten Gipfeln auf. Lautlos tost tief unter uns der Karnali aus der höchsten Quelle des Ganges durch diese immense Kluft, die so steil abfällt, dass er oft nicht zu sehen ist. Der Fluss ist nirgends schiffbar, wird uns aber während der nächsten zehn Tage nach Norden führen. Mit frostiger Anziehungskraft windet er sich immer höher und tiefer hinein in den westlichen Himalaya, Stufe um eisige Stufe geht es über hundertsechzig, hundertsiebzig Kilometer hinein nach Tibet.

Nach Trekkerstandards ist unsere Gruppe klein und beweglich. Wir sind zu viert: ein Führer, ein Koch, ein Mann für die Pferde und ich. Wir bewegen uns in unregelmäßigen Abständen über dem Fluss entlang, einzelne Händler kommen uns entgegen und führen ihre stämmigen Pferde und Maultiere von einem einsam gelegenen Dorf zum nächsten. Es sind dunkle, schmächtige Männer mit zerrissenen Anoraks und krempenlosen Hüten, die sich mit dem Glockenläuten ihrer Tiere voranbewegen. Ausreißer werden mit sanften Stimmen ermahnt, sich wieder einzureihen. Die Frauen gehen neben ihren Männern, Schärpen und Tücher tiefrot und blau, die kräftigen Handgelenke gleich mit mehreren Armbändern geschmückt, an Nase und Ohren hängen goldene Scheiben. Sie wirken wild und offen und erwidern unsere Blicke mit einem Lachen. Die Feinheit des Flachlands ist verschwunden.

Wir kommen zu einem Steinhaufen mit verwitterten Stangen und steigen zwischen Kiefern hinab in Richtung Fluss. Das Fauchen tief unter uns gelegener Wasserfälle dringt zu uns empor. Friedlich und das gegenüberliegende Ufer mit langen gelben Simsen säumend, reift auf den Terrassen eines für uns noch unsichtbaren Dorfes das Korn. Die Hänge lodern im Rot und Purpur des späten Frühlings und unbekannten Gesträuchs. Riesige Walnussbäume und silbrige, duftende Sträucher treten in den Blick, während sich über uns die Berggipfel zu zerklüfteten Zinnenmustern sammeln und uns mit einem eigenen Frieden zu umhüllen scheinen.

Fast ohne es zu merken, haben wir das Dorf bereits durchquert. Granitfelsen überschatten weit zerbrechlichere Behausungen: Hütten aus Trockensteinmauern und verblichenen Balken, die im Eruptivgestein stecken. Sie sehen halb verlassen aus, milde und idyllisch über ihren Feldern, sodass ich mir, während wir weiter hoch über dem Fluss entlangziehen, vorbei an Reisfeldern und einem kleinen Shiva-Tempel, das Tal als einen Ort arkadischer Ruhe vorstelle.

Unversehens schließt sich uns ein Mann an. Er schäumt über vor Sorgen. Seine Jacke ist mit Flicken besetzt, seine Turnschuhe klaffen auf. Er belegt den Sherpa mit einem wahren Sperrfeuer aus Fragen. Wie kann er hier wegkommen? In diesem Tal reicht es für keinen von ihnen. Seine Familie kann von ihrem kleinen Reisfeld nicht leben, es ist nicht genug …

Seine Blicke treffen uns aus einem sonnenverbrannten Gesicht. Über Kilometer folgt er uns, er erträgt den Gedanken nicht, uns einfach wieder gehen zu lassen: Wir sind von der Aura der

Welt da draußen umgeben. Er war noch nie in Kathmandu, hat diese Gegend noch nie verlassen. Und jetzt hat der Regen die Erde rings um sein Haus gelockert, und es rutscht hinunter zum Fluss.

»Ich bin jetzt sechsundfünfzig ... mein Leben ist zu ärmlich ... Mein Sohn und meine Schwiegertochter wollen ein neues Pferd kaufen, doch das können wir uns nicht leisten ... Ein Pferd kostet vierzigtausend Rupien ...«

Aber seine Klage wird von einem harten Funkeln begleitet, als spräche er von anderen Leuten. Grinsend lässt er uns seine schiefen Zähne sehen. »Ihr Pferd ist alt ... es wird sterben ...«

Natürlich, wir befinden uns in einer unbarmherzigen Gegend, in einem von Armut gegeißelten Land: Die Winter sind bitterkalt, und die wenige fruchtbare Erde ist mit Steinen übersät. Arkadien zerfällt unter seinen Worten. Die bebauten Terrassen bleiben hinter uns zurück, und über uns drückt der nackte Fels seine riesigen gezackten Schultern durch das Grün der Hänge. Manchmal hebt sich der Pfad jäh auf in den blanken Fels gehauene Steinstufen oder führt über Gerölltreppen, auf denen ein Stolpern genügt, um uns in den Abgrund stürzen zu lassen.

An einem dieser Flaschenhälse finden wir das rote maoistische Rebellenemblem: Hammer und Sichel prangen neben einer Swastika (die hier ein archaisches Symbol für das Glück ist) auf dem Fels, die Kämpfer selbst sind nicht mehr da. Zehn Jahre lang haben sie die Gegend gelähmt und die wenigen Ausländer, die sich hertrauten, höflich um ihr Geld erleichtert. Dreizehntausend Nepalesen sind ihnen zum Opfer gefallen. Heute, drei Jahre später, nachdem Kathmandus Königsdynastie aus dem Weg geräumt ist, streiten sie sich mit den altersschwachen Politikern in der Hauptstadt um die Macht, und ihr alter Wahlspruch »Folgt dem maoistischen Weg!« blättert von Felsen und Mauern.

Endlich dreht der Bauer wieder um und winkt überschwänglich. Seine Stimme verblasst zwischen den Felsen: »Wir haben

keinen König mehr ... Wir haben nichts ...«, und dann, als wollte
er uns vielleicht doch weiter folgen: »Wohin geht ihr?«

Der Sherpa antwortet: »Zum Kailash!«, und der Name hallt
wie ein preisgegebenes Geheimnis den Fluss hinunter. Der Bauer
hört ihn nicht mehr. Es ist der Name einer Vorstellung, eines
Traumes, hoffnungslos weit entfernt.

So wirkt er auch im Westen immer noch: Der für ein Fünftel der
Erdbevölkerung heiligste Berg der Welt steht abgelegen und versteckt auf seinem Plateau, einer frommen Illusion gleich. Über
Jahre habe ich ihn wie ein Fantasiegebilde wahrgenommen. Isoliert hinter der Brüstung des Hochhimalaya gelegen, findet er sich
in frühen hinduistischen Schriften als der mystische Berg Meru,
dessen Ursprünge in die Anfänge der arischen Zeit zurückreichen. In dieser Inkarnation rotiert er wie eine Spindel auf der
Achse der Schöpfung, steigt unzählige Kilometer zum Palast
Brahmas empor, des größten und fernsten der Götter, und taucht
ebenso tief in die Erde ein. An seinem Fuß entspringen die vier
diese Welt nährenden Flüsse, und alles in der Schöpfung findet
hier seinen Plan, Bäume wie Felsen wie Menschen. Mit der Zeit
wuchsen der mystische Meru und der irdische Kailash in der Vorstellung der Menschen zusammen. Frühe Wanderer zu den Quellen der vier großen indischen Flüsse, des Indus, des Ganges, des
Satluj und des Brahmaputra, fanden zu ihrer Verwunderung heraus, dass diese zu den vier Seiten des Kailash führten.

So entdeckten die Menschen das Herz der Welt, einen Ort
sternenhafter Schönheit, durch göttliche Absicht vom Rest des
Himalaya getrennt. Für die Frommen strahlt der Berg Gold aus
und bricht das Licht wie ein Kristall. Er ist die Quelle des Universums, geschaffen aus kosmischen Wassern und dem Geist Brahmas, der selbst doch sterblich ist und dahingehen wird. Sonne und
Planeten umkreisen ihn, der Polarstern hängt unverrückbar über
ihm, die Kontinente der Welt strömen wie Lotusblätter auf ei-

nem kostbaren Meer von ihm als Zentrum aus (die Menschen bewohnen das südliche Blatt), und seine Hänge sind trunken von den Gärten des Paradieses.

Aber der Gott des Todes wohnt auf dem Berg. Nichts ist allumfassend, nichts ewig – nicht einmal er. Alles ist im Fluss. In den Ozeanen um den Kailash-Meru, hinter einem Ring eiserner Berge, wiederholen und vervielfältigen sich zahllose Verkörperungen Merus – immer identisch mit ihrem Vorgänger, sterben und wiederauferstehen sie in Ewigkeit.

Um mich herum im Tal des Karnali stört noch nichts diese Träume. Der kleine Ganges stürzt fern am Horizont aus einer Spalte. Der Sherpa versucht zu singen.

Ich weiß, der Kailash, dieser massive irdische Gipfel, den wir immer noch nicht sehen können, steht auf weit kargerem Terrain, allein Anbetung und Verehrung schmücken ihn. Jahrhunderte sich überlappender Gottheiten haben ihn nachdrücklich in die Geschichte eintreten lassen. Vor etwa tausend Jahren wurden die ihn beherrschenden heidnischen Götter in den Buddhismus überführt und wurden zu seinen Beschützern. Ein paar fielen natürlich durchs Netz, sogar eine fliegende Himmelsgöttin, und sind immer noch da. Dazu kamen zahllose Buddhas und Bodhisattvas (Heilige, die ihren Eintritt ins Nirwana verschoben haben, um anderen zu helfen), bevölkerten die hohen Klippen und Gipfel und erleuchteten den Berg mit ihrem Mitgefühl. Schließlich folgte Buddha selbst und verankerte den Kailash mit seinen Fußabdrücken in der Erde, bevor ein Dämon ihn davontragen konnte.

Der Berg ist von einer so dichten, sich verändernden Mystik umgeben, dass er sich jeder einfachen Darstellung entzieht. Auf eine seiner Spitzen stiegen die tibetischen Könige vom Himmel herab (um am Ende von der Welt abgeschnitten und in Not dazustehen). Die Hindus glauben, der Gipfel des Kailash sei der Palast

Shivas, des Gottes der Zerstörung und des Wechsels, der in ewiger Meditation dort oben sitzt. Aber es ist unbekannt, wann die ersten Pilger kamen. Buddhistische Hirten und hinduistische Asketen müssen den Berg seit Jahrhunderten rituell umkreisen, und die Segnungen, die sie dafür erfuhren, wuchsen in den geheiligten Überlieferungen wunderbar an, bis eine einzelne Umkreisung die Sünden eines ganzen Lebens auslöschte. Der Berg war zwar immer nur unter Gefahren zu erreichen, aber nie wirklich unzugänglich. Erst im 19. Jahrhundert wurde Tibet, beeinflusst vom xenophoben China, zu einem verbotenen Land. Und der Kailash erhielt sich seine eigenen Tabus: Seine Hänge sind sakrosankt, und er ist nie bestiegen worden.

Zuletzt wurde er jedoch weniger durch seine Heiligkeit als durch politische Intoleranz geschützt. 1962, vier Jahre vor der Kulturrevolution, verboten die Chinesen jedwede Art von Pilgerreisen zu ihm (wenn er auch immer noch heimlich von Gläubigen umrundet wurde). Erst 1981 wurde den ersten Tibetern und Indern der Zugang wieder erlaubt, und zwölf Jahre später durften auch einige Trekker die Gebirgsgrenze zwischen Nepal und Tibet versuchsweise wieder überqueren.

Auch ich gehöre zu ihnen. Die Verhandlungen über die Erlaubnis – ich betrete eine militärische Zone – wurden von einem Agenten in Kathmandu geführt, und der chinesische Argwohn Einzelreisenden gegenüber zwingt mich dazu, mich an der Grenze einer siebenköpfigen englischen Trekkergruppe anzuschließen. So wird der Anschein erweckt, dass niemand allein ins westliche Tibet einreist. Am Fuß des Kailash werden wir uns wieder trennen. Auch mein nepalesischer Pferdeführer, ein Thakuri aus Humla, wird uns an der Grenze verlassen, aber Iswor, mein Führer, und Ram, der Koch, kommen mit mir zum Kailash. Sie sind Tamang, kräftige Männer, deren Volksgruppe den Tibetern nahesteht. Im Moment gehen sie taktvoll hinter mir, jeder mit über zwanzig Kilo Ausrüstung auf dem Rücken.

Iswor spricht ein gebrochenes Englisch. Er hat die massigen Schultern und kräftigen, krummen Beine seines Volkes und ist mit siebenundzwanzig noch jung für seine Arbeit und schüchtern. Manchmal sehe ich etwas Unsicheres in ihm, nicht körperlich, aber er scheint von plötzlichen, diffusen Bedenken gequält zu werden und folgt mir mit einer fast schon liebevollen Besorgnis. Wenn sich der Pfad weitet, kommt er neben mich und bietet mir seine Wasserflasche an, um das Schweigen zu brechen. Die Tamang haben Tibet vor über tausend Jahren verlassen, um sich in den Bergen westlich des Everest anzusiedeln, und sich schließlich über ganz Nepal ausgebreitet. Während wir reden, wird mir bewusst, dass Iswor ganz und gar kein Bergbewohner ist. Sein Dorf liegt in den Hügeln um Kathmandu, wohin sein Vater, ein Koch, mit der Familie zog, als Iswor ein Junge von drei Jahren war.

»Die Tradition in unserem Dorf ist wie die der Sherpas. Wir sind als Reitersoldaten gekommen, wann, kann ich nicht sagen, vor langer Zeit. Jetzt gehen wir trekken. Als Führer und Träger. Das sind die Tamang.«

»Aber Sie wohnen in Kathmandu!« Ich mag ihn mehr und mehr, auch wenn meine Stimme gereizt klingt. Kathmandu versinkt im Chaos massenhafter Zuwanderung vom Land, einer maroden Infrastruktur und politischer Korruption.

»Ja. Wir mussten weg. Die Tamang suchen Arbeit. Ausbildung. Aber meine Familie hat im Dorf noch eine Hütte. Es ist dort sehr ruhig und sehr schön, und meine Mutter geht hin, um unser Land anderen Bauern zu verpachten. Es sind Kornfelder, aber zu klein.«

Das ist die Misere ganz Asiens, die Landflucht. Iswor hat sein Dorf geliebt und gehasst. Es gab dort keine Zukunft. »Alle gehen anderswohin«, sagt er. »Nicht nur nach Kathmandu, sondern nach Indien, an den Golf und sogar noch weiter.«

Trotzdem gehört er noch halb zum Dorf. Wie der Koch und der Pferdeführer kann er die Last eines Maultiers schultern. Wo-

bei man ihm die Stadt ansieht: Sein Haar beginnt hoch über der
Stirn, ist zu einem Zopf zusammengebunden, und sein Gesicht
hat die zitronenhafte Ausdruckslosigkeit eines Sumo-Ringers,
mit einem leicht androgynen Hauch.

Er sagt: »Das Dorf ist heute voller alter Menschen.«

Auf einem Pfad unter uns kommt eine schnell dahinlaufende
Frau entlang. Auf dem Rücken trägt sie ein krankes Baby, das wie
ein trauriges, abgenutztes Spielzeug aussieht. Iswor ruft ihr etwas
zu. Sie ist unterwegs nach Simikot, um Medizin zu besorgen, ruft
sie und ist auch schon wieder verschwunden.

Iswor bleibt einen Moment lang stehen. »Es ist hier anders als
in England.«

Von tausend neugeborenen Babys sterben fünfzig. Ich frage:
»Haben Sie auch Kinder?«

Er scheint leicht zusammenzuzucken. »Ich bin nicht verheiratet. Ich warte noch zehn Jahre. Es gibt Mädchen, die ich mag,
aber ich warte noch. Im Dorf heiraten die Männer mit achtzehn
oder zwanzig, aber die Art Leben liegt hinter mir.« Und als wäre
ihm damit endlich erlaubt, mir eine lang zurückgehaltene Frage
zu stellen, sagt er: »Und Sie? Warum machen Sie diese Reise, so
ganz allein?«

Das kann ich ihm nicht beantworten.

Ich tue es für die Toten.

Manchmal beginnen Reisen lange, bevor man den ersten
Schritt unternimmt. Meine fing vor gar nicht so langer Zeit an,
ohne dass es mir bewusst gewesen wäre, in einem Krankenhaus,
mit dem Tod meiner Mutter, dem letzten Mitglied meiner Familie. Es ist nichts Merkwürdiges an diesem Zustand des Allein-
seins: Der Tod der Eltern mag resignierte Trauer hervorrufen
oder sogar ein Gefühl von schuldiger Freiheit – ich muss ein Zeichen ihres Dahinscheidens hinterlassen. Es kommt mir vor, als
wäre meine Mutter erst gestern gestorben und nicht auf die Art,

wie sie es sich gewünscht hat. Mein Vater ist vor ihr gegangen, und meine Schwester noch vor ihm, mit einundzwanzig Jahren.

Die Zeit hier hat etwas Unstetes. Manchmal fühle ich mich wie ein Junge und versuche den Sinn der Worte »Niemals, niemals wieder« zu begreifen. Die Menschen, sagt man, sind unfähig, die Endlosigkeit zu verstehen, die Endlosigkeit der Zeit und des Raumes. Wir sind besser dafür gerüstet, die Entfernung eines Trommelschlags zu ermessen. Die Reinheit des »Niemals« geht über unsere Auffassungsgabe hinaus.

Der Blick des Sherpas ist immer noch stumm auf mich gerichtet, ratlos. Einsamkeit ist hier eine unerwünschte Gefahr. Ich spaße: »Niemand ist verrückt genug, um mit mir zu reisen!«

Es ist bereits Abend. Die Steine knirschen unter unseren Füßen. Du kannst deiner Trauer nicht davonlaufen, ich weiß, dich vom eigenen Überleben freisprechen oder jemanden aus dem Tod zurückholen. Du musst dich mit dem Verlangen auseinandersetzen, dass die Dinge anders sein sollten, als sie sind. Also suchst du dir einen bedeutungsvollen Ort auf dieser Erde und planst eine Art weltlicher Pilgerreise, auch wenn ihre Bedeutung nicht deine eigene ist. Dennoch fährst du los (was schließlich dein Beruf ist) und wanderst an einen Ort jenseits der eigenen Geschichte, am Rauschen eines dir entgegenkommenden Flusses entlang. Und am Ende gelangst du zu einem Berg, der anderen ein Heiligtum ist.

Ich kann den Grund für diese Reise nicht artikulieren. Eine Reise ist kein Heilmittel. Sie vermittelt nur die Illusion einer Veränderung und spendet allenfalls einen spartanischen Trost.

Iswor wirkt robust, bleibt aber wunderlicherweise stehen, um sich über einen Mückenstich auf seiner Hand zu beklagen. Er spreizt die Finger, damit ich mir den Stich ansehen kann. Seine Hand sei mollig wie die eines Babys, sage ich ihm. Wir lachen und gehen weiter.

Wenn ich nach dem Warum dieser Reise frage, höre ich nur mein eigenes Schweigen. Es ist die falsche Frage (obwohl es keine andere zu geben scheint). Quäle ich mich, weil die Welt sterblich ist? Wessen Schmerz versuche ich auszulöschen? Nicht ihren. Ein alter tibetischer Mönch hat mir erklärt, dass die Seele kein Gedächtnis hat. Die Toten hängen ihrer Vergangenheit nicht nach.

Währenddessen geht die Sonne hinter uns mit einem widernatürlichen Strahlen unter.

Im Dorf Tuling nimmt uns eine Familie auf. Es dämmert. Unter den zusammengekauerten Häusern, mit Lehmdächern und nur halb verputzt, ist ihres eines der ärmlichsten. Über einen am Hang lehnenden Baumstamm mit eingeschnitzten Stufen geht es zu ihm hinauf. Die neunköpfige Familie lebt in drei engen Räumen. Die hier und da mit Mörtel verstärkten Trockensteinmauern sind dick, um dem Winter zu trotzen, und es gibt nur ein einziges Fenster, ein tiefes, mit eingerissenem Zellophan verschlossenes Rechteck. Möbel haben sie keine und auch kein fließendes Wasser. Das Bad ist ein Stück Erde mit ein paar Tüchern und Lappen.

Unbeholfen hocken wir auf dem Erdboden: Iswor, der Koch und ich fühlen uns mit einem Mal übergroß. Unsere Reiseausrüstung lehnt an einer der Wände und ist mehr, als die Familie besitzt. Alles, was wir haben, wirkt übertrieben. Ihre Besitztümer hängen in ein paar Taschen am Ende eines Balkens, der durch den Putz stößt. Über die Decke bewegt sich eine Schicht schwarzer Fliegen.

Lauri, der Haushaltsvorstand, sitzt bei uns, hitzig und redselig. Er hat feuchte, pechschwarze Augen. Seine uralten Eltern, seine Frau und die fünf Kinder kommen und gehen. Sie kauern sich um den rostigen Herd, dessen Rohr durch die Decke bricht, und sind in schmutzstarrende Lumpen gekleidet, mit Löchern an Ellbogen, Schultern und Knien. Die Frauen gehen barfuß, die Füße sind schwarz, die der Kinder ebenfalls, und man sieht, wo die Riemen der Sandalen gesessen haben. Drei der Mädchen sind hübsch, doch schon kräuseln sich Sorgenfalten zwischen ihren Augen.

Am anderen Ende des Lebens stehend, bewegen sich die Alten wie selbstvergessen um uns herum: sie wie ein Sturmwind, er wie ein Geist. Sie hat einen zähen, spindeldürren Körper. Im finsteren Raum nebenan macht sie Butter in einem Holztrog und bellt wütende Sätze vor sich hin, die Iswor nicht übersetzt. Von Zeit zu Zeit taucht sie auf und wankt zur Tür hinter uns, ohne einen unserer Blicke zu erwidern. Ihr Kopf ist wie der eines Piraten in Lumpen gewickelt, aber sie stellt auch ihren reichen Brautschmuck zur Schau: Ohrläppchen und Nasenflügel sind voller Goldringe und Anhänger, und an ihren Fesseln rasseln Messingreifen.

Ihr Mann sitzt draußen im letzten Dämmerlicht. Er hat umwölkte, träumende Augen und trägt Kleider, die einmal weiß gewesen sein müssen, altmodische enge Hosen und einen zerlumpten Kittel, auf dessen Rücken rätselhafterweise »Cut Short« steht. Er sagt kein Wort. Sein priesterlicher Aufzug lässt mich überlegen, ob er nicht vielleicht einer der übrig gebliebenen Schamanen ist, die hier im Bergland parallel zum Buddhismus weiterexistieren. Erst als sich die Nachbarskinder vor der Tür versammeln, um den Ausländer anzustarren, erhebt er sich und verscheucht sie mit einem winzigen Stock.

Die Familie ist so arm, dass sie uns zum Abendessen nicht mehr als etwas vom örtlichen schweren Reis anbieten kann. Wir vermischen ihn mit unseren eigenen Linsen und unserem Spinat und bieten ihnen Kekse an, und so verbinden wir unsere Gastfreundschaft, während Lauris Frau mit Kelle und Schüssel den Vorsitz führt. Die Kinder drängen sich hinter ihr zusammen, und Iswor übersetzt unsere leisen, bruchstückhaften Wortwechsel.

Lauri ist so wach wie verzagt: Die brutalen Umstände der Isolation, in der sie hier leben, ist ihm vor langer Zeit schon klar geworden. »Das Schlimme ist, wir haben nichts gelernt«, sagt er. »Nur das könnte uns retten. Für meinen Vater und meine Mutter ist es zu spät, Sie sehen sie. Und für mich ist es auch zu spät. Ich

bin fünfunddreißig. Für meine Frau auch, sie hat kaum etwas gelernt.« Er lächelt schwach. »Aber meine Kinder gehen zur Schule.
Für sie haben wir Hoffnung, und für den Jungen. Fünf Kinder sind
jedoch zu viel. Wir haben wieder und wieder eins gekriegt.« Er
gestikuliert lachend mit den Armen. »Jetzt endlich haben wir einen Sohn! Bei uns hier heiraten die Mädchen und gehen weg, nur
die Söhne bleiben. Der Sohn versorgt dich im Alter.« In den Dörfern rundum, sagt er, wird die Geburt eines Jungen mit einer
Schrotgewehrsalve gefeiert, die eines Mädchens mit Schweigen.

In der Düsternis der einzelnen Glühbirne, die von der Solaran-
lage des Dorfes gespeist wird, sitzen die Mädchen und der Junge
mit überkreuzten Beinen vor der Wand hinter ihm und sehen uns
mit der zudringlichen Süße von Kindern auf Hungerhilfe-Plaka-
ten an. Das älteste Mädchen, das womöglich noch freudig willkommen geheißen wurde, trägt ein ehedem schönes apfelgrünes
Kleid, bestickt mit rosa Blättern und Blumen. Aber die nachfolgenden Geschwister sehen immer zerlumpter und enttäuschter
aus, bis hin zum wundersamen vierten Kind, dem Jungen. Und zuletzt ist da noch ein winziges, affenartiges Mädchen mit einer lau-
fenden Nase, das die von allen anderen abgelegten Sachen trägt.

»Werden die Ehen der Mädchen arrangiert?«, frage ich. »Was,
wenn sie sich verlieben?« Die Älteste scheint bereits ihren eigenen Kopf zu haben.

Lauri sagt: »Das ist in Ordnung. So sollte es heute sein, das ist
die neue Art. Und es wird uns auch gleich sein, welche Kaste sie
aussuchen.«

»Es wird teuer werden.«

»Ja, natürlich, die Braut sollte mit Geld übergeben werden.
Aber wenn die Familie zu arm ist ... dann ohne.« Er blickt zu Boden.

Das Kastenwesen ist in Nepal vor vierzig Jahren für ungesetz-
lich erklärt worden, doch natürlich existiert es in der Vorstellung
der Menschen weiter. Diese Leute sind Thakuri, wie ich weiß,

und fühlen sich voller Stolz mit einer mittelalterlichen Dynastie nepalesischer Könige verbunden. Eine übermäßig vereinfachte Skizze des ethnischen Puzzles Nepals könnte das Land in zwei Völker aufteilen: die von Indien beeinflussten, im Tiefland lebenden Nepalesen und das widerständige, mit den Tibetern verwandte Bergvolk, zu dem wir aufsteigen. Aber was immer den Thakuri einst Wohlstand geschenkt hat, gibt es schon lange nicht mehr.

Der Winter sei die schlimmste Zeit, sagt Lauri. Tagelang hält der Schnee die Dorfbewohner in ihren befestigten Häusern gefangen, während sie ihr Holz verfeuern und auf sein Ende warten. Ihr Reisfeld reicht nicht aus, um die Familie zu ernähren, und so haben sie am Pfad über dem Dorf einen Schuppen errichtet, in dem sie darauf hoffen, ein paar Dinge zu verkaufen. Es gibt Zahnbürsten und ein Regal mit Dosengetränken. Und sie besitzen eine Kuh.

Ich fürchte um sie. In dieser Welt der Exogamie, einer Ordnung, die keine Heirat innerhalb des eigenen sozialen Umfeldes erlaubt, heiraten ihre Mädchen womöglich weit weg, und der Sohn wirkt kränklich. Aber nicht die ganze Gegend ist so arm. »Es gibt Männer, die haben zwei Frauen, sogar mehr«, sagt Lauri. »Die erste Ehe war arrangiert, die zweite eine Liebesheirat, und so unterhalten sie zwei Häuser, eines für jede von ihnen. Mein Bruder macht es auch so. Er ist glücklich.«

Vorsichtig, mir einen weiteren Grund für seine Armut vorstellend, frage ich: »Und Sie? Haben Sie auch noch eine andere Frau?«

»Nein, ich möchte nur diese eine.«

Taktvoll frage ich: »War es eine Liebesheirat?«

Sie berührt seinen Arm. Manchmal lächeln sie sich an.

»Nein, sie war arrangiert.«

Sie ist eigenartig hübsch. Das dürftige Essen hat sie auch nach fünf Kindern schlank bleiben lassen, und wenn ihre Wangen und ihre Stirn auch die Spuren und Narben von Unfällen tragen, sind ihre Züge doch zart und ebenmäßig. Erst als ihre Schwiegermut-

ter an ihr vorbeigeht, sehe ich mit Erschrecken, was aus ihr werden könnte. Die Gesichter der beiden gleichen sich auf fast schon
unheimliche Weise, doch die Haut der alten Frau wird von verti-
kalen Furchen durchzogen, und der Mund hängt schlaff herunter.
Beide Frauen haben zierliche, gleichmäßige Zähne, und der Gold-
schmuck der älteren findet seine Entsprechung im Glitzern um
den Hals und das Gesicht der jüngeren. Die Schwiegertochter
trägt den zarteren Schmuck, einen eierschalenblauen Halsreif
und Reihen tiefroter Perlen, dazu schimmert ein Korallenhals-
band im Ausschnitt ihres zerrissenen Kleides. Wahrscheinlich
hat die ältere Frau ihr den Schmuck vor langer Zeit überlassen, so
er denn früher ihr gehört hat.

Jetzt verteilt die Schwiegertochter unbekümmert frischen
Reis. Ihr Lachen ist wie das Plappern eines Eichhörnchens, während das älteste Mädchen, mit dem gleichen ebenmäßigen, eindringlichen Gesicht, über die Schulter zu der alten Frau hinüber-
blickt, die mit einer so heftigen, persönlichen Wut vor sich
hinredet, dass es mir aufdringlich vorkommt, sie auch nur anzuse-
hen.

Später gehe ich hinaus in die klare Nacht. Es ist immer noch
warm. Die Monsunregen kommen in diesem Jahr spät, sie haben
das Tal Kathmandus noch nicht erreicht und erst recht noch
nicht die Gegend hier oben. Am Rand von Lauris Grund, neben
der Reisigumzäunung, in der die Kuh nahe am Abgrund schläft,
steht ein weiß verputztes Türmchen mit einem rostigen Dreizack
und kleinen Öffnungen für Opfergaben: das Familienheiligtum.
Die einzigen Gaben sind vor den Nischen liegende Marmorstü-
cke aus der Gegend. Im Sternenlicht sieht das Ganze wie ein blasser Taubenschlag aus.

Wer wird hier angebetet?, überlege ich. Als ich Lauri frage,
versinkt er in einer vagen, verwirrenden Antwort. Das Hin-
du-Pantheon seines Volkes vermischt sich mit anderen, undurch-
sichtigeren Mächten. Er spricht, und es ist ihm offenbar unwohl

dabei, von Masto, einem uralten schamanischen Gott oder einer ganzen Götterfamilie: Masto lässt sich nicht genau identifizieren. Es gibt keine Bilder von ihm, aber manchmal meldet er sich durch ein Medium und tanzt und spricht.

»Drei Mal im Jahr versammelt sich unsere Familie zu einer Zeremonie vor dem Altar«, sagt Lauri. »Zur Zeit des Vollmonds. Mein Vater führt das Gebet an ...«

Sein Vater sitzt noch lange, nachdem wir wieder hineingegangen sind, unter den Sternen. Die Mutter liegt mit den Kindern im Raum neben unserem, und er und seine Frau schlafen in der Vorratskammer dahinter. Ein schmutziges Tuch ist auf den Boden gebreitet, auf dem wir uns nebeneinander ausstrecken. Iswor beklagt sich. Eingenistet zwischen den Deckenbalken und zerbrochenen Latten, lassen Grillen ein hohes, ununterbrochenes Zirpen verlauten, das wir den ganzen Abend überhört haben müssen. Ich liege da und lausche dem Rascheln der Spatzen unter dem Dachvorsprung und dem Heulen von Hunden. Im Raum nebenan schluchzt ein Kind, und das Würgen und Spucken der Alten will über Stunden nicht enden. Zwei oder drei Mal kommt sie hereingeplatzt und tost wie ein Wirbelsturm durch den Raum, das Haar offen, eine erstaunlich schwarze Flut, und schon fliegt die Tür nach draußen auf, ein Sternenstreifen leuchtet, und sie scheucht ein nacktes Kind zur Toilettenstelle. Schweigend kommen sie zurück, und für ein, zwei Stunden kehrt Frieden ein. Die Grillen sind verstummt, und die Geräusche rastlosen Atmens haben sich beruhigt.

Und dann steigt das bisher überhörte Seufzen des großen Flusses aus der Tiefe herauf.

Kapitel Zwei

Am Morgen grüßt uns ein stürmischer Himmel, im Osten streift fahles Licht die Berge. Lauris Kinder drängen sich staunend um uns, während wir unsere magischen Dinge zusammenpacken, einen Kompass, eine Dioden-Taschenlampe, ein paar kleine Ferngläser. Oben auf dem Dach frühstücken wir gekochten Reis, während das Dorf um uns herum erwacht. In den Felsen beim Fluss müht sich eine Meute Geier an einem toten Büffel ab. Dann gibt es Schwierigkeiten. Unser Pferdeführer kann nicht weiter: Seine Stute lahme, sagt er. In der Wärme des gestrigen Abends hat uns ein Dorfbewohner angeboten, uns mit seinem Pferd zu begleiten, doch jetzt bekommt er Angst. Er habe ein schwaches Herz, sagt er, und wir wollten zu hoch hinauf.

So schultern Iswor und Ram also das doppelte Gewicht – sie müssen jetzt jeder zwischen vierzig und fünfzig Kilogramm tragen

– und hoffen darauf, möglichst bald schon ein Lasttier zu finden. Den Morgen über ist der Weg einfach. Tuling verschwindet hinter uns aus dem Blick, aber noch ein, zwei Kilometer leuchten seine Reisfelder smaragdgrün über dem Fluss. Etwas höher wiegen sich Gerste und Buchweizen gelblich auf ihren Terrassen und warten darauf, geerntet zu werden. Dann verengt sich der Weg, und die großen Bäume, Fichten, Ahorn und Zypressen, reichen finster zum Fluss hinunter. Die Berge vor uns drohen mit Wolken, die aus ihren Rissen quellen und wie Schlachtenrauch um die Gipfel wallen. Wir selbst gehen im Sonnenschein und gewinnen immer noch kaum Höhe. Papierne Zistrosen und verschiedene die Felsen überziehende Kletterpflanzen säumen den Weg, ganze Schmetterlingswolken wehen wie Konfetti über die Steine.

Nach und nach wenden wir uns nach Nordwesten auf den Nalarkankar Himal zu, der sich rund fünfeinhalbtausend Meter über Meereshöhe nach Tibet hineinschiebt. Mittags brennt die Maisonne auf uns herab. In seinen Shorts und mit dem Trageriemen vor der Stirn schleppt Iswor seine ungeheure Last ohne Kümmernis. Seine mächtigen Waden und stämmigen Fesseln stecken in locker geschnürten, übergroßen Stiefeln. Manchmal, wenn Steinschläge den Weg blockieren, scheint er verblüfft, weil sie früher nicht da waren. Während der letzten Jahre hat der immer wieder ausbleibende Regen die Erde noch tiefer erodieren lassen, und wir klettern über erstarrte Gebirgsströme vielfarbiger Steine und Felsbrocken – blutrot, kristallgrau, fein geäderter Marmor –, die aus den Hängen gerissen wurden. Und hoch oben in der Ferne, wo die Berge steiler aufragen als hier, stürzen Wasserfälle über hundert Meter in die Tiefe und verschwinden in baumbestandenen Rinnen, um gleich darauf wieder aufzutauchen und in Schnüren glitzernden Lichts erneut ins Bodenlose zu fallen.

Der Karnali selbst, zu dem wir fast unmerklich nach und nach hinabsteigen, ist längst kein eingezwängter Strom mehr. Ursprünglich und wild schäumt und stürzt sein Wasser zwischen halb überspülten Felsen dahin, wird eingekesselt und freigelassen, in wütende Strudel gesaugt und in Seitenströmungen gespült – wunderschön graugrün treibt es dahin und wird gleich wieder zu weißem Schaum zerschlagen. Einer örtlichen Sage nach sind die Felsen im Strom silberne Fische aus dem Ganges, die es nicht weiter flussaufwärts geschafft haben. Der Karnali scheint hier weniger heilig als primitiv und unberührt. Aber seine Quelle liegt nahe bei den Seen am heiligen Berg Kailash, und so trägt er die Heiligkeit mit Schlamm und Schmutz hinunter in die Ebene des Ganges.

Unter Aprikosen- und Walnussbäumen wandern wir durch die letzten stillen Thakuri-Dörfer und ausdünnenden Reisfelder. Die Händler, denen wir begegnen, sind immer seltener Thakuri und immer öfter stämmige Bhutija mit breiteren, mongolischeren Gesichtern unter den Pudelmützen, robuste Männer mit glänzenden Wangenknochen, die ihre Waren in Holzrahmen auf dem Rücken tragen und Pferde mit Reisig und Tierfutter hinter sich herziehen. Einige aus dem Grenzgebiet Tibets sind mit ganzen Büffel- und Maultierkarawanen voller chinesischer Kleider und Zigaretten unterwegs.

Jahrhundertelang war Nepal Tibets Hauptverbindung mit der Außenwelt, und der Handel auf dieser Route reicht zurück bis in die Vorgeschichte. Hier, im Westen des Landes, tauschten die Tibeter Salz und Wolle gegen Korn aus dem Flachland ein, wie sie es auch heute noch tun, und obwohl im frühen 20. Jahrhundert viele Handelswege durch das britische Indien umgeleitet wurden, nutzen die Händler diesen Himalayapfad.

Heute lassen wir innerhalb weniger Stunden die letzten Ausläufer des indischen Einflusses hinter uns und wechseln in eine andere Welt über. Ursprünglich sind die hier ansässigen Bhutija tibetische Buddhisten, und wir betreten einen entlegeneren und geheimnisvolleren Glaubensraum als den der Hindus. Die Steinhaufen zur Markierung der Hochpässe stecken voller Stangen, an denen Gebetsfahnen wehen. Wer sie an diesen einsamen Wegen aufgehängt hat, können wir nicht sagen. Die Schriften auf den verblichenen, ausgefransten Stoffen wehen im über die Höhen strömenden Wind, und mit jedem Flattern, besagt der Glaube, verteilen sich die Gebete in der Welt und lindern die Leiden aller empfindungsfähigen Wesen. Und sie besänftigen die launischen, die Pässe kontrollierenden Berggötter.

Ich berühre sie vorsichtig: die tibetische Schrift, die ich nicht verstehe. In China habe ich sie schon gesehen und in Gegenden mit tibetischen Exilanten, und jedes Mal rühren sie Wehmut und Staunen in mir auf. Sie leuchten in fünf Grundfarben: der Erde, der Luft, des Feuers, des Wassers und des Himmels. Wie die Gebetsmühlen an heiligen Stätten und in der Hand von Pilgern (einige bei Klöstern werden vom Wasser angetrieben) erlösen sie die Welt mit dem Zauber von Worten. Auf viele der Fahnen ist das Windpferd aufgedruckt, das die Mantras auf seinem juwelengeschmückten, fliegenden Rücken dahinträgt. Auf anderen ist der heilige Padmasambhava zu sehen, der den Buddhismus zurück nach Tibet brachte. Iswor umkreist die Steinhaufen ehrfürchtig im Uhrzeigersinn. Ich folge ihm und bin aus irgendeinem Grund froh über seinen Glauben. Manche der Fahnen sind so ausgedünnt, dass ihre Gebete durchlässig wie Spinnweben wirken. Das macht nichts, sagt Iswor. Die Worte sind längst in die Luft gedruckt.

Es beginnt leicht zu regnen. Erst achten wir nicht weiter darauf, doch der Pfad unter unseren Füßen, der sich mitunter hundert Meter über dem Fluss entlangwindet, wird tückisch, und zum ersten Mal bleibt Iswor nicht wegen mir stehen, sondern um seine Last gegen einen Felsen zu lehnen. Schließlich wechseln wir in unsere Regenkleidung. Wir sind von Wasser umgeben. Es wirbelt durch die Schlucht unter uns, schießt aus den Felswänden und gießt vom Himmel. Ich hebe mein Gesicht in den Regen und hoffe, dass er endlich den Monsun ankündigt. Fünfzig, hundert

Meter über uns schlagen Wasserfälle auf die Felsen und spülen an
riesigen Farnen und Bambus vorbei fast bis vor unsere Füße. Hier,
wo sich der Karnali zwischen dem blanken Fels hindurchdrückt,
ist ein schmaler Weg in den Stein gehauen worden. Der Blick hinunter auf den durch die Schlucht kochenden Fluss ist schwindelerregend. Die Felswände werden von schwarzen und gelben Spalten durchschnitten, und das Land vor uns wächst noch wilder und
steiler an. Unser mit Steinen übersäter Pfad windet sich kilometerweit in Serpentinen in die Höhe, ohne dass wir jemandem begegnen. Zwischendurch, wenn der Himmel aufklart, sehen wir
südlich den in siebentausend Metern Höhe liegenden Schnee des
Saipal Himal. Der einzige Mensch, dem wir begegnen, ist eine gut
gelaunte Bhutija-Frau, die durch ein Tonröhrchen raucht und einen Topf voll mit Cannabis im Arm hält.

Eine Stunde später machen wir im schwachen Sonnenlicht bei
einem Felsüberhang Rast. Der Abend nähert sich. Wir essen
Käse und ein paar Kekse, und Iswor döst ein wenig. Da ich nichts
anderes zu tun habe, breite ich eine Karte auf der Erde aus und
versuche unsere Position im größeren Rahmen auszumachen:
Dehradun ... Lakhnau (Lucknow) ... Ladakh im Norden ... Lhasa
... Delhi ... Und dann entdecke ich mit einem Schreck direkt hinter der indischen Grenze den Namen Nainital! Eine merkwürdige, traurige Erregung erfüllt mich. Ich habe mich manchmal
schon gefragt, wo der Ort liegt, bin dem aber nie nachgegangen.
Vor achtzig Jahren hat mein Vater als Soldat in Indien gedient,
und das Wort Nainital erfüllte meine Kindheit mit grenzenloser
Romantik. Ungläubig messe ich die Entfernung noch einmal. Auf
der Karte liegt die Stadt nur eine Handbreit von unseren Standort
entfernt (Luftlinie sind es etwa zweihundertzwanzig Kilometer).
Nainital, Bhimtal, Chanda: Die Namen standen unter den an der
Wand hängenden Köpfen von Hirschen und Leoparden im Ess-
zimmer meiner Eltern in Schilder graviert. Nainital war die Aus-
gangsbasis, von der mein Vater auf Großwildjagd gegangen war.

Ich liege auf den Felsen und träume von einer anderen Zeit.
Nach dem Tod meiner Mutter fand ich die Jagdaufzeichnungen
meines Vaters zwischen frühen Fotoalben. Die in den Alben ver-
ewigten Episoden sind, wie ich annehme, typisch für die Zeit und
den Ort: Die unerfahrenen Offiziere mit ihren Tropenhelmen
und knielangen Shorts marschieren durchs Buschland der zentralen Provinzen oder fahren ausgelassen auf ihren Enfield-Motorrä-
dern, ihre Frauen und Töchter haben Dauerwellen und tragen
glockenförmige Hüte. Daneben gibt es Szenen von der Wild-
schweinjagd und der Madras Hunt, einer der ältesten britischen
Jagdveranstaltungen in Indien.

Aber die *shikar*-Aufzeichnungen meines Vaters berichteten
anderes. Er wurde zu einem Einzelgänger und fand so womöglich
zu sich selbst. Bereits 1925, da war er gerade einundzwanzig Jahre
alt, zog er allein in den Dschungel, und seine Berichte darüber
sind so detailliert, als wären seine Ausflüge Teil eines Feldzugs gewesen. Mit weißer Tinte stehen sie auf den schwarzen Seiten der
Fotoalben. Die handgezeichneten Karten mit den Revieren von
Tigern, Hirschziegenantilopen und Hirschferkeln sind äußerst
genau, ja sogar schön, und seine Beobachtungen erinnern an die
fast schon wissenschaftliche Präzision eines viktorianischen Ent-
deckers. Die Qualitäten, die sein Soldatentum ausmachten, fanden zunächst hier ihren praktischen Niederschlag.

Wenn ich durch die Seiten blättere, spüre ich auch die merkwürdige Verbundenheit des Jägers mit seiner Beute, besonders
mit den großen Katzen. Den »alten Gestreiften« nennt er den
Tiger, der ihm entwischt, den »alten Gefleckten« den Leoparden,
den er tötet. Im ritterlichen Kodex des Sportmannes – zur genau-
en Auswahl der Opfer und was die Scham und die Sorge angeht,
wenn ein Tier nur verwundet wird – höre ich auch die faszinierte
Stimme des Naturforschers, der er als Junge hatte werden wollen.
Er schenkte den Tieren, die er erlegte, eine fast schon liebevolle
Aufmerksamkeit: ihrem Gang, ihren Geräuschen. Das scharfe

Puhk des Sambar und das tiefe, unheimliche *Owuun* des Tigers
klingen nicht nur wegen ihrer Bedeutung für den Jäger durch die
Seiten, sondern als eigenständige Phänomene.

Mein Vater wuchs in einer anderen Zeit auf. Wild gab es damals viel in Indien, und die Jagd darauf war allgemein akzeptiert.
Die Tiere, die er schoss, wurden am Lagerfeuer gegessen, die Leoparden bedrohten das Vieh der Bauern und sogar das Leben der
Kinder. Dennoch habe ich manchmal Mühe, es zu verstehen. Ich
betrachte den jungen Mann, meinen Vater, wie er mit ernster Miene über der erlegten Beute posiert. Ein großer schwarzer Bär liegt
wie ein Stofftier vor ihm, die Beine totenstarr. Er hockt neben
dem zwei Meter großen Leib eines Leoparden oder sitzt auf der
Lende eines Büffels, seine Winchester auf den Knien. Doch die
Fotos sind nicht mehr als vergrößerte Schnappschüsse, die sein
Fährtenleser gemacht hat, und sein Gesicht wirkt weniger entschlossen als in meiner Erinnerung. Ich erkenne ihn nicht wieder.

War es in jenen Zeiten leichter zu töten? Einmal schrieb er auf
Leopardenjagd: »Ein prächtiger männlicher Bär kam von hinten
durch den Dschungel, stellte sich auf einen Felsen, die vier Füße
beieinander, und reckte argwöhnisch schnüffelnd die Nase. Er erschien leise und ohne Vorwarnung, wie es normal ist. Endlich kam
er noch ein wenig näher, lief dann zurück und bewegte sich seitlich von meinem Baum weg. Das verlangte einen eiligen Schuss in
die Nieren, worauf die arme Kreatur wie ein Menschenkind wim-
merte. Zwei weitere schnelle Schüsse erlösten ihn aus seinem
Elend.«

Als Junge liebte ich es, auf diesem Bären zu liegen – er war zu
einem Teppich geworden, einschließlich seines Kopfes – und bettete mein Gesicht auf seines.

Das Gebiet um Nainital stieg steil um einige kleinere Zuflüsse
des Ganges an, bevor es den Karnali erreichte, an dem ich jetzt in
der Sonne liege. Mein Vater beschrieb es als einen »bergigen
Baum-Dschungel«, der zu einem dichten Kiefernwald führte, und

es war hier, wo er den riesigen Leoparden schoss, der sechzig Jahre lang an der Wand meiner Eltern die Zähne fletschte. Er sei nur traurig, schrieb er, dass meine Mutter den Todesschuss nicht habe miterleben können – die beiden waren damals drei Jahre verheiratet. Einen Monat zuvor hatte meine Mutter Evelyn im Dunkeln neben ihm gehockt, und er hatte einen anderen Leoparden geschossen, in der Nähe von Hyderabad. Darüber schrieb er knapp: »Mit einem Nackenschuss erlegt. Obwohl viel totes Laub, kein Geräusch. Eve begeistert.«

Aber insgeheim schreckte sie zurück. Sie hatte sich Tieren immer schon verbunden gefühlt, selbst an ihrem Hochzeitstag hatte sie einen Dalmatiner an einer Seidenleine bei sich. Das Abenteuer Jagd faszinierte sie, nicht das Töten. Manchmal, sich treulos fühlend, wünschte sie, er würde sein Ziel verfehlen. Erfahren hat er es nie. Zurück in England, bevölkerten so viele ausgestopfte Wildtiere die niedrigen Wände unseres Tudor-Hauses, dass mir als Junge ganz schwindelig wurde vor Aufregung. Fünf Leoparden und zwei Bären blickten von den Wänden und lagen auf dem Boden. Ein Axishirsch mit einem neunzig Zentimeter messenden Geweih hing über der Treppe, und in der hinteren Toilette grinste ein Wolf. Auf dem Flur oben sahen einen die sanften Augen von Vierhornantilopen und Indischen Gazellen an und verzauberten meine Schwester Carol. Am größten war der ausgestopfte Kopf eines Bisons über einem der Kamine. Mein Vater hatte ihn mit einigem Risiko erlegt, mit einem einzigen Hartkerngeschoss ins Gehirn. »Ein toller alter Bursche, siebzehn Jahre alt«, erinnerte er sich, »nur waren die Hörner unglücklicherweise schon ziemlich abgenutzt. Zähne zum Grasen hatte er überhaupt keine mehr. Habe ihn mit Brombeergestrüpp zugedeckt und bin fröhlich singend ins Camp zurückgekehrt.« Nach einer Weile drohte das Tier, posthum die Wand über dem Kamin einzureißen, und so wurde der Kopf in die Garage verbannt, aus der er Jahre später gestohlen wurde.

Ein geborener Jäger scheint mein Vater dennoch nicht gewe-
• sen zu sein. Ein oder zwei Mal berichtet er in seinem Tagebuch,
dass er nicht schoss, sondern zusah, wie sich das Tier erhaben da-
vonbewegte. Erklären konnte er das nicht. In seinen mittleren
Jahren, obwohl er doch auf dem Land in Sussex lebte, gab er das
Jagen ganz auf. Er ging lieber in den Wäldern spazieren, beobach-
tete die Vögel und lauschte ihrem Gesang. Zuweilen kehrte er zurück und brannte förmlich darauf zu erzählen, wie ein Fasan auf
einem Feld im Sonnenuntergang geschimmert oder eine Schnep-
fe einen wilden Zickzackflug hingelegt hatte. Die indischen Tro-
phäen blieben an den Wänden hängen, wenn meine Mutter auch
nie viel von ihnen gehalten hatte. Aber sie wusste besser als ich,
was sie ihm bedeuteten, und ließ nie etwas von ihren Bedenken
erkennen, sodass sie in meinen Erwachsenenaugen ihr geheimes
Geschenk für ihn wurden.

Mein Vater gab nie mit ihnen an oder entschuldigte sich für
sie. Verglichen mit der eintönigen Unausweichlichkeit eines
Schlachthofs, mag er gesagt haben, sei ein Gewehr eine schöne Sache. In seinen Tagebüchern schrieb er, dass ihn der Dschungel
drei Dinge gelehrt habe: Geduld, Ausdauer und wie man Enttäu-
schungen überlebe. Alles das war ihm später von Nutzen.

Die indischen Gebirgsausläufer werden zur nepalesischen Grenze
hin steiler, und gleichzeitig verändern sich auch die Menschen.
Die schnauzbärtigen, mahagonifarbenen Gesichter von Fährten-
lesern und Treibern, die mich von den Schnappschüssen meines
Vaters ansehen, werden durch blassere ersetzt, und die Leute
scheinen in besserer Verfassung. Gegen Sonnenuntergang, als
sich Iswor und ich dem Dorf Kermi nähern, werden wir von Ju-
gendlichen überholt, die von Tibetern nicht mehr zu unterscheiden sind. Die Frauen sind breitgesichtig, tragen das Haar in der
Mitte gescheitelt und zu glänzenden Zöpfen gebunden. Ich hatte
erwartet, dass die einer niedrigen Kaste angehörenden und stär-

ker isoliert lebenden Bhutija ärmer als die Thakuri wären, aber das Dorf wirkt glücklicher. Die Steinhäuser sind fest an den Hang gebaut, die maoistischen Parolen verbleichen auf den Mauern, und die Männer, die uns grüßen, sind aufmerksam und haben angenehme, ruhige Stimmen. Die Thakuri weiter unten am Fluss sind, wie es scheint, auf ihre höhere Kastenzugehörigkeit stolz, und den verachteten Bhutija, die es hier oben hin verschlagen hat, bleibt nichts, als sich stärker im Handel zu betätigen. So wenigstens erklärt es mir Iswor.

Nahe beim Dorf überqueren wir einen Wasserlauf, der zu meinem Erstaunen warm ist, als wir die Hände hineinhalten. Aus der Schlucht ein Stück darüber treibt bläulicher Rauch, und so folgen wir neugierig dem Weg dort hinauf. Bald schon wallt Schwefelgestank über die grün gefärbten Felsen. Eine junge Frau badet in dem merkwürdigen Fluss, nackt bis zur Hüfte, und wendet sich unbeeindruckt von uns ab. Ein Stück weiter gelangen wir auf eine Lichtung, wo sich das Wasser kochendheiß anfühlt. Die Rahmen verrotteter Betten breiten sich darüber aus, und die Ufer liegen voller Matratzensäcke mit zerfallenem Reisig, die von den Dämpfen gelblich verfärbt sind. Im Januar, erklärt uns ein Bauer, kommen die Dorfbewohner her und schlafen nächtelang über dem dampfenden Wasser. Es hilft ihrer Gesundheit, sagen sie, so kommen sie besser durch den Winter. Morgens dann baden sie in den nahebei gelegenen eisigen Quellen.

Wir kampieren rund anderthalb Kilometer weiter, wo Ram, der Koch, längst mein Zelt aufgebaut hat. Dieser Ablauf wird sich noch viele Tage wiederholen: Ram, der die Lunge eines Bergsteigers hat, verschwindet morgens auf dem Pfad vor uns und eilt voraus, bis wir ihn abends auf einem flachen Lagerplatz wiederfinden. Die Zelte stehen, und im Topf kocht ein einfaches Essen. Heute hat Ram zusätzlich noch einen Thakuri mit einem Pferd gefunden, der gewillt ist, uns bis zur Grenze zu begleiten. Es ist ein zottiger, schweigsamer Mann namens Dhabu, der mich kaum

aus den Augen lässt. Wir essen gemeinsam in einer halb errichteten Steinhütte, wo meine Begleiter ihre Schlafsäcke zwischen her-
umliegenden Aluminiumtöpfen und Pfannen ausbreiten. Iswor
stellt Kerzen in die Lücken in der Mauer, während Ram Nudeln
und Dosenthunfisch verteilt. Gekocht hat er das alles auf einem
uralten Gaskocher, auf dem »Quality 3« steht.

Bei Sonnenuntergang sinkt die Temperatur stark ab, und ein
Wind bläst durch die leeren Fenster, der die Kerzen eine nach der
anderen verlöschen lässt. Wir sind dennoch in bester Stimmung
und alle froh über Dhabus grauen Hengst, der draußen das Un-
kraut frisst. Wie mein Vater mag ich diese Abgeschiedenheit und
schlafe gern in der reinen Luft über einem großen Fluss. Iswor
und Ram, beide Tamang, unterhalten sich ohne Unterbrechung
in dem weichen Nepalesisch, von dem ich trotz aller Mühen
nichts verstehe, während sich Dhabu stumm in die dunkelste
Ecke zurückgezogen hat und mich beobachtet. Als das Kerzen-
licht schwächer wird, verdunkeln und vereinfachen sich ihre Gesichter. Ich selbst raffe mich schließlich auf und gehe hinüber in
mein Zelt, wo ich meinen Rucksack ausleere und im Schein der
Taschenlampe zu schreiben versuche. Aber in der Wärme meines
Schlafsacks, den Fels unter meinem Rückgrat ignorierend, falle
ich schnell in Schlaf.

Stunden später wache ich auf, von einem Schniefen und weil
mir jemand die Zeltplane gegen den Kopf stößt. Ich krabble aus
meinem Schlafsack, viel zu müde, um beunruhigt zu sein, öffne
das Zelt und sehe mich einem riesigen, sich herabneigenden Kopf
gegenüber, an dessen Ohren rote Quasten hängen. Ein Yak ist im
Sternenlicht aus Kermi zu uns heraufgewandert. Offenbar hat es
sich verlaufen.

Kapitel Drei

Über Nacht säubert der Regen die Erde, weht leicht von Osten das Tal herauf und ebbt im Morgengrauen ab. Vom Weg unten schallen die Rufe und das Pfeifen von Händlern herauf, die ihre Packpferde in Richtung Simikot treiben. Als ich aus meinem Zelt krieche, ist der Himmel klargewaschen. Der Wind hat sich gelegt, und im Gesträuch singen Vögel. Vor uns windet sich der Fluss zwischen Bergspornen hindurch, die sich überlappen, zurückweichen und immer weiter verblassen, bis der Fluss im Nebel der mit dichtem Grün bewaldeten Schluchten verschwindet. Das Wasser klingt wie eine gedämpfte Unterhaltung zu uns herauf. Reihen einzeln stehender Kiefern patrouillieren auf den Gipfeln, und der letzte Horizont, auf den der Fluss deutet, versiegelt weit entfernt unter hohen Zirruswolken den Himmel mit einer funkelnden,

schneebeleuchteten Wand, zu der wir – unvorstellbar – aufsteigen werden.

Ram und Iswor hocken sich bei Sonnenaufgang abwechselnd
vor meine Zeltöffnung und bringen lauwarmen Kaffee, eine
Schüssel Rasierwasser, Fladenbrot und Marmelade. Sie behan-
deln mich mit pflichtbewusster Zurückhaltung und waschen sich
in einem eiskalten Bach. Innerhalb einer halben Stunde sind Zelte, Bodenplanen und geschwärzte Küchenutensilien auf dem
Pferd festgezurrt, und wir bewegen uns in den frühen Morgen.

Das ist die Stunde des Hochgefühls. Du stellst dir vor, du be-
trittst unberührtes Land. Eine Weile lang gibt es keinen Hinweis
darauf, dass es je bevölkert war. Deine Schritte sind leicht, die
Bäume von Vogelgesang erfüllt, und unsichtbar dröhnt der Fluss
unter dir durch seine grünen Abgründe. Es dauert vielleicht eine
Stunde, bis sich dein Körper und dein Geist an diese Welt gewöh-
nen. Du gehst wie im Traum. Felsentauben irrlichtern durch die
Spalten, und die Sonne steigt warm in deinem Rücken auf.

Das Terrain scheint nur dünn mit Erde bedeckt, aber wo immer sich die Talseiten aus dem nackten Fels heben, wachsen gewaltige Bäume auf. Tannen und gut dreißig Meter hohe Himalaya-
kiefern drängen sich mit Zypressen und Pappeln auf jäh
abbrechenden Stufen, und über die mittleren Hänge ziehen sich
Siskiyou-Fichten. Bald sind wir unter ihnen und steigen in ihrem
Schatten auf. Während wir uns der Dreitausend-Meter-Marke
nähern, werden die Höhen um uns herum dunkler, Krähen kräch-
zen in den Fichtenwipfeln, und wir stapfen zwischen pulvergrau-
en Felsen her. Eine lächelnde Frau kommt uns entgegen, geführt
von einem Jungen. Sie ist hübsch und verrückt, und ihre Ohren
sind goldbehängt. Die beiden sind an uns vorbei, bevor wir das
Wort an sie richten können. Die Bäume um uns herum wirken
krank. Nackt und aufrecht stehen sie da wie verkohlte Totem-
pfähle, aber die kahlen Äste sind noch erhalten. Wir kommen in
ein kleines Dorf, dessen Buchweizen- und Kartoffelterrassen bis

zum Fluss hinunterreichen. Die Bewohner fällen das Holz und handeln damit, was mich mit finsteren Vorahnungen für die unberührten Wälder der Gegend erfüllt.

Wir betreten das Gebirge, als folgten wir dem schartigen Schnitt eines übergroßen Messers. Ich habe das Gefühl, dass uns schon die kleinste Erderschütterung auslöschen wird. Statt an Höhe zu gewinnen, steigen wir immer tiefer hinab. Wenn sich das Tal einmal öffnet, scheinen die hinter ihm liegenden vereisten Gipfel auf, und rasiermesserscharfe, von Schmelzwassernarben durchzogene Palisaden stechen hoch in Wattewolken. Solche Blicke bekommen etwas Hypnotisches, besonders aus einer Talschlucht wie unserer. Ich warte auf eine Veränderung der Spitzen, irgendeinen Hinweis darauf, dass wir nach Tibet hineingelangen. Aber die Szenerie verschiebt sich mit den Windungen des Flusses wie ein Bühnenbild, das Teil der Verschwörung ist, den alten Nimbus Tibets zu erhalten, unzugänglich und der Welt entrückt zu sein.

Auch ich trage diese Vorstellung in mir, ich weiß – seit meiner Kindheit, seit ich als Jugendlicher Bücher über das Land gelesen habe. Dieses Zauberspiegel-Tibet ist das Reich des alten Wissens und Lernens, das dem Rest der Welt verloren gegangen ist. Beherrscht wird es von einer Abfolge von Mönchen, die Reinkarnationen der Göttlichkeit sind. Versteckt hinter der mächtigsten Gebirgskette der Welt, auf einem Plateau kalter Reinheit, treibt das Land in seiner eigenen Zeit. Es versagt Eindringlingen den Zutritt, nicht durch menschliche Autorität, sondern durch eine mystische Kraft. Und so hallt es nach wie die Erinnerung an etwas Verlorenes, ein Überbleibsel aus einer reineren Ära, weniger ein geografisch als ein geistig definiertes Land. Vielleicht besitzt es den Schlüssel zum Jenseits.

Die Quelle dieser Vorstellungen ist komplex. Die Handvoll früh schon nach Tibet gereister Europäer kam mit widersprüchlichen Berichten zurück, die von einem Land des Glaubens und des

Elends sprachen, regiert von einer Lama-Elite, die gleichzeitig repressiv und gütig war. Moral und Ethik existierten verwirrenderweise Seite an Seite mit Trägheit und üppigem Aberglauben. Als sich die buddhistische Abgeschiedenheit Tibets im 19. Jahrhundert noch vertiefte, infiziert von der chinesischen Xenophobie und dem Isolationismus Nepals, vermochten Europäer nur noch unter Vorwänden, oft nur verkleidet, ins Land zu kommen. Die wenigen, denen es gelang, zeichneten das Bild eines Landes – gesehen mit westlichen, viktorianischen Augen –, das von frommen, primitiven Menschen bewohnt wurde, tief in Magie und sexueller Verderbtheit (mit blühender Polyandrie) versunken und so pervers, das sich allein Gebetsmühlen um eine Achse drehen durften, aber keine Räder.

Zu Ende des Jahrhunderts dann, als sich die europäische Gelehrsamkeit stärker für das durchlässiger werdende Tibet zu interessieren begann, braute sich ein nebulöses Gemisch spiritueller Erwartung zusammen, das bizarre Formen annahm. Die berüchtigte Madame Blavatsky, die Begründerin der Theosophischen Gesellschaft, behauptete, geistigen Rat von einem verlorenen atlantischen Königreich in Tibet erhalten zu haben, einer Bruderschaft, die sich später als nicht existent herausstellte. Bald schon ging die Rede von Tibet als einem Labor okkulter Wunder, in dem das Übernatürliche als Wissenschaft studiert wurde. Die Mönche wirkten Wunder durch Telepathie und vermochten allein mit der Kraft ihrer Stimme Felsen zu verrücken. Yogis überwanden die Schwerkraft und flogen. Statuen redeten. Die *lung-gompa*, die Windmänner, vermochten nach intensiver, extremer Meditation wie Geister über das Land zu rasen, wobei sie kaum den Boden berührten. Und überall im Land waren heilige und prophetische Schriften versteckt, von den Großmeistern vor Jahrhunderten vergraben, um gefunden zu werden, wenn die Zeit reif dafür war. Der Zauber des Landes berührte sogar Rudyard Kiplings Kim, und als Conan Doyle durch öffentlichen Druck gezwungen wurde, Sherlock Holmes von den Toten zu erwecken, wählte er Tibet als das Land, in dem Holmes vorübergehend, aber auf überzeugende Weise verschwunden war.

In der Fantasie blieb Tibet bis weit ins 20. Jahrhundert ein erhabenes Heiligtum, und tatsächlich ist diese Vorstellung nie ganz versiegt. Wurde die Religion des Landes von den Viktorianern noch für eine ferne, dekadente Abweichung von der buddhistischen Wahrheit gehalten, wandelte sich diese Sicht jetzt nach und nach in ihr Gegenteil, bis sie als die edle Spitze eines entwickelten Glaubens und ihre Schriften als eine in der Isolation Tibets überdauernde Schatzkammer gepriesen wurden. Die Aura einer wunderbarerweise konservierten Vergangenheit war entscheidend für diesen Mythos. Dem Land wurde immer etwas Traumhaftes zugeschrieben, Reisende hatten das Gefühl, erneut in eine Kindheit einzutreten, das unschuldige und ungebändigte Unbewusste. Andere verglichen ihre Reise durch Tibet in seiner Bergfeste mit dem Abstieg in die Unterwelt, und die wachsende Beliebtheit des in verschiedene Sprachen übersetzten Tibetischen Totenbuchs wirft seinen Schatten auch auf meine Reise.

Während der Westen in zwei Weltkriegen in Ernüchterung versank, verblich die letzte Kritik an Tibet, und es wurde zu einem Ort reiner menschlicher Sehnsucht. Der Name Shangri-la war durch die mythische tibetische Utopie in James Hiltons Roman »Der verlorene Horizont« von 1933 in den allgemeinen Sprachgebrauch übergegangen, deren Seher die Welt nach ihrer Selbstzerstörung erlösen würden. Und etwas von dieser jahrtausendealten Sehnsucht blieb an dem Land hängen, überschattet von einer Vorahnung seiner Verletzlichkeit, wenn es erst für die Welt da draußen geöffnet wäre.

All diese Fantasien waren natürlich nichts als verzerrte Echos des tatsächlichen, irdischen Tibet. Das Land wurde aus Gewalt geboren, der Großteil seiner frühen Könige starb jung, und über Jahrhunderte führte es einen aggressiven Krieg gegen sich selbst

und andere. In dieser kargen Natur und dem bitteren Klima fielen
die Menschen Krankheiten und Erdbeben zum Opfer, und soweit
sie zurückdenken konnten, hatten sie als Schuldknechte für die
oftmals hartherzigen Mönche arbeiten müssen. Das fromme
buddhistische Volk, das die Reisenden als sanftmütig, fröhlich
und ehrlich kennenlernten, wurde von bösen Geistern und Hun-
ger verfolgt. Selbst die zum Kailash Pilgernden waren mitunter so
arm, dass sie zu Banditen wurden, was mit öffentlicher Verstüm-
melung bestraft werden konnte.

Erst nach der chinesischen Invasion 1959 zerbrach die Fantasie schließlich. Nachdem der Dalai Lama mit einem Großteil seiner Mönchselite nach Indien und weiter geflohen war, wurde
Tibet, obwohl es im westlichen Denken seine Heiligkeit nie ganz
verlor, zu einem Ort verletzter Unschuld, erst brutal von den Chinesen niedergerungen und dann halb für den weltlichen Blick
keimfrei gemacht. Während sich der heimatlos gewordene Buddhismus dem Westen öffnete, ob als Glaube, Therapie oder mo-
discher Kult, ging ihm seine Heimat verloren. Im Exil dachten die
Tibeter (wenn sie sich denn erinnerten) zurück an ein Land
schmerzlicher Wunscherfüllung.

Das Land verliert an Härte und reinigt sich in ihrer Abwesenheit.
Die Wiesen werden apfelgrün, die Frauen schön. Es ist ein Land
der Sehnsucht.

Vor drei Wochen bedeckte es die Wände meines Hotels in
Kathmandu mit Fresken reinen Trostes, einer Traumwelt voller
Hirten in gepflegten Pelzen und synthetischen Farben.

Der Hotelbesitzer war ein erfolgreicher Flüchtling. Ein Porträt des Dalai Lama hing hinter der Empfangstheke, und entlang
der Gänge waren Fotografien aus dem Lhasa des Jahres 1937 zu sehen. Ich fragte den grau melierten Mann an der Rezeption, ob er
je zurückgehen könne. »Zurück?«, sagte er. Er war nie da gewesen.
Seine Eltern waren 1959 geflohen und er selbst im Exil zur Welt

gekommen. »Wenn ich einzureisen versuchte, gäbe es Ärger. Für Sie ist es kein Problem, es ist nicht Ihr Land. Aber die Grenzsoldaten erkennen uns gleich an unseren Gesichtern.«

Unglücklich wanderte ich durch die Räume. Die Säulen waren golden gestrichen, und die Wandgemälde entstammten einer Märchenwelt. Sie zeigten nicht einmal das Land ihrer Erinnerung, das sich während der Abwesenheit der Exilanten so lange veränderte, bis sie nicht mehr hineinpassten. Dieses Land hatte nie existiert: Die gemalten Schafe grasten in einem ewig währenden Sommer. Nomadische Teetrinker picknickten neben ihren Zelten, während ein alter Mann zu einer langhalsigen Laute sang und die jungen Leute ihm lauschten. Hinter ihnen träumten die wolkenumspielten Klöster auf fernen Bergeshöhen, und der Kailash leuchtete wie ein Ei in seinem Gebirgsbecher, in dessen Höhlen Einsiedler das Licht jenseitigen Wissens ausstrahlten und das Land mit Gebeten heiligten. Wieder fragte ich mich, wohin ich da unterwegs war. Dieser gemalte Berg war zu einem reglosen Paradies gemacht worden. Für die Gläubigen ist der Kailash eine Leiter zwischen Licht und Dunkelheit, die bis hinunter in die Hölle reicht. Er hat erlösende Kraft. Er wirkt in unserer Wirklichkeit, weshalb die Chinesen ihn fürchten müssen. Er ist älter als sie.

Wir erreichen einen hoch gelegenen Pass. Iswor ist vorausgegangen und ruht sich an einem Baum aus. Seine Last hat er abgesetzt. Wir sind auf halbem Weg zwischen den Dörfern Kermi und Yangar, und die Sonne steht noch hoch am Himmel. Ein paar Meter vor dem Scheitelpunkt des Passes, bevor das Tal hinter uns aus dem Blick fällt, steht eine kurze Trockensteinmauer.

»Gehen Sie um sie herum!« Iswor fährt mit dem Arm im Uhrzeigersinn durch die Luft.

Ich hatte die Mauer zunächst für einen Haufen Geröll gehalten, das vom Pfad geräumt worden war, aber jetzt sehe ich, dass die Felsen und Steine sorgfältig aufgeschichtet worden sind. Ich sehe

perlgrauen Granit, schartigen Marmor, und einige der Brocken
sind honig- oder rostfarben. Ganz gleich, wie hart sie sind, alle tragen Gebete auf sich. Es müssen einige Hundert sein, verblichen
wie eine verlorene Sprache. Die Mantras fließen mit gleichmäßi-
ger Feinheit dahin, und mitunter folgen sie den Rundungen und
Adern der Steine. Viele der größeren Brocken, es sind die schöns-
ten, tragen keine in sie eingemeißelten Zeichen. Stattdessen sind
die Worte aus ihnen herausgestemmt und treten wie ein Relief
hervor, als hätte man sie aus dem Inneren des Steins befreit, der
durch sie zu uns spricht. Iswor starrt sie an, kann das dort Stehende aber nicht übersetzen. »Das ist die Mönchssprache«, sagt er.

Ich erkenne die Abstriche des buddhistischen Mantras *Om
mani padme hum*, das den ganzen Tag den Mündern der Andächtigen entströmt. Diese Anrufung der Göttin des Mitgefühls – »Oh,
du, die du den juwelenbesetzten (Rosenkranz) und den Lotus
hältst!« – ist in jahrhundertelangen esoterischen Interpretationen
untergegangen. Andere Steine zeigen längere Mantras, alle in
tibetischer Schrift. Womöglich stehen ganze Bücher auf diesen
Steinen verteilt. Eine Inschrift enthält Buddhas Lehre von der
Scheinhaftigkeit der Dinge. Somit ist auch das in Stein gemeißelt:
dass alles vergänglich ist.

Diese Mauern zu umkreisen, wie wir es tun, soll die in ihnen
enthaltenen Gebete neu aktivieren. Sie bewegen sich wunderlich
in ihrer Einsamkeit und müssen über Generationen aufgehäuft
worden sein: für Händler, Pilger und Mönche behauene Steine,
die hier hinterlassen wurden, um die Geister des Ortes zu besänftigen – Pässe sind immer gefährlich – und Mitgefühl in die Welt
zu tragen.

Als wir ins Tal absteigen, sagt Iswor, dass er die Mauer hinter
uns murmeln höre.

Unter hoch aufragenden Bäumen gehen wir hinunter zu der Stelle,
wo der Salle Khola in den Karnali fließt, umgeben von wildem Ma-

rihuana. Mit dem ersten Hauch des Abends tauchen wir durch diesen kathedralenartigen Schatten in eine Zone windloser Stille. Unsere Stiefel treten Kaskaden von Schiefer los und knistern über Kiefernnadeln. Riesige Tannen und Kiefern ragen zwischen Stecheichen und Hemlocktannen auf, Fichten halten ihre rosa Zapfen dreißig Meter über uns. Iswor singt Popsongs aus Kathmandu, aber er ist weit hinter mir, sodass das plötzliche, einsame Klopfen eines Spechts hart durchs Tal hallt, einer Erinnerung gleich. Überrascht bleibe ich stehen. Ich versuche den Vogel auszumachen, ohne Erfolg. Das vertraute Geräusch klingt wie ein gespenstisches Signal, als folgte mir jemand. Der Specht verstummt, und kaum eine Minute später höre ich wie ein Echo aus meiner Kindheit den Ruf eines Kuckucks. Vor meinem Aufbruch habe ich Verschiedenes über die Vogelwelt des Himalaya gelesen, kann aber nicht sagen, ob es sich um den Gemeinen oder den Orientalischen Kuckuck handelt, denn mit dem Kuckuck ist es nicht einfach: »Der Orientalische Kuckuck (*Cuculus optatus*) gehört zur Gattung Kuckuck in der Kuckucksfamilie der *Cuculidae* ... Einige Autoren benutzen den Namen Horsfields Kuckuck für den *optatus* und nennen den *saturatus* den Orientalischen Kuckuck, während andere sagen, der *optatus* sei der Orientalische und der *saturatus* der Himalaya-Kuckuck ...« Beide scheinen wie eine Kuckucksuhr zu klingen, und ich bleibe lange unter den riesigen Bäumen stehen und lausche absurd verzückt dem *optatus* oder dem *saturatus*.

Es gibt auch vertraute Sträucher. Seit zwei Tagen säumen Jasmin, Flieder und Schneeball unseren Pfad und verteilen ihr Laub auf den Lichtungen. Manchmal stelle ich mir vor, durch einen verwilderten englischen Garten zu gehen, was kein Wunder ist, haben doch Generationen englischer Botaniker den Himalaya nach Europa getragen, sorgsam in Kisten verpackt, und diese Arten sind überall um uns herum zu finden. Das Sonnenlicht öffnet die papierweißen Blüten der Zistrosen und Fingerkräuter auf den Hängen. Ich sehe Geißblatt, Mimosen und Hartriegel, und Kleine oder Große Füchse, Schmetterlinge, wehen durch Sommerflieder.

Eine wacklige Blechbrücke überspannt den Salle Khola. Das Wasser ist jadegrün wie das des Karnali, der hohl und entfernt aus schmalen Schluchten herüberbrüllt. Für ein paar Hundert Meter verflacht hier die Unruhe der Berge. Einige Ziegenhirten haben ihre Herden in Pferche aus Felsbrocken gesperrt, und ein einsamer Bauer mit zwei Hühnern auf dem Arm läuft an uns vorbei. Auf dem gegenüberliegenden Ufer wachsen erneut Bäume auf, sommergrün und immergrün, und es gibt nichts als das stürzende Wasser und ihr dichtes Laub- und Nadelwerk. Da plötzlich schreit eine Stimme eine Warnung über uns, und wir hören das beginnende Rumpeln niedergehender Steine. Zwei Böcke rammen senkrecht über uns auf dem Steilhang die Schädel gegeneinander, während ihre Hirtin in Panik gerät. Iswor und ich erstarren auf dem Weg. Die Felsbrocken kommen zu zweit, zu dritt zwischen uns heruntergekracht, schlagen auf den Pfad und wirbeln wie riesige Kiesel in den Fluss, während das Hirtenmädchen über uns, ihre Ziegen verfluchend, den Hang hinaufstürzt und mit Steinen nach ihnen wirft.

Zwei Stunden später wandern wir am Karnali entlang durch breites, ebenes Grasland. Der Fluss strömt schnell und ungehindert dahin, und wir nähern uns dem Dorf Yalbang. Der Weg liegt voll mit Pferdedung und zerrissenem Zaumzeug, und von irgendwoher folgt uns der Zwei-Noten-Gesang des *saturatus* (oder *optatus*) durchs Tal. Unser Pferdeführer Dhabu wartet hier auf uns und lässt seinen Hengst Moti, was Perle bedeutet, auf dem plötzlichen Grün grasen. Zum Essen setzen wir uns auf Felsen, und ich frage mich laut, ob uns eine Familie in Yalbang bei sich aufnehmen wird.

Iswor sagt in seinem schiefen Englisch düster: »Sie werden hier sterben. *You will die here.*«

Leicht erschrocken frage ich: »Sterben? Wer sollte mich umbringen wollen?«

Er lacht kurz auf. »Nicht *die here*. Ich habe gesagt, du wirst *diarrhoea*, Durchfall. Diese Leute hier schmutzig.«

Dhabu lacht mit, aus Gewohnheit. Die haselnussbraunen Augen glitzern in seinem dunklen Gesicht. Eine unbenannte Trennlinie verläuft zwischen ihm, Iswor und Ram, kein Kastenunterschied (denn er ist Thakuri), sondern seine fehlende Schulbildung. Er ist in diesen wilden Tälern aufgewachsen und nie zur Schule gegangen. Jetzt sitzt er etwas abseits auf einem Felsen, starrt mich an, und seine Augen zucken verwirrt. Er isst immer zuletzt und zieht sich dazu an einen Ort zurück, wo ihn keiner sieht. Wenn ich ihm etwas anbiete, ein Stück Apfel oder ein Bonbon, nimmt er es überrascht und stumm beschämt an. Beide Hände streckt er danach aus.

Iswor spült sein langes Haar im Fluss aus, er trägt es mit mädchenhaftem Stolz. Hinterher setzt er sich neben mich, während ich mir Fotos auf meiner Kamera ansehe. Auf dem kleinen Bildschirm erscheint eine schlanke Frau in einem italienischen Park.

»Wer ist das?«, fragt er.

»Das ist meine Partnerin.«

Er starrt sie an. »Sie ist eine große Schönheit.«

Sie steht lächelnd unter einem der Wasserfälle Tivolis. Es war nicht leicht, sie zurückzulassen. In Kathmandu habe ich ihre Stimme über zwölftausend Kilometer entfernt durchs Telefon gehört: »Denk nicht an mich.« Das Telefon im klösterlichen Gästehaus verwischt ihre Worte. »Konzentriere dich auf deine Reise.«

So gibt sie ihre Zustimmung zur Grausamkeit des Reisenden: zum Verbleichen des gemeinsamen, hinter ihm liegenden Lebens angesichts des Rausches des Abenteuers.

Ich frage Iswor: »Haben Sie eine Freundin?«

»Nein, und ich will auch keine. Wenn man in Nepal mit einem von diesen Dorfmädchen schläft«, er macht eine Geste zum Wald hin, »muss man es innerhalb eines Jahres heiraten. Aber ich will eine gebildete Frau, und ich habe zu wenig Geld. Wie kann ich jemanden bitten, zehn Jahre zu warten? Sie würde mir nicht trauen. Sie würde sagen, du wirst gehen und mich sitzenlassen. Viele Leute gehen hier weg, besonders zum Golf. Aber das Leben dort ist schlecht. Ich habe es versucht. Ich wollte hin und als Leibwächter arbeiten. Ich habe sogar unterschrieben. Aber meine Eltern sagten: Nein, sie werden dich töten. Also bin ich hier geblieben und arbeite als Führer. Aber im Moment gibt es keine Arbeit, Sie sind der Einzige.«

Er lächelt und ist womöglich insgeheim erleichtert über das Verbot seiner Eltern. Er sagt:»In der Stadt sind wir heute wie Sie im Westen. Männer können mit fünfunddreißig oder später heiraten. Ich werde warten.«

Wie kann er so lange ohne Frau sein?, wundere ich mich.

»Oh, das geht«, sagt er. »Ich weiß, was Liebe ist ... Ich kenne mich aus.« Als er sich die nassen Haare aus der Stirn schiebt, erinnern mich seine weichen Züge auf beunruhigende Weise an Mao Zedong.

»Die Liebe«, sage ich, »wie können Sie sich damit auskennen?«

»Ich habe die Zeitschriften gelesen und die Filme gesehen. Ich werde zwei Kinder haben, einen Jungen und ein Mädchen, und ich werde dafür sorgen, dass sie etwas lernen.« Er wirft einen Blick auf Dhabu, der auf seinem Fels in sich hineingrinst. »Ich habe alles gelesen.«

Vor uns, vom Grat über Yalbang, hebt sich eine weiße Spitze in den Himmel. Es ist ein buddhistischer Stupa, eine Gedenkstätte auf der Erhebung über einem sich hinduckenden Kloster, und sie verleiht unserer letzten Stunde unterwegs heute eine Vorahnung von Tibet. Unversehens läuft uns ein Mann aus einer Höhle entgegen, in der er kampiert, und hebt zitternd die Hände über den Kopf. Er hat Migräne und bittet uns um Medizin. Aber Dhabu ist mit unserem Gepäck vorausgezogen, und ich kann dem Mann nichts geben. Ich verfluche mich, als wir ihn hinter uns zurücklassen. Ich muss daran denken, wenigstens Aspirin bei mir zu haben.

Bald darauf biegt der Fluss unter einen hohen Felsvorsprung, auf dem ein grober steinerner Turm steht, und das Tal öffnet sich um die verstreut liegenden Häuser Yalbangs. Zwei orangefarbene Dreiecke leuchten vor den Felsen, wo Dhabu unsere Zelte aufgeschlagen hat.

Kapitel Vier

Schwarze Krähen picken über den Lagerplatz. Der vom ersten Morgenlicht erhellte Himmel ist drastisch zweigeteilt. Regenwolken strömen durch die Täler unter uns, lassen die Gebirgsausläufer ineinander verfließen und verwischen die Gipfel der Bergkette Sisne Himal achtzig Kilometer dahinter. Aber nach Nordosten hin, über Tibet, ist der Himmel blau. Im Kloster direkt über uns beginnen die Gebete, und der lange, schneebedeckte Horizont fängt das erste Licht ein.

Der Hang neben mir ist mit einem Gewusel winziger Kinder bedeckt, deren Lachen und Schreien im Labyrinth der Felsen auf ihm widerhallt. Es könnte ein wild gewordener Schwarm Kobolde sein, aber sie tragen rosafarbene Einteiler, auf denen Mickymäuse prangen oder Aufschriften wie »Going It« oder »The Vogue Current«. Die Wangen unter ihren Pudelmützen sind purpurrot angelaufen, und sie haben Zöpfe oder Pagenfrisuren. Sie scheinen irrsinnig glücklich zu sein.

Die hier in dieser Wüstenei entstandene Schule ist, wie ich herausfinde, so weit von den Häusern und Familien ihrer Schüler entfernt, dass die meisten von ihnen neun Monate lang bleiben und in einem Heim mit Etagenbetten schlafen. Der Rektor ist ein liebenswürdiger Bhutija, der mich stolz herumführt und mir die festen Lehmböden und gemauerten Klassenräume zeigt. Bis vor drei Jahren noch war das Gebäude von Maoisten besetzt, die periodisch gegen die nepalesische Armee zogen, während die Kinder zu lernen versuchten. Heute dient die kleine Versammlungshalle gleichzeitig als buddhistischer Tempel, auf dessen provisorischen Altar der Rektor ein Tuch mit dem Bild Padmasambhavas legt, des großen in Tibet verehrten Magier-Heiligen. Endlich sitzen wir in einer Ecke der Küche. Über uns hängen blutige Yaksehnen von der Decke, und zwei tibetische Hausangestellte brauen etwas auf einem Herd zusammen.

Ich frage mich, wie dieser mittelalte Lehrer mit seinem ruhigen, · mühelosen Englisch hier gelandet ist, drei Tagesmärsche von Simikot entfernt, der straßenlosen dörflichen Hauptstadt des ärmsten Distrikts im Land. Aber er lacht nur. Er sei hier in der Provinz Humla geboren, sagt er, und die Entfernungen seien für ihn andere als für mich. Er hat die mächtigen Lungen seines Volkes und schafft es an einem einzigen Tag nach Simikot. Seine Frau braucht zwei.

»Früher, in besseren Tagen, habe ich in Kathmandu gearbeitet. Ich habe eine Teppichfabrik aufgemacht, mit tibetischer Wolle und tibetischen Webern. Die Wolle ist schön und sehr widerstandsfähig, und die westlichen Käufer liebten die Teppiche. Aber dann kamen die Maoisten, und ich musste die Löhne anheben. Sämtliche Kosten stiegen, und wir gingen bankrott. Da bin ich hergekommen.«

Das Weben kleiner, farbenprächtiger tibetischer Teppiche hatte, wie ich wusste, auch unter einem geänderten westlichen

Geschmack gelitten und war schließlich der weltweiten Rezessi-
on zum Opfer gefallen. Hatte er, fragte ich mich, Kinder für sich
arbeiten lassen? Vielleicht hatte er es für gutherzig gehalten. In
den letzten Jahren waren die maoistischen Milizen und korrupte
Polizisten wie Geier über die angeschlagenen Fabriken hergefal-
len.

»Es ist nicht schlecht hier«, sagt er. »Die Kinder sind arm und
brauchen uns.« Mangelnde Schulen sind ein drängendes Problem
für diese Dörfer. Nur einer von fünf Dorfbewohnern kann lesen.
»Nur im Winter, im Schnee, müssen wir schließen, und alle gehen
nach Hause.«

»Wo sind Sie zu Hause?«

»Meine Familie hat sich zerstreut. Meine Frau ist manchmal
hier bei mir, aber mein Sohn ist Mönch, in Indien.« Und dann fügt
er mit sonderbar nervösem Stolz an: »Meine Tochter studiert.«

»Wo?« Ich frage mich, ob sie eine weiterführende Schule in Simikot oder vielleicht sogar Kathmandu besucht.

Aber er sagt: »Sie ist in Alabama, auf einem College. Sie hat ein
Stipendium bekommen, und sie sagt, es ist sehr schön dort, aber
sie kann keine Arbeit finden, um ihre Unterrichtsgebühren zu bezahlen, und die Examen sind schwer.«

Sie ist also fünfzehntausend Kilometer weit weg, und er kann
sie nicht unterstützen. Er hat Angst, das spüre ich, dass sie ihm
weggenommen wird und er sie verliert. So sitzt er unglücklich in
diesem grob gemauerten Verlies, unter tropfenden Yaksehnen,
während sich seine Tochter fern in ihrem Studentenheim Sorgen
um ihren Abschluss macht.

Er sagt: »Sie hat nicht das Geld, um nach Hause zu kommen.«

Eine niedrige Mauer umgibt das Kloster. In seinem Toreingang
mit dem Rad des Gesetzes führt eine Frau ihren kleinen Sohn um
eine enorme zylindrische Gebetsmühle. Sie beginnt sich nur dann
knarzend zu drehen, wenn er ihr mit seinen winzigen Kräften zu

Hilfe kommt. Das Lachen der beiden perlt mir entgegen. Hinter
dem Tor öffnet sich ein großer Hof. Ringsum ziehen sich doppel-
stöckige Arkaden mit verfallenen oder nur halb gebauten Räumen
hin. Der Tempel im Zentrum des Hofes hat eine unerwartete
Wucht, er ist riesig und strahlt in dieser Abgeschiedenheit etwas
Rätselhaftes aus. Seine hell gestrichene Vorhalle, die zwei Reihen
Flügelfenster, ocker und scharlachrot, und das Dach aus orange
gestrichenem Eisen wirken wie eine Art Make-up auf einem weit
älteren Bau. Tatsächlich jedoch ist der Tempel kaum fünfundzwanzig Jahre alt, erbaut von tibetischen Exilanten.

Ich wandere durch die Arkaden, vorbei an abblätterndem
Putz und eingeschlagenen Fenstern. Ein frostiger Wind ist aufgekommen. Die dicht mit Bäumen bestandenen Berge ringsum
scheinen von allen Seiten gegen die Mauern zu drängen. Quer
über den Hof hängt ein Kabel, auf dem Krähen sitzen; es leitet etwas Strom aus einem Dorf weiter unten am Fluss hier herauf. Ich
drücke meine Nase an ein verschmiertes Fenster und sehe eine
Decke, einen groben Tisch und ein Kindergesicht, das sich hebt
und mich angrinst: ein junger Novize, den ich beim Lernen über-
rasche.

Währenddessen klingt ein tiefer, undeutlicher Gesang wie
von einem riesigen, geschäftigen Bienenstock aus dem Inneren
des Tempels. Murmelnd dringt er durch die dicken Mauern, der
Rhythmus ist schnell, aber doch ruhig. Einige Hundert Mönche
beten dort drinnen. Der Tempel scheint in trauriger Erinnerung
an ihre Heimat gebaut. Die Innenneigung der weiß verputzten
Mauern, das helle Dachgesims und die ebenso hellen Fensterrah-
men, die Stuckmedaillons auf den orangefarbenen Friesen, alles
ist ein Echo des verlorenen Landes im Norden.

Der Abt, der aus der Gebetshalle kommt, strahlt für seine
dreißig Jahre eine ungewöhnliche Autorität aus. Als ich mich über
solch ein Kloster in dieser Abgeschiedenheit wundere – es hat
einhundertfünfzig Mönche und Novizen –, antwortet er mir mit

einer merkwürdigen Geschichte: Vor über einem Jahrhundert,
sagt er, starb ein geschätzter Lehrer in der Nähe des Kailash,
nahm den Regenbogenkörper an, wurde reines Licht und hinterließ einen Schüler, der dort ein berühmtes Kloster erbaute. Solch
ein Entschwinden im Astralkörper kam in jenen Tagen häufiger
vor, sagt er. Lamas und Asketen verschwanden und hinterließen
allein ihr Haar oder ihre Fingernägel. Doch dann starb der Schüler und wurde Jahre später als Mönch wiedergeboren, der während der chinesischen Invasion aus Tibet floh und sich ein paar
Kilometer von hier niederließ. Diese Reinkarnationen, oder *tulku*, gibt es immer noch. Erleuchtete Lamas kehren aus eigenem
Willen auf die Erde zurück, um den buddhistischen Gläubigen
Führung zu geben.

Aber als wir die hölzerne Treppe in eine Kammer über der Gebetshalle hinaufsteigen, aus der die Zeremonie für ein langes Leben mit Trommeln und Hörnern heraufklingt, wird der Abt in
seiner Rede über den *tulku* zögerlich. Skandalöserweise hat der
Mönch geheiratet und wurde ein tantrischer Yogi. Ich lausche
den vorsichtigen Worten und frage mich, ob der *tulku* vielleicht
etwas verrückt war. »Er wollte das Kloster vom Kailash neu schaffen, das die Chinesen mittlerweile zerstört hatten, doch er war
arm, und ... Krankheit verhinderte es. Als er starb, hinterließ er
ein Mandala, das genau beschrieb, wo das neue Kloster gebaut
werden sollte. Und das war hier.«

Wir setzen uns an einen schweren Tisch, der aussieht, als stün-
de er schon seit Jahrhunderten hier. Das Abt sagt: »1985 gründete
sein Sohn zusammen mit einer Handvoll Mönche dieses Kloster.
Er ist immer noch hier, er ist der Älteste von uns, und später wurde der Enkel des *tulku* zur göttlichen Inkarnation. Er lernt hier
ebenfalls.«

Ich höre schweigend zu und staune über diese unirdische Ge-
nealogie. (Später erhasche ich einen Blick auf den Klostergründer,
der nach der Zeremonie mit gesetzten Schritten hinauf in seine

Zelle geht.) Der Abt erzählt von diesen Reinkarnationen so sach-
lich, als handele es sich um natürliche Geburten. Es gebe fünf *tulku* unter seinen Mönchen, sagt er, Reinkarnationen verschiedener
Lama-Vorfahren.

Ich sehe ihn über eine tiefe Trennlinie hinweg an. Er hat das
mondförmige Gesicht tibetischer Ruhe, gleichmäßig und gelöst,
die Lippen sind leicht aufgeworfen wie bei Buddhastatuen. Diese Reinkarnationen sind für ihn Wege der Erleuchtung, die wie
eine Flamme von Kerze zu Kerze springt, von Mann zu Mann (es
sind fast immer Männer). Die genaue Natur der Flamme, ihr
Fortbestand – von Psyche, Geist und Erinnerung – ist unsicher,
doch der *tulku* ist als ihr Bewahrer der Gesandte unveränderli-
cher Reinheit.

Der Abt spürt den Zweifel in mir, glaube ich. Er befiehlt einem Novizen, uns Tee zu bringen, während ich unbehaglich auf
der klösterlichen Bank hin- und herrücke. Er ist weniger als halb
so alt wie ich, doch seine Sicherheit ist groß und ein wenig rätselhaft. Aber ich entstamme auch einer völlig anderen Kultur. Er
konzentriert sich auf spirituelle Fortdauer, während ich nur den
individuellen Tod sehe. Was ist es, frage ich, was da überlebt, um
wiedergeboren zu werden?

Irgendeine schemenhafte Erinnerungsfähigkeit muss überdauern, impliziert das, was der Abt sagt, denn so wird ein *tulku*
entdeckt. Ist ein in Frage kommendes Kind ausgemacht, zeigt
ihm eine Gruppe Klosterältester verschiedene Besitztümer, und
das Kind wird anerkannt, wenn es die seines *tulku*-Vorgängers erkennt. Dieses Verfahren, oder ein ähnliches, wird in Tibet schon
seit dem 12. Jahrhundert angewandt. Seinen Höhepunkt erreicht
es im Auffinden reinkarnierter Dalais Lamas. Natürlich war oft
auch Korruption im Spiel, aber Tibets Herz scheint in diesen heiligen Verwandtschaften überlebt zu haben. Wie eine göttliche
Kraft durchfließen sie die Generationen oder sind doch zumindest, wie dieses Kloster, erstaunliche Erinnerungsleistungen.

»Unser Leben ist hart«, sagt der Abt. »Manche Mönche ertragen es nicht lange. Viele gehen nach Kathmandu oder schließen sich Klöstern in den Ebenen oder in Indien an. Oder sie heiraten.« Bedauernd, aber höflich fügt er hinzu: »Der Westen ist für viele von ihnen verlockend.« Selbst an seinem eigenen Handgelenk schmiegen sich die Gebetsperlen an eine Digitaluhr. »Unsere Probleme ändern sich ständig. Vor ein paar Jahren bedrohten die Maoisten die ganze Region, schlossen viele Klöster und zwangen die Mönche zu Bauernarbeit. Auch aus unserer Gemeinschaft haben sie zwei verschleppt.«

Ob er wusste, was mit ihnen geschehen ist? Die Klöster waren schrecklich verletzlich und nicht mehr die bewaffneten Bruderschaften früherer Zeiten.

Der Abt lächelt ironisch. »Die beiden gingen unterschiedliche Wege. Der eine entkam und floh nach Indien. Der andere wurde selbst zu einem Maoisten und trug geheime Nachrichten durch die Berge. Nach dem Friedensschluss der Maoisten mit der Regierung ging er zurück in sein Dorf und heiratete. Wir haben ihn nie wiedergesehen.«

Die Ehe ist eine Gefahr für das klösterliche Leben, das wenig ausgleichende Annehmlichkeiten zu bieten hat. Im alten Tibet waren die Mönche eine verhätschelte Elite unter leibeigenen Bauern und Nomaden, hier, in einem Hindu-Land, wird die Rigorosität ihres Lebens durch keinerlei Wohlstand beschmutzt. Sie werden zur Seite geschoben, isoliert, vielleicht auch geläutert. Der Großvater des Abtes, erzählt er, sei ein Lama in Tibet gewesen, hätte aber gefehlt und geheiratet. »Dann marschierten die Chinesen in unser Land ein, und mein Vater verließ sein Zuhause und floh.« Er bricht ab. »Im letzten Jahr haben die Chinesen viele von uns getötet, wissen Sie. Ich hasse das chinesische Volk nicht, aber seine Politik und die Regierung ...« Er senkt den Kopf. »Mein Vater hat mir die heiligen Schriften und die Geschichte unseres Landes nahegebracht. Er hat mich unterrichtet. Und mit elf habe ich mich entschlossen, Mönch zu werden.«

»So jung!«

Selbst hier sind die Novizen mitunter erst neun Jahre alt, etwa siebzig gibt es von ihnen, deren Pubertät wie eine Zeitbombe auf sie wartet. Der Abt fährt fort: »Als ich es meinen Eltern sagte, rief meine Mutter: ›Nein! Nein! Kein Mönch! Da wirst du nur dasitzen und lernen!‹, und selbst mein Vater meinte: ›Jetzt willst du es vielleicht, doch mit zwanzig, fünfundzwanzig wirst du es bedauern, das Mönchsleben hinter dir lassen und heiraten wollen.‹ Ich war der älteste Sohn, wissen Sie, der sich um die Eltern kümmern soll. Aber ich bin dennoch gegangen.« In der Halle unter uns werden die Gebete der Mönche zu einem leisen Schnurren. »Jetzt, wo ich hier bin, kann ich ihnen nicht helfen. Sie leben weit unten im Tal.« Er zieht sich die purpurne Kutte enger um den Hals.

Ich frage düster: »Und wie geht es ihnen?«

»Ihr zweiter Sohn ist jetzt fünfundzwanzig, er kümmert sich um sie.«

»Wollen sie zurück nach Tibet?«

»Das können sie nicht.«

Die Menschen hier aus der Region, sagt er, könnten eine chinesische Erlaubnis bekommen, die Grenze für eine Woche zu überqueren, gewöhnlich, um zu handeln, und mit etwas Glück könnten sie ihren Aufenthalt verlängern und zum Kailash pilgern. Aber das täten nur wenige. Und die Mönche hätten Angst. »Leute wie Sie können zum Kailash«, sagt er. Er selbst war nie dort. Er sagt das ohne Bitternis, wobei die wenigen westlichen Trekker, die hier vorbeikommen, Motive haben, die mit den ihm bekannten nichts gemein haben. Was mich betrifft, so zögere ich, ihm meine Beweggründe zu erklären, so unausgegoren, wie sie sind. Sie gehören einer Welt an, die für ihn schemenhaft geworden ist, einem westlichen Ich und seinen Bindungen, nicht dem abstrakten Empfinden, dem er folgt. Er spricht mit einem traumgleichen

Bekehrungseifer vom Kailash. Er will, dass ich die Reise ehre, die
er selbst nicht machen kann.

»Sie wissen, dass es ein Berg von großer Kraft ist. Zu ihm zu
reisen vervielfältigt die eigenen Verdienste. Buddha flog oft mit
seinen Gefolgsleuten zu ihm hin. Und spirituelle Schatzsucher,
Tausende von ihnen, haben dort immer wieder meditiert, sodass
seine Höhlen voller Segen sind.« Manchmal kann ich nicht sagen,
ob er ein Weiser oder noch ein Kind ist, und immer wieder werden seine Worte vom Trommeln unter uns geschluckt. »Die Menschen umkreisen den Berg, um sich von ihren Sünden reinzuwa-
schen, den zehn Sitzen der Sünde. Ja, vielleicht kommen sie auch,
weil sie etwas wollen, Erfolg mit ihrem Geschäft vielleicht, oder
sie haben zu viele Töchter und wünschen sich einen Sohn ...«

Nach einer Weile, als der Lärm unter uns versiegt, steht er auf,
und wir gehen zusammen in die Gebetshalle. Die Mönche zerstreuen sich in purpurnen und safranfarbenen Gruppen, und der
Tempel wird dunkler.

Er führt mich durch ein dämmriges Durcheinander. Zwischen
den Plätzen, zwischen Kissen und Glocken hindurch führt der
Weg zum bemalten Skelett eines großen Altars, dessen Stufen
voller strahlender Dinge stehen: Ich sehe Opfergaben aus Gers-
tenteig und Wachs, flackernde Butterlampen und Schüsseln mit
Wasser, Plastikblumen, Monstranzen und Pfauenfedern, und
ganz oben Fotos angesehener Lamas mit Ritualkronen und dunklen Brillen. Und über allen thront ein riesiger vergoldeter, in ein
goldenes Tuch gehüllter Buddha und sieht mit dem Lächeln
erhabener Abwesenheit aus seiner Aureole. Der Abt führt mich
geduldig und mit weicher Stimme an den Wänden entlang, erläu-
tert mir die Statuen anderer Buddhas, Lehrer, Göttinnen und viel-
fältiger Bodhisattvas, Gesegneter, die ihr eigenes Nirwana zu-
rückstellen, um die Welt zu retten. In diesem ausufernden, mir
oft trügerisch erscheinenden Pantheon können Gottheiten in
verschiedenen Ausformungen und Emanationen ihrer selbst

mehrfach erscheinen. Arme und Gesichter teilen und vervielfältigen sich in der Dunkelheit. Oft werden sie wild und dämonisch,
halten Kleinode in die Luft, Lotusblüten, Rosenkränze und Blitze
und starren ins Nichts. Es sind nicht einfach nur Götter, sondern
leibhaftig gewordene Gedanken, ihre Gesten Teil einer krypti-
schen Sprache. Ihre Göttlichkeit ist wandelbar und fließend. Sie
schlägt sich in tierischer Wut und weiblichem Mitleid nieder,
trägt ein Lächeln des Mitgefühls und eine Girlande aus Toten-
schädeln. Der Abt führt mich zögerlich weiter, und oft kann ich
nicht mehr als die vergoldete Hand eines mit Votivtüchern be-
deckten Körpers ausmachen oder die Gipsgrimasse eines Dämonen. Der Großteil ist so grob geformt, dass ich mir keinerlei Heiligkeit oder Bedeutung darin vorstellen kann.

Die Türen hinter uns schließen sich und trüben auch noch das
letzte Licht. Ich bin mir mit Unbehagen bewusst, mich unter einer verehrten Armee zu bewegen, deren Entwicklung Buddha
verdammt hätte. Der Buddhismus, der Tibet im 7. Jahrhundert
erreichte, mehr als tausend Jahre nach dem Tod seines Begrün-
ders, war bereits reich an diesen schönen bis grotesken Nachkommen. Zudem bildete der Glaube seinen tibetischen Brückenkopf
im isolierten Königreich Shangshung beim Kailash und traf in jenen bitteren Höhen auf chthonische Götter und Geister, die ihn
heftig färbten. Während der nachfolgenden Jahrhunderte durchdrang überdies die üppig entwickelte Mahayana-Tradition Nord-
indiens das ganze Land und brachte ein reichhaltiges Arsenal der
Erlösung sowie eine Unzahl verschiedener Buddhas, Bodhisattvas
und versteckter Hindu-Gottheiten mit sich.

Die Figuren um mich herum sind Nachkommen dieses um-
fänglichen Pantheons. Dort ist Chenrezig, die tibetische Form
von Avalokiteshvara, dessen Inkarnation der Dalai Lama ist. Er
ist der alles sehende Gott des Mitgefühls, dessen unzählige Arme
wie ein Pfauenrad um ihn aufragen, jeder einzelne mit einem
Auge. Der Abt deutet auf einen Abkömmling des Gottes: Dölma

(Tara), die freundliche Göttin des Erbarmens und der Fruchtbar-
keit, und einige obskure Inkarnationen von Padmasambhava,
Tibets Schutzheiligem.

In ihnen und den Figuren um sie herum wandeln sich die aske-
tischen Ursprünge des Buddhismus. Die ehedem rigorose, agnos-
tische Philosophie, in der sich das Karma durch zahllose Generationen erhielt, ist zum Versprechen schneller, esoterischer
Befreiungssysteme und lenkender Erlöser geworden. In Tibet hat
der Buddhismus seinen Gipfelpunkt erreicht, indem er den Gläubigen in Praktiken einweihte, die ihn dazu befähigten, den mühe-
vollen Kreislauf weltlicher Reinkarnationen zu umgehen und innerhalb eines Lebens das Nirwana zu erreichen.

Sein Kloster, sagt der Abt, gehöre zur Schule der Nyingma, der
Alten, die ihre Ursprünge in Tibets ältestem Buddhismus sehen.
Sie sind vor allem Anhänger tantrischer Rituale und Versenkung,
und zum Schluss führt mich der Abt, wie zur Herausforderung, zu
zwei Statuen, die sich hoch aufragend umarmen. Ich sehe den
weißen Buddha Vajrasattva, glänzend, derb, abstrakt. In seine
kreisenden Arme schmiegt sich eine geschmeidige Gefährtin, die
Beine um seine Taille geschlungen, die Lenden mit seinen ver-
schränkt. Das ist kein Sex, wie Menschen ihn kennen, sondern die
Vermählung von Symbolen, die einen ewig währenden Orgasmus
suggeriert. Die Nacktheit der beiden wird durch Arm- und Fuß-
reife und Diademe verherrlicht. Ihr Mund hebt sich in einem erhabenen Darbieten des Lebens an seine unpersönlichen Lippen.

Der Abt sagt: »Das ist die Verbindung von Nichts und Mitgefühl.«

»Von Nichts?«

»Der Gott ist das Nichts. Er verwirklicht das Nichts.« Der Abt
gibt der eindringlichen Weisheit des Mahayana Ausdruck: der
Geltendmachung, dass Phänomene nicht aus sich selbst bestehen, sondern alles relativ und Illusion ist.

»Und sie?«

»Sie ist das Mitgefühl. Sie vervollständigt ihn.«

Solche Figuren fleischlicher Glückseligkeit generieren viele Interpretationen, und unter fortgeschrittenen Eingeweihten mag die Visualisierung, selbst ihre körperliche Umsetzung, eine mystische Auflösung auf dem Pfad zur Buddhaschaft sein. Manchmal wird das Mitgefühl dem Mann zugeschrieben und die Weisheit, die aufblitzende Erkenntnis, der Frau. Oft wird sie als *shakti*, seine verkörperte Energie, gedacht, die den Gott umschlingt, der sie schuf.

Es gibt verheiratete Lamas, sagt der Abt, die diesem sexuellen Weg folgen, jedoch nicht in diesem Kloster. In der Vergangenheit waren tantrische Extreme oft die Lehre einzelner Yogis, doch in den Klöstern existiert das Tantra parallel zu Philosophie und Dialektik. Wenn seit dem goldenen 14. und 15. Jahrhundert auch nur mehr gebrochen, haben diese parallelen Traditionen von Logik und gelebtem Mystizismus doch Bestand. Auf den vielen Regalen entlang der Tempelwände macht der Abt die in Stoff gebundenen Schriften der mutmaßlichen Aussprüche Buddhas und die Kommentare zu ihnen ausfindig, Kanjur und Tanjur, die im alten Tibet eine so umfangreiche wie subtile metaphysische Literatur inspiriert haben. Hier sind auch die tantrischen Texte, die vom Orden des Abtes besonders geliebt werden. Er spricht mit ungezwungener Wärme von ihnen, während ich völlig verwirrt bin. Wer war der Ur-Buddha Samantabhadra? Was ist das Tantra der Geheimen Essenz? Wie ist das Klare Licht der Großen Vollkommenheit zu verstehen? Das alles entspringt einem heiligen Wissen, von dem kaum ein Bruchteil übersetzt ist.

Ein einziges Element dieser geheimen Disziplinen ist mir halb vertraut. Vor vierzig Jahren hat mir eine alte Freundin, die Reisende Freya Stark, ein Mandala symmetrisch auf einem goldenen Feld verteilter Buddhas geschenkt. Sie hatte es in Nepal gekauft, von seiner Fremdheit angezogen. Für mich glichen die auf Wolken thronenden Buddhas autokratischen, rätselhaft dahintreibenden Babys. Aber vielleicht hatten sie früher einmal die Meditationen eines Mönchs oder Einsiedlers begleitet, der an seinem Fenster über das Heil nachsann.

Klassischerweise zeigen solche Mandalas eine Gottheit, die im Herzen eines dicht gemauerten Palastes sitzt. Es ist ein geheiligter Bereich, undurchlässig für die illusionäre Außenwelt. Meister benutzen die Mandalas oft, um sich auf die Gottheit zu konzentrieren, mit der sie sich zu identifizieren versuchen. Jung hielt das für einen Heilungsarchetypus des Unbewussten. Andere Meister nehmen sie auch einfach als Gedächtnisstütze, und wieder andere stellen sich ihr Mandala, und ihren eigenen Körper, als auf den Berg Meru oder den Kailash ausgerichtet vor, das Rückgrat der Welt, was sie Kraft von dort oben beziehen lässt.

In der Vorhalle des Tempels deutet der Abt auf ein auf die Wand gemaltes Mandala, dessen Archetypus der Legende nach von Buddha selbst entworfen wurde. »Dies ist das Original, das Rad des Werdens. Wie Sie sehen, wird es von Yama, dem Gott des Todes, gedreht. Und in der Mitte ... fallen Menschen.«

Ich starre nach oben. Um die Achse dieses großen Speichenrades klettert ein Bogen Menschen dem Nirwana entgegen, einige werden hinunter in die Hölle katapultiert. Im Zentrum, auf der Nabe des Rades, kann ich eine Schlange, einen Hahn und ein Schwein erkennen, die sich gegenseitig in den Schwanz beißen.

»Das sind die Gifte im Herzen der Welt«, sagt der Abt. »Die Schlange ist die Wut, das Schwein die Ignoranz, der Hahn das Verlangen. Sehen Sie ...«

Im Rest des Rades leben die Sterblichen ihr Leben, unterhalten sich, schaffen Dinge an, lieben sich. Nur der Buddha steht außerhalb des Kreises und deutet auf den Mond als Zeichen der Befreiung. Aber sein Nirwana kann natürlich nicht dargestellt werden, selbst die Hölle unten im Rad sieht schematisch und unwahrscheinlich aus, und die Leben der in diesem irdischen Karussell Gefangenen wirken unschuldig, manchmal ein wenig skurril.

Sollte der Künstler versucht haben, Leiden darzustellen, scheint ihn der Mut verlassen zu haben. Die Tiere, die das Brutale, Unmenschliche repräsentieren, stehen ruhig da wie im Paradies, und die Götter, die bald schon scheitern werden, haben im Moment noch ihren Spaß.

Ich frage den Abt, welcher Mönch oder Laie dieses Schema gemalt hat. (Über die Rolle des Malers wird in Tibet gestritten wie über fast alles andere auch.)

»Das Malen hat Tradition unter den Mönchen«, sagt er. »Ein alter Mann, der zusammen mit dem Dalai Lama geflohen ist, hat es hier gelehrt, doch dann ist er zum Meditieren in eine Höhle bei Kermi gezogen und dort gestorben. Zwar hatte er bereits einen Schüler unterrichtet, doch der ist nach Simikot gegangen«, er lächelt verzeihend, »und wurde Geschäftsmann. Aber er hat seinerseits zwei andere unterrichtet ...«

»Und wer hat das Rad des Werdens gemalt?«

»Ich bin nicht sicher.« Der Abt zieht kurz die Brauen zusammen und lacht dann. »Aber ich glaube, es war der Geschäftsmann.«

Auf dem Weg hinter dem Kloster stoße ich auf zwei Gedenktürme aus grobem Stein. Ich spähe durch die schmalen Öffnungen in ihr Inneres, das voller Kiesel und Staub ist. Die Verwandten deponieren hier ein wenig Reis oder sogar einen Fitzel Gold, oder sie werfen ein auf Papier geschriebenes Mantra an Dölma hinein, die Göttin des Mitgefühls. Tief drinnen kann ich ein paar winzige aus Lehm geformte Zapfen erkennen und ein Stück Knochen, von wem auch immer, dessen man hier gedenkt.

In diesen Tälern, wo die Leichen verbrannt oder an Geier verfüttert werden, scheint das Verschwinden der Toten vollkommen. Nur hier und da deutet ein kleiner Turm oder ein Stupa eine Geste des Gedenkens an einen verehrten Lama an. Als ich jedoch eine Gruppe vorbeikommender Mönche nach den Türmen frage, wer sie gebaut hat und an wen sie erinnern, wissen sie es mir nicht

zu sagen. Und warum sollte es ihnen auch wichtig sein, hat man sie
doch die Vergänglichkeit der Dinge gelehrt.

Als sie weitergehen, staune ich über sie, über ihre Leichtigkeit
und ihre Bedürfnislosigkeit. Vielleicht haben sie bereits einen
schmerzlosen, verfrühten Tod durchlebt, haben sie doch abgelegt, was andere erst sterbend ablegen. Sie werden nichts Materi-
elles hinterlassen, das aufgeteilt, in Anspruch genommen oder geliebt werden kann. Ihre Enteignung scheint mir gleichzeitig eine
Befreiung und eine vollkommene Entleerung zu sein. Ihr heiteres
Lachen folgt mir das Tal herauf, aber richtig beneiden kann ich sie
nicht, und ich frage mich mit einem dumpfen Unwohlsein nur,
wie es wäre, bei uns im Westen aus der Kette von Hinterlassen
und Erben zu treten, bis alles von Menschen Geschaffene keinerlei Bedeutung mehr hat.

Meine Füße bewegen sich langsam über den Pfad, aber meine
Erinnerungen sind zu heftig, um ruhig nachzudenken. Mit dem
Tod des letzten Elternteils werden materielle Dinge – alte Briefe,
ein heruntergekommenes Haus, ein Paar Pantoffeln – zu Waisen,
die den Verstorbenen in dieser Welt halten. Meine Mutter hat
nie etwas weggeworfen. Ihre Schubladen flossen über von Briefen, Tagebüchern, Dokumenten, fünfzig, siebzig, achtzig Jahre alten Fotos sowie der gesammelten Korrespondenz mit meinem
Vater, meiner toten Schwester, meiner Kinderschwester und sogar der Mutter meiner Kinderschwester. Monatelang liegt das alles wartend da und lädt sich mit hinausgeschobener Trauer auf.
Wie soll ich entscheiden, was ich behalten und was ich wegwerfen
soll? Der Wert der Dinge ist nicht länger eine Frage von Preis
oder Schönheit, sondern bemisst sich an der Erinnerung, die mit
ihnen verbunden ist. Die verblichene, angestoßene Teetasse ist
wertvoller als ein Silbertablett, das nie benutzt wurde. Und die
Briefe stiften Verwirrung. Manches, was für den Tag geschrieben
war, hallt auf ewig im Kopf nach. Alles, was weggeworfen wird,
läutet eine kleine Glocke des Verlusts. Die Vergangenheit fällt in

KAPITEL VIER **63**

den Papierkorb und in Vergessenheit, und in diesem grässlichen
Entlastungsakt führt mich die Trauer zurück in eine Art kindlicher Abhängigkeit. Ich sehe durch ihre Dinge, bewahre Etliches
auf (für wen?) und klammere mich an Nichtigkeiten. So werde ich
zum Hüter ihrer Vergangenheit und erschaffe sie sogar neu.

Ich hatte vor, die Liebesbriefe meiner Eltern zu verbrennen,
stelle dann jedoch fest, dass ich es nicht kann. Stattdessen beginne ich zu lesen, mit schlechtem Gewissen, ängstlich – ich sondiere das Terrain. Ich habe die Vorstellung, dass diese Briefe überleben und in ein Archiv aufgenommen werden, vielleicht frei in die
Geschichte einfließen sollten. Ich bündele sie mit neuen Gummibändern, die alten waren mürbe und zerfallen, und bewahre sie
auf, ohne zu wissen, wofür. So, nehme ich an, überdauern ehedem
private Dinge: nicht absichtlich, sondern weil ihre Vernichtung
nicht aushaltbar ist. Und so schwanke ich zwischen Bewahren
und Vernichten, beides kommt mir vor wie Betrug, und bewahre
die Briefe mit all ihrer Hingabe, ihrer Sehnsucht und manchmal
auch Einsamkeit fürs Erste auf.

In den Briefen meines Vater aus dem Krieg verbot die Zensur jedes Wort über militärische Aktivitäten. Er umgibt diese
Leere mit nebensächlichen Vorfällen, Humor und Bemerkungen über Blumen und Vögel. Selbst vom unter Granatenfeuer
liegenden Brückenkopf Anzio berichtet er meiner Mutter, dass
dort April-Veilchen und wilde Krokusse wüchsen, zusammen
mit Wicken, Wetterkraut und Orchideen. Sein Caravan im Divisionshautquartier, schreibt er, sei mit Fotos von ihr, meiner
Schwester und mir geschmückt, zwischen Zigarettendosen mit
Iris und Alpenveilchen. Vögel gebe es ebenfalls (»aber wegen der
ständigen Explosionen natürlich nicht viele«): Goldammern und
Nachtigallen, die bei Tag sängen, und »der schönste ist ein kleiner Kerl wie ein Zaunkönig, der einem Goldfink gleicht« und
der ihn an sie erinnere. Nur indirekt erwähnt er die Granattrichter um sich herum und den Tod anderer Offiziere oder, Monate

später, dass sein Caravan (und unsere Fotos) von einem Schrapnell zerfetzt wurde.

Manchmal scheinen die verdunkelte Welt und die vergeudeten Jahre nur ein Tunnel zum hell leuchtenden Traum ihres Wiedersehens. Aber die Gefahr, in der sie beide schwebten, verfolgte sie. Während der deutschen Luftangriffe fuhr meine Mutter Lastwagen in den Londoner Hafenanlagen. Dann beginnt mein Vater vom Vormarsch der Russen und dem Zerfall der Wehrmacht zu schreiben. (»Unsere Gefangenen hier sind arme Teufel im Vergleich mit denen, die wir in Tunis erwischt haben.«) Als sich der Krieg dem Ende zuneigt, erinnert ihn der Geruch der Pinien in der italienischen Hügellandschaft an Indien, und am Tag der deutschen Kapitulation verbleichen Anemonen und Sauerampfer in den österreichischen Wäldern. Da hat er meine Mutter zweieinhalb Jahre nicht gesehen.

Wir stehen auf einem Bahnhof in New Hampshire, meine Hand liegt in ihrer. Meine Schwester Carol steht auf der anderen Seite, denke ich. Ich bin kaum sieben Jahre alt. In der Schule habe ich verkündet, dass mein Vater alle Deutschen getötet hat und zurückkommt, um den Weihnachtsschmuck aufzuhängen, im Mai. Und jetzt fährt der Zug mit der Dampflok in den Bahnhof ein, und die zurückkehrenden Soldaten strömen auf den Bahnsteig. Gebannt gleitet mein Blick über die Gesichter. Ich kann mich nicht erinnern, wie mein Vater aussieht. Die Männer, die in unsere Richtung kommen, haben fremd wirkende Schnauzbärte und sauber polierte Stiefel. Da springt jemand mit einem Salto aus einem der Waggonfenster, und meine Mutter ruft: »Das muss er sein! Er macht immer Späße.« Im nächsten Moment läuft er auf uns zu. Die Hände meiner Mutter lösen sich von unseren. Er ist fast ein Meter fünfundneunzig, was damals sehr groß war, unglaublich gut aussehend und mit Orden bedeckt. Und er ist erfüllt von Glück. Er ist der Vater, den sich jeder Schuljunge wünscht.

Ich fühle mich gleichzeitig in Hochstimmung versetzt und einge-
schüchtert. Als wir zu Hause ankommen, schaffen es meine wie-
dervereinigten Eltern nicht bis ins Wohnzimmer, sondern fallen
aufs Gästebett gleich neben der Diele. Carol und ich sehen sprach-
los zu ihnen hin und umarmen uns verwirrt, so wie sie es tun.

Ich schließe die Briefe weg, zusammen mit den Fotoalben meines
Vaters, die bis vor seine Ehe zurückreichen. Auf den frühesten,
indischen Schnappschüssen bleiben die jungen Offiziere ohne
Namen. Aber wer waren die Frauen, frage ich mich, die da im
Sepiaschleier zurückbleiben und neben denen »Diana« und »Mar-
jorie« steht? Oder die fröhliche Schöne, die über ihr Foto »Viel
Glück, altes Haus« schrieb? Er hat nie von ihnen gesprochen. Er
stellte sich gern vor, wie meine Mutter sagte, dass es niemanden
vor ihr gegeben habe.

Meine Mutter ist auf den ersten Schnappschüssen von ihr
nicht mehr als ein kleines Mädchen, auf denen meines Vaters
dann ist sie eine zwanzigjährige Kadettin. Es folgen sieben Jahre
in sorgenfreier Kinderlosigkeit. Fast unmerklich verschieben diese frühen Alben etwas in mir, ihrem letzten noch lebenden Kind.
Das Paar in ihnen lebte, bevor es mich gab. Jung sind die beiden,
weit jünger, als ich es heute bin, und ein wenig geheimnisvoll. Sie
kniet zwischen ihren Dalmatinerwelpen oder reitet ein Pferd bei
einem Geländerennen der Armee. Er macht Späße bei einem Re-
gimentsfest, wie ein Zauberer gekleidet. Sie leben in Rollen und
Zusammenhängen, in denen ich sie nicht vermisse, und diese Dis-
tanz lindert die Trauer. Sie leben ihre eigenen Leben, wodurch sie
mir etwas entschlüpfen. Der große Leutnant spaßt mit seinen Ka-
meraden, fünf Jahre bevor er meine Mutter kennenlernte, fünfzehn Jahre bevor ich geboren wurde. Endlich erkenne ich, dass ihr
Leben nicht meines war.

Und doch trifft, von den Kinderfotos abgesehen, auch das Gegenteil zu. Irgendwie scheinen sie bereits die Zukunft zu kennen,

oder ich sehe sie in doppelter Perspektive, jedenfalls sind sie bereits meine Eltern, gehen mir voraus und sind unerklärlicherwei-
se, obwohl unbekümmert jung, von Beginn an älter als ich.

Den ganzen Tag über peitscht der Wind das Karnali-Tal herauf
und wird noch stärker, als wir uns Yangar nähern. Aus der Ferne
könnte man denken, das Dorf bestehe aus Kartenhäusern. Sie
scheinen einander auf den Schultern zu stehen, fallen jäh zum Fluss
hin ab und verwachsen oben mit dem Fels. Sie haben flache Dächer,
sind in horizontalen Schichten aus Holz und Stein erbaut, und ihre
Fahnenstangen streuen Gebete in den Wind. Frauen waschen Kleider in einem in die Tiefe spritzenden Bach, wenden uns ihre ovalen
Gesichter zu und lächeln. Wir könnten schon in Tibet sein. Unter
vorstehenden Dachtraufen und leeren Mauern wandern wir über
die labyrinthischen Wege. Dicht beieinander liegende Balkenen-
den stechen wie Kanonenbatterien hervor. Die Häuser drängen
sich in einem verzweigten Irrgarten sich verschiebender Ebenen
und Durchgänge an- und übereinander. Die Gassen zwischen ihnen
sind dämmrige Schluchten. Überall um uns herum führen lange
Leitern zu schwebenden Gärten und Terrassen, und vom Himmel
klingen die Stimmen unsichtbarer Menschen.

   Die schwindelerregenden Perspektiven nehmen sogar noch
zu, nachdem uns eine Familie zu sich eingeladen hat. Die Dendu
Lama sind Bauern mit kurzen tibetischen Gesichtern und eben-
holzschwarzen Augen. Aber sie bewohnen die Luft. In diesen ad-
lerhorstartigen Behausungen kann es sein, dass eine Frau aus einer
gerade mal zwei Meter entfernten Terrassentür sieht, um sich zu
unterhalten, und zwischen ihr und ihrem Gegenüber gähnt eine
zehn Meter tiefe Kluft. Und die Köpfe von Pferden, die offenbar
in unterirdischen Ställen stehen, schauen wie aus dem ersten
Stock auf die Straße. Man steigt drei Stockwerke hinauf und landet im Erdgeschoss des Nachbarn. Kuhglockengeläut scheint von
einem Dachboden herüberzuschallen. Niemand kann es sich leis-

ten schlafzuwandeln. Dhabu setzt sich aus Versehen auf eine wacklige Brüstung und stürzt beinahe, hysterisch lachend, in die Gasse tief unter sich.

Dendu, unser Gastgeber, ist vierzig und agil. Er ist westlich gekleidet wie alle Männer im Dorf, mit einem Anorak, einer schäbigen chinesischen Hose und einer Schirmmütze, auf der »Life Plus« steht. Sein großer, herabhängender Mund lässt ihn auf irreführende Weise träge erscheinen. Wir steigen eine Anzahl Leitern hinauf, schwindelerregende Etagen eingekerbter Baumstämme, und ducken uns in Räume, deren tief gerahmte Fenster totes, sonnenloses Licht hereindringen lassen. Die Böden, Decken und Stützen sind aus schwerem Salholz, in dem die Spuren von Axt und Beitel noch zu erkennen sind, aber längst in einer dunklen, polierten Stärke aufgehen. Dendu sagt, sein Vater habe diesen uralt wirkenden Wohnturm errichtet, dessen Stützen zwei, drei Stockwerke hinab bis auf den Felsen reichen, und die Balken sind mit weißen Kreisen gemustert, wie es sie in Tibet gibt. Die Räume sind für stämmige Bergbewohner ausgelegt, das Mobiliar ist schwer und gedrungen. Ich stoße mir den Kopf an den Türstürzen. Der niedrige Tisch sieht aus wie eine Bank, und der tollpatschige Westler setzt sich darauf. Nachsichtig lässt sich Dendu auf den Boden sinken, und wir rücken in einem geselligen Kreis um den Ofen, in dem die Frau Brot backt. Sie ist zu schüchtern, um gleich etwas zu sagen. Ihr rabenschwarzes Haar teilt sich in zwei Zöpfe über glänzenden hohen Wangenknochen. Die Regale hinter ihr stehen voll mit schimmernden Dosen und Thermoskannen, einer Uhr und einem ausgeweideten Radio. Vorn hängen polierte Kellen. Sie verteilt frisch gemolkene Milch von der eigenen Kuh. Der Brautschrank neben ihr in Pompejanisch-Rot ist mit verblichenen Blumen bedeckt. Sie schlägt den Teig zwischen den Händen und streicht ihn auf der Herdplatte zum Anbräunen in dünne Scheiben, während Dendu in einem hölzernen Mörser Eingelegtes zerstößt.

Ihr Dorf befinde sich in der gleichen Zwangslage wie die gesamte Region, sagt er. Das Land bringt über das Jahr nur eine Gerstenernte hervor, und das reicht nicht, um sie zu ernähren. Also lädt er jedes Frühjahr und jeden Herbst gesetzwidrig gefällte Kiefern auf seine drei Yaks und treibt sie nach Norden über die Grenze in das holzbedürftige Tibet. Die Stadt Taklakot, sagt er, sei das Zentrum für diese Art illegaler Handelsware. Auf dem Rückweg bringt er chinesische Kleidung zum Verkaufen mit, dazu Schuhe, Bier und Mehl.

Ich denke an die armutgeplagten Thakuri-Dörfer weit unten im Tal, an Lauri und seine zerlumpten Kinder, und frage mich, wo Dendus Kinder sind. Erst stelle ich mir vor, dass er keine hat. Seine Ehe ist arrangiert, seine Frau sechs Jahre älter als er. Aber Dendu ist umtriebig. Seine schlauen Töchter waren in dem wilden Internat flussabwärts und sind dann in eine Wohltätigkeitsschule in Dharamsala gewechselt, der Exilheimat des Dalai Lama. Und sein geliebter Sohn hat eine Förderung gewonnen, um ein College in Kathmandu zu besuchen, und wird anschließend zu ihnen zurückkehren. Die verachteten Bhutija nutzen ihre Isolation, wie es scheint, für den Handel – »China ist uns näher als Kathmandu«, sagt Dendu – und profitieren von ihrem tibetischen Erbe. »Die Dinge laufen gut für uns.« Er bietet uns Tee mit Salz und Yakbutter an. »Sie laufen gut.«

Aber was geschieht mit Familien, frage ich mich, denen ein Sohn verwehrt bleibt?

Dendu sagt: »Dann muss ihre Tochter ihren Mann aus seinem Dorf holen, um bei ihnen zu leben. Das kann weit sein, niemand heiratet im eigenen Dorf. Aber es heiratet auch niemand über Kastengrenzen hinweg. Es sei denn, aus Liebe.«

Die Liebe. Viel wird von ihr nicht gesprochen. Eine Braut muss das Zuhause ihrer Kindheit ohne solche Gefühle verlassen. Vor Jahren habe ich den Leichnam einer jungen Frau im indischen Kaveri treiben sehen. Die Polizei zuckte nur die Schultern.

Es sei doch nur eine Frau, sagten sie. Wahrscheinlich sei sie mit
der Familie ihres Mannes nicht zurechtgekommen.

Vorsichtig frage ich Dendus Frau nach diesem Martyrium.
Wie hat sie sich damals gefühlt?

Dendu antwortet sofort für sie, allerdings freundlich: »So geht
es hier bei uns im Land.«

Ich frage sie taktloserweise noch einmal. Sie schrumpft hinter
ihrem Herd zusammen, und das Gesicht verschwindet in ihren
Händen. Endlich flüstert sie: »Die ersten drei Jahre waren sehr
schwer. Mein Dorf liegt weit weg, und ich habe die ganze Zeit an
meine Eltern gedacht.« Dann dringt ein hohes, perlendes Geräusch durch ihre gespreizten Finger. Ich fürchte schon, dass sie
in Tränen ausbricht, aber sie lacht und hebt den Blick. »Dann kam
die Liebe zu meinem Mann, und wir bekamen Kinder.« Sie lächelt, als erinnere sie sich an die Erleichterung. Er lächelt auch
und wirkt plötzlich verlegen. Sie schlägt erneut auf den Teig ein,
während er im Ofen stochert.

Manchmal senkt sich Schweigen herab, aber es ist nicht die
unbehagliche westliche Leere, sondern eine angenehme Pause,
die mit Aufstoßen und Kauen gefeiert wird, wie es Menschen tun,
für die es keine Selbstverständlichkeit ist, zu essen zu haben. Eingeschlossen in die dunkle Behaglichkeit ihres Zuhauses, in dieser
vernarbten hölzernen Herrlichkeit, vergesse ich für eine Weile
Dendus Holzfällen und versinke in einem schläfrigen Wohlge-
fühl. Ihre Gastfreundschaft ist herzlich und bescheiden. Dendus
Frau trägt wenig Schmuck, aber die gestreifte Schürze und die
langen Röcke Tibets. Ihre Vorratskammer ist voller Reis und
Gasflaschen. Und beide haben das gleiche breite, ruhige Gesicht.

Ihr Glaube ist weit entfernt von dem des Klosters unten im
Tal. Zwei Tempel, ein männlicher und ein weiblicher, hängen in
den Felsen oberhalb des Dorfes, ohne dass Dendu sagen könnte,
warum sie unterschiedlichen Geschlechts sind. »So nennen wir sie
einfach.« Ein paar Mal im Jahr versammeln sich die Dorfbewoh-

ner im einen oder anderen zum Gebet. Sie wendeten sich an keinen besonderen Gott oder Buddha, sagt er. Sie beteten nur um
Wohlergehen. Und auf einem Plateau ein Stück flussaufwärts
schneiden sie ihre Körper nach dem Tod in Stücke. »Früher haben wir die Toten in den Fluss geworfen«, sagt er, »jetzt nicht
mehr. Heute ist es sauberer, heute kommen die Vögel.«

Im Sternenlicht von ihrem Dach aus gesehen wirken die Tempel wie hohe leere Räume mit bleichen Gebetsfahnen. Als sich
Dendu zum Schlafen in den Vorratsraum zurückzieht und Dhabu
zu seinem Pferd geht, legen sich Iswor, Ram und ich in unserem
von einer nackten Glühbirne erleuchteten Raum in unsere Mu-
mienschlafsäcke. Draußen ist alles ruhig, aber Ram hat Alpträu-
me, mahlt mit den Zähnen, und seine hohlen Wangen werden so
mahagonirot, dass ich überlege, ob ich ihn wecken soll, lasse es
dann aber, und endlich versiegt sein Stöhnen.

Kapitel Fünf

Hoch oben von unserem Pfad ist Yangar noch im Blick und wacht bei Sonnenaufgang auf. Wir bleiben eine Weile stehen und blicken zurück auf die Illusion eines goldenen Tales. Über etwa anderthalb Kilometer öffnen sich die Felswände um seinen eng umschlossenen Frieden, und das erste Sonnenlicht sickert über die Felder. Ein kleiner Wasserlauf glitzert quer zum Pfad hinter uns, Vögel flattern in den wilden Aprikosenbäumen.

Schließlich sehen wir wieder nach vorn und bewegen uns hoch über dem Fluss voran. Weit vor uns, hinter seinem langen, eingeschlossenen Lauf, versperrt uns die weiße Palisade der Berge den Blick, und einzelne Wolken steigen wie Rauchzeichen von den Gipfeln auf. Aber der Ruf des *optatus*- (oder *saturatus*-)Kuckucks hallt noch immer durchs Tal, und ein hübscher Fuchs spaziert unbekümmert über unseren Pfad. Es ist schwer, sich daran zu erin-

nern, dass die Felder von Yangar, die wie verzaubert im frühen
Licht liegen, nicht ausreichen, um die Bauern des Dorfes zu ernähren. Von irgendwo fern klingt das Schlagen einer Axt durch
die Stille.

Das Tal wird schmaler. Unter uns wachsen immer noch über-
große Bäume entlang des Flusses, an manchen Stellen erheben
sich die Fichten bis vierzig, fünfzig Meter über seine Ufer. Unser
Pfad führt durch lichter werdendes Gestrüpp und Felsen. Überall
blühen Zistrosen und cremefarbenes Fingerkraut. Schwärme
gelbbrüstiger Stelzen kreisen um uns, und ein erstaunlicher Tro-
gon fliegt uns purpurn und schwarz aufblitzend von Ast zu Ast
voraus. Dann überqueren wir einen immer breiter werdenden
Streifen Steinlawinen, die ein Minenfeld scharfer Felsbrocken
hinterlassen haben. Die letzten Bäume schwinden von unserem
Pfad. Oft stehen die Kiefern noch aufrecht, aber sie sind schwarz
und lange tot, als wären sie von innen verbrannt. Auf der anderen
Seite des Flusses erhebt sich die Felswand mitunter fast senkrecht
einhundertfünfzig Meter in die Höhe.

Endlich senkt sich der Weg zum Fluss hinab. Stahlseile tragen
uns über eine schmale Plankenbrücke, und wir steigen auf der gegenüberliegenden Seite zu den wenigen verstreut liegenden Häusern von Muchu auf. Hoch auf einer Erhebung versucht ein winziger alter Mann mit Brille in der Vorhalle eines Tempels eine
nackte Gebetstrommel zu drehen, während ein zerbrechlich aussehender Mönch den Hang heraufkeucht, um die Türen aufzu-
schließen. Ich weiß nicht, was ich erwarten soll. Verglichen mit
dem Klosterkomplex bei Yalbang ist der Tempel klein und einsam gelegen. Was kann nach Jahren atheistischer Partisanenan-
griffe in dieser Wildnis überlebt haben?

Die Türen öffnen sich, und im schwachen, durch das schmale
Dachfenster fallenden Dämmerlicht sehen wir keinen mutwillig
geplünderten, zerstörten Ort, sondern eine Szenerie hoffnungslo-
sen Verfalls. Der Tempel muss Stück für Stück weiter verwahrlost

sein, über Jahre der Vernachlässigung. Umgeben von groben Säulen und niedrigen, provisorischen Tischen ist der Altar nicht mehr als ein verrottetes Brett, auf dem vor langer, langer Zeit die letzten Butterlampen verloschen sind. Die Nischen in der Wand dahinter klaffen leer oder blicken mich finster mit geschwärzten, unkenntlichen Figuren an. Verdreckte *khata*, Zeremonialschals, hängen von den größeren Statuen, deren rosa-goldene Stuckgesichter ein letztes Grinsen für den Zerfall aufbringen. In einigen Nischen stapelt sich ein Durcheinander heiliger Schriften, und Padmasambhava sitzt von seinen Frauen umgeben da, die allesamt trunken zur Seite kippen. Überall blättert die Farbe ab oder ist längst verschwunden, und im Zentrum, in einem blutroten Alkoven voller verblichener Drachen, erhebt sich Chenrezig, der Gott des Mitgefühls, über eine Fotografie der skandalösen *tulku*-Reinkarnation, deren Geschichte ich in Yalbang gehört habe und die hier im Dorf gestorben ist.

Der Mönch ist uns gefolgt, während der alte Mann seine eigene kleine Gebetsmühle dreht. Die Statue Chenrezigs, murmelte er, wurde rätselhafterweise in einem nahen Fluss entdeckt, die anderen Statuen haben die Dorfbewohner selbst modelliert. Ich kann keinen Unterschied erkennen. Chenrezigs goldener Kopf hat vortretende leere Augen. An seiner erhobenen Hand hängen Schnüre mit Amuletten und alten Münzen. Andere Statuen stehen in frommer Anarchie eng zusammengeschoben und wedeln mit einem Dreizack oder wiegen Schalen im Arm. Welche Macht sie einst auch besessen haben mögen, sie ist im allgemeinen Verfall verloren gegangen, als würden sie nach und nach wieder zu dem Kalk, aus dem sie einst hervorgegangen sind.

Ich frage den Mönch, wie alt dieser Tempel ist, aber er weiß es nicht. Im Dorf gibt es achtzehn Mönche, sagt er, die sich abwechselnd um den Tempel kümmern. »Als die Maoisten kamen, haben wir ein Dorfkomitee gegründet, und sie haben uns in Ruhe gelassen.«

»Die Polizei ist davongelaufen.« Der alte Mann starrt mich mit
umwölktem Blick an. »Aber wir haben uns zusammengetan ...«, er
dreht sich zum Altar hin, »und alles gerettet.«

Ich sehe das Heiligtum nicht so wie sie, ich weiß. Für sie ist
dieser verfallene Schuppen ein Ort der Erlösung, gesäubert durch
das Kreuzfeuer der vor sich hinstarrenden Buddhas. Nur Iswor
murmelt: »Wie ärmlich ..., wie ärmlich ...«

Der feuchte Putz an den Wänden quillt auf, und die Wandgemälde fallen in Brocken herunter. Die Buddhas der Vergangenheit, Gegenwart und Zukunft schweben in grünen Aureolen und
Dickichten gemalter Rosen, aber ihre Bilder blättern ab. Selbst
Yama, der Gott des Todes, verbleicht im Putz und folgt damit
dem Weg, den er vorgibt, zusammen mit den Dämonen-Pendants
freundlicherer Götter.

Die sogenannten Zornvollen Gottheiten tragen den Schrecken ins tibetische Pantheon. Die Gebetsmühle des alten
Mannes wird schneller, wenn er an einer vorbeikommt. Aus irgendeinem Grund wirken sie so verfallen noch bedrohlicher als
in vollständigem Zustand. Wie eine finstere Schattenwelt be-
drohen sie jeden Tempel. Einige sind banale Geister mit besonderen Kräften, die Gaben einfordern, andere zusätzlich die
Bewacher der buddhistischen Gesetze. Am hervorstechends-
ten sind jedoch die Alter Egos der gutartigen Bodhisattvas, die
furchterregende Gestalt annehmen, um gegen die Ignoranz
und das Böse zu kämpfen. Es ist, als wären diese Heiligen aus
einer ruhigen Unterdrückung in eine besinnungslose Wut hin-
einexplodiert. Sie werfen ihre Lotusblüten und Bettelschalen
weg und greifen nach Hackbeilen und Enthäutungsmessern.
Ihre ehedem friedvollen Augen schwellen zu hervortretenden
Kugeln, und die gekreuzten Beine schaffen sich Raum, werden
zu stampfenden Säulen und zertreten die Hindu-Götter mit
den Füßen. Manchmal schmücken sie sich mit lebenden
Schlangen und Tigerfellen, und aus ihren Stirnen sprießen To-

tenschädeldiademe. Ihr Schmuck sind Menschenknochen. Ihre Münder klaffen auf und zeigen Flammenzungen, Reihen tödlicher Zähne enden in bösen kleinen Hauern. Einige sind noch mit ihren Gefährten verbunden, die gemein und geschlechtslos geworden sind.

Die Interpretation dieser Ungeheuer ist widersprüchlich. Klassischerweise heißt es, genau wie ihre gelassenen Gegenstücke spiegelten sie abstrakte Kräfte wider und befreiten diejenigen, die ihre Wahrheit erkennen. Selbst Yama, der bullengesichtig und pechschwarz in einer Aureole aus Feuer und Dämonen wütet, ist nur eine Emanation des gnadenvollen Bodhisattva Avalokiteshvara. Andere Gelehrte glauben jedoch, diese invertierten Götter seien psychische Reaktionen auf die karge Landschaft und brutale Kälte, während wieder andere behaupten, sie seien die schamanischen Überbleibsel eines älteren Tibet, immer noch rachsüchtig und unangepasst.

Die Anzahl und Macht solcher Gottheiten spiegelt sich im dämonengeplagten Alltagsleben Tibets. Aber die Ursprünge der furchtbarsten unter ihnen finden sich nicht dort, sondern in den warmen Ebenen und tantrischen Texten Indiens. Der Hindu-Gott Shiva selbst, der ewiglich auf dem Gipfel des Kailash meditiert, findet sein wildes Gegenbild in seiner Gefährtin Kali.

Im dunklen Tal von Dakshinkali, südlich von Kathmandu gelegen, hat die Hindu-Göttin ihr Heiligtum an der Vereinigung zweier Flüsse. Jeden Samstag kreisen die Pilger zu Hunderten hinunter in die bewaldete Schlucht, um die Göttin zu füttern. Meist sind es Frauen in ihren besten, leuchtendsten Saris, die ihr geöffnete Kokosnüsse, Ringelblumen und an den Füßen gefesselte Hähne bringen. Oft haben sie auch unachtsame Ziegen dabei, selbst Büffel. Die Geräusche der Feiern dringen aus dem Tal herauf: Rufe und Lachen, gebrochener Gesang, das Klirren von Glo-

cken. Heilige Männer zeichnen die Stirnen der Pilger mit *tika* aus
Reis und Zinnober, Kochfeuer flackern auf den Terrassen. Als ich
tiefer komme, verlangsamen sich die Pilger zu einer lärmenden
Schlange, und ich sehe auf dem Boden des Tales einen offenen
Tempel voller rötlich brauner Vorhänge und Stoffe, von vier ver-
goldeten Schlangen überspannt.

Erst stelle ich mir vor, der purpurrote Schleier vor dem Flach-
relief von Kali sei aus hauchdünnem Stoff, doch dann begreife ich,
dass ihr Bild von Blut überströmt ist. In diesem inneren Hof, in
den sich die Pilger Schulter an Schulter drängen, bekommen die
Priester mit ihren zwanglos bis zu den Schenkeln hochgezogenen
Kutten ihre Schalen mit Hibiskusblüten und Ringelblumen, während zwei Metzger die noch lebenden Tiere im Nacken packen.
Unter der blutbespritzten Göttin brechen die Ziegen nach dem
Schnitt durch die Kehle zusammen, und die Köpfe der Hähne
fliegen wie Kronkorken in die Luft. Das Gesicht Kalis besteht
nur aus geschlitzten Augen und dem Mund eines verzogenen
Mädchens. Ein abgetrennter Büffelkopf liegt wie ein grausiger
Amboss zu ihren Füßen, der Körper ist einen Meter entfernt zu
Boden gesunken. Ein Wächter schreit mich an, ich solle die Schuhe ausziehen. Der Marmorboden ist ein Meer aus Blut und Inne-
reien. Die schlanken Frauen gehen barfuß wie Priesterinnen.
Während sie das Heiligtum umkreisen, schlagen Glocken gegeneinander und läuten.

Kalis Statue ist eines jener primitiven Abbilder, das durch seine unmenschliche Stummheit umso mächtiger wird. Klassischerweise wird sie hässlich dargestellt, Dämonen zertretend und sich
mit Blut betrinkend. In Dakshinkali akzeptiert sie nur unkas-
trierte männliche Opfertiere. Shiva allein vermag sie zu kontrol-
lieren. In yogischer Übung repräsentiert er das reine, unbewegte
Bewusstsein, sie die Energie, durch die er Leben schafft. In anderem Gewand wird sie zu einer Gestalt kosmischen Triumphes,
zur Überbringerin des Wechsels, die am Ende die Zeit selbst

verschlingt und ins Urdunkel zurückfällt. Manchmal wird sie sogar als schön beschrieben.

Ich klettere zurück aus dem Tal, wo sich Familien unter den Bäumen an ihren Opfern gütlich tun. Alle sind in Hochstimmung, außer mir, der ich scheinheilig angewidert bin von dem, was westliche Schlachthöfe verbergen. Entlang des Weges gibt es an Ständen billigen Schmuck und Stofftiere: kleine Teddyanhänger und Tierköpfe mit Disneylächeln.

An jenem Abend in meinem Kloster-Gästehaus in Kathmandu zog ich mir meine blutgetränkten Strümpfe aus und setzte mich in den Garten, wo Ringelblumen und Hibiskus blühten. Tashi, ein Mönch, der sich mit mir angefreundet hatte, saß mir gegenüber und lauschte voller Abscheu meiner Geschichte über Kalis Schlachtfest. Er stammte aus einem armen Dorf in Bhutan. Das buddhistische Verbot, Leben zu nehmen, hatte vor Langem schon dazu geführt, dass ihn jedes Blutvergießen anwiderte, und die zornvollen Götter in seinem eigenen buddhistischen Pantheon waren zu Erlösern geworden.

»Es gibt eine Hindu-Göttin, deren Fest hier im September gefeiert wird«, sagte er, »Kali oder Durga, ich weiß es nicht. Dann strömt das Blut drei Tage lang durch die Straßen. In den letzten Jahren eröffnete der König das Fest mit dem Schlachten eines Tieres. Wir Mönche hassen das. Die Menschen opfern Tiere, weil sie auf bessere Geschäftsabschlüsse oder männliche Nachkommen hoffen. Wie können sie sich dadurch helfen, dass sie arme Tiere leiden lassen? Wir schließen uns während der Tage immer ein, zünden Lichter für die Seelen der Tiere an und beten.«

Einen Monat zuvor hatte ich in Tashis Kloster beobachtet, wie ein Mönch vorsichtig nach der Falttür eines Vorratsraums griff, aus einem der Zwischenräume, die sich beim Schließen zusammendrückten, vorsichtig einen marmorierten Schmetterling holte und ihn hinaus zu einer Blume trug.

Tashi hatte ein weiches Bauerngesicht und einen halbmondförmigen Mund. Er war erst dreißig, würde aber bald schon die
dreijährige einsame Meditation beginnen, nach der er sich so
sehnte. »Dieses Tiereschlachten wird am Ende aufhören«, sagte
er. »Die jungen Menschen werden es ändern. Sie wenden sich gegen die Praktiken der Alten. Alles ändert sich ...«

Ich vergaß, dass er selbst noch jung war. Die Arme unter seiner weiten, tiefroten Kutte waren weich und haarlos, nur sein
Gesicht war durch die Kindheit auf dem Land fleckig und ver-
narbt, schien sich mittlerweile aber in einem robusten Frieden
zu befinden. »Wodurch sie diese Praktiken ersetzen werden,
kann ich nicht sagen. Wir leben in einem Zeitalter des Nieder-
gangs. Ich glaube, bevor die Chinesen in Tibet einmarschierten
und unser buddhistisches Volk vertrieben wurde, war unser
Glaube viel reiner. Heute sind wir der westlichen Lebensart ausgesetzt und natürlich den Frauen. Nach unserem Glauben kann
ein älterer Mönch, jemand, der einen gewissen Erkenntnisgrad
erreicht hat, heiraten. So wird seine Frau zu einer Inspiration für
ihn und er zu ihrem Guru. Aber das ist selten und findet erst spät
statt. Und jetzt höre ich von jungen Mönchen, die Mädchen
nachstellen, und einige westliche Frauen beschweren sich, von
Mönchen betatscht zu werden. Die Mönche sehen die Frauen
natürlich im Fernsehen ...«

Leicht überrascht fragte ich: »Sehen sie viel fern?«

»O ja, sehr viel. Den Mönchen gefällt das.« Er begann zu lachen. »Nur gestern Abend waren sie *wütend*.«

»Warum denn das?« Ich wusste, dass ihre äußere Ruhe täu-
schen konnte. In Tibet bildeten sie nach wie vor die Speerspitze
des politischen Protestes, und vor Jahrhunderten waren die Klöster in gegenseitigen Vernichtungskriegen Amok gelaufen.

»Es ging um Manchester United. Die Mönche lieben Fußball,
und gestern war Champions League, Manchester gegen Barcelo-
na. Manchester hat verloren, das hat sie wütend gemacht. Sie lie-

ben die Mannschaft, und Sie sollten sie einmal sehen, wie sie vorm
Fernseher sitzen und schimpfen. Für sie war der Schiedsrichter
parteiisch ... Es hat sie in Wut gebracht, wie er Strafstöße verteilte. Es wurde ziemlich laut.«

Ich schüttelte den Kopf. »Ich dachte, die Mönche beten
abends.«

»Nun, vielleicht ist auch das eine Art Meditation. Sie konzentrieren sich auf den Ball, und der Rest der Welt tritt zurück ...«

Im Tal unter Muchu biegt der Karnali plötzlich flussaufwärts
durch unpassierbare Schluchten und trifft erst an der tibetischen
Grenze wieder auf unseren Weg. Unterdessen zeigt uns Iswor, wo
der Kumuchhiya, der in den Karnali mündet, steil von Westen
herunterfällt. Auf dem Grat über Muchu passieren wir eine Mani-Steinmauer und einen Chörten, eines jener Stupa-ähnlichen
Ehrenmale, die die Tibeter so lieben, und kommen zu einem halb
verfallenen Polizeiposten. Die maoistischen Guerilleros haben
den Ort vor langer Zeit aufgeben müssen, und seit zwei Jahren ist
eine zwölfköpfige Polizeitruppe hier stationiert. Eher widerstrebend sollen sie hergekommen sein: kleine, schlanke dunkle Männer. Völlig isoliert sind sie hier oben und vielleicht auch etwas
ängstlich. Ein misstrauischer Sergeant prüft unsere Papiere und
schickt uns weiter.

Es geht steil nach unten. Baumstammbrücken bringen uns ans
Nordufer des Zuflusses. Es ist fast Mittag. Das Land ist komplett
abgeholzt. Weit über uns wird der Fluss weiß, wo er um herabge-
stürzte Felsbrocken in seinem Bett schäumt. Nur hier und da
wächst etwas Gesträuch auf den Hängen, die oft zu Wirbeln aus
nacktem Fels erodiert sind, und der Schiefer formt gelbe Zacken
auf den Bergen.

Als unser Pfad das Tal hinauf steiler wird, fragt Iswor: »Wie
fühlen Sie sich?« Er klingt besorgt. »Ist alles in Ordnung?«

Ja, bisher geht alles gut. Aber ich höre jetzt auf meinen Kör-

per. Alte Wunden machen sich sanft bemerkbar, wie das Echo
lange verklungener Stimmen: ein Stück Knorpel im Knie, das seit
meiner Kindheit beschädigt ist, ein in Syrien gerissenes Band am
Sprunggelenk, ein bei einem Verkehrsunfall gebrochener Wirbel.
Sie drücken und stechen nur hin und wieder, aber ich registriere
sie mit einem unterdrückten Unbehagen. Wer würde uns aus dieser Berglandschaft herausholen?

Ich sage mir und Iswor: »Mir geht's gut. *Bestens*«, und aus irgendeinem Grund lachen wir beide.

Die Reise fördert kein Nachdenken, wie einmal gehofft. Das
Vorankommen ist zu anstrengend, der Weg zu steil. Jeder Schritt
auf dem steinbedeckten Weg verlangt eine kleine, halb bewusste
Entscheidung und zermürbt mich unbemerkt. Nur in traumgleichen Pausen, wenn ich auf einem Fels sitze, während Iswor sich
für einen Moment von seiner Last erholt, kann ich mir den Pfad
als merkwürdig vertraut vorstellen, wie eine Erinnerungsspur.

Du blickst zurück, siehst das Tal hinunter und fragst dich:
Wie habe ich es bis hierhin geschafft? Vor Minuten, oder vielleicht auch einer Stunde, bist du am Unterschlupf eines Händlers
vorbeigekommen, einem zwischen zwei Felsen gespannten Schaf-
fell, und jetzt ist es nur noch ein kleiner Fleck unter dir. Vielleicht
bist du diesen Pfad tatsächlich unbewusst heraufgelaufen, betäubt vom Rhythmus deiner Stiefel, wie im Traum, und erst eine
Passage von aufrüttelnder Schönheit oder Mühe zerrt dich zurück
ins Wachsein. In der dünner werdenden Luft stellst du dir vielleicht sogar vor, du näherst dich deinem Ziel, doch der sprachlose
weiße Berg vor dir ist natürlich nicht der Kailash. In deiner Träu-
merei hängt der Kailash wie eine Kulisse hinter der Bühne und
wartet auf dich. Nach Luftlinie liegt er kaum achtzig Kilometer
entfernt, aber in einem anderen Land, einem anderen Äther.

Für einen Hindu ist der ›Aufbruch zum Kailash‹ eine Meta-
pher für den Tod.

Ein junger tibetischer Mönch aus Yalbang überholt uns. Er will nach Taklakot, um chinesische Schuhe für sein Kloster zu kaufen. Er ist schnell unterwegs, in Straßenkleidern und ohne Pass oder Ausweis. Trotzdem ist er in bester Stimmung und fühlt sich sicher. Er werde die Grenzkontrolle umgehen, sagt er, kein Problem. Verglichen mit den derben Händlern, die hier durchkommen, wirkt er unschuldig und verloren, als wäre er nie mit etwas Fremdem in Berührung gekommen. Er trägt eine Pudelmütze und hat einen Schirm dabei. Sein Zuhause hat er vor langer Zeit schon verlassen und ist das ganze Stück zum Kloster in Yalbang zu Fuß gegangen. »Im Vergleich zu meinem Lehrer liebe ich meine Eltern nur noch ein bisschen.« Er versinnbildlicht die schrumpfende Zuneigung mit zwei sich aufeinander zubewegenden Fingern und lächelt. »Mein Lehrer ist mein wahrer Vater.« Nach einer Weile lässt er mich hinter sich und entfernt sich in die Berge, rätselhaft heiter singend. Man könnte sich vorstellen, dass er aus einem Land frei von allem Bösen kommt. Reisende haben immer schon über die scheinbare Unbeschwertheit der Tibeter gestaunt. Bereits im 10. Jahrhundert wusste der arabische Geograf Masudi über ein Volk hinter dem Himalaya zu berichten, das selbst noch trauernd lachte.

Der Mönch schrumpft zu einem Punkt vor mir. Er hat Iswor mitgenommen, sich fröhlich mit ihm unterhaltend, und ich sehe die beiden weiter und weiter aufsteigen und eine Stelle erreichen, wo der Weg unter den Trümmern einer Steinlawine verschwindet. Als ich die Stelle erreiche, sind sie hoch über mir und klettern immer noch. Die erstarrte Steinflut ist unsere Treppe nach oben. Die Felsbrocken und Steine wirken frisch, als wäre die Kruste des Berges gerade erst durch eine horizontale Wunde aufgerissen worden. Über Stunden, so kommt es mir vor, quäle ich mich in die Höhe. Die Steine rutschen und knirschen unter meinen Füßen. Mein Körper scheint nicht länger völlig mir zu gehören. Der Berghang ist so lang und steil, dass ich mich nicht traue, über mir nach seinem Ende zu sehen. Stattdessen richte ich den Blick auf einen Felsen vielleicht fünfzehn Meter über mir und kämpfe mich wie ein Schwimmer im Sturm zu ihm hin. Lange Minuten sacke ich auf den Steinen zusammen, keuche, und meine Beine können nicht mehr. Ich drehe mich um und starre hinunter auf den fernen Fluss und die nackten Höhen, beruhige mein Herz und frage mich, warum ich das alles mache, stehe auf und klettere weiter. Jetzt scheinen sich die Felsbrocken körperlich gegen mich zu wenden. Sie stoßen mich zurück. Von oben brennt die Sonne. Ich zähle meine Schritte und sogar die Steine unter meinen Füßen, grau, zimtrot, fein geädert. Dann bricht mein Trekkingstab im Schiefer. Ich denke: Wenn es schon auf dreitausenddreihundert Metern Höhe so geht, wie wird es dann auf fünftausendsechshundert Metern sein, wohin ich doch will? Aus Angst, den Mut zu verlieren, wenn ich in die sich vor mir öffnende Rinne sehe, hebe ich kaum mehr den Blick von den Steinen direkt unter mir.

Langsam werde ich von einer andersartigen, tiefen Müdigkeit erfüllt, weniger einer körperlichen, muskulären Erschöpfung als dem überwältigenden Bedürfnis nach Schlaf. Das hat etwas von Verzweiflung. Wenn ich nicht zu Iswor aufschließen wollte, der über mir wartet, würde ich mich wohl zwischen die Felsen legen und die Augen schließen. Besorgt frage ich mich zum ersten Mal, ob ich diese Reise beenden werde.

Plötzlich, bestürzt, habe ich das Gefühl, dass die Luft zu dünn ist, um mich am Leben zu halten. Sie ist anders, leer. Aber sonst gibt es nichts. Panisch keuchend atme ich ein. Nichts bleibt außer diesem Sauerstoffrinnsal, das nicht genug ist. Kaum genug ist. Matt liege ich auf den Steinen. Die Luft entweicht mir, alles leert sich. Mein Atmen ist ein rasselndes Schluchzen.

Minutenlang bleibe ich bewegungslos, während sich meine Lunge beruhigt und die Angst verblasst. Eine Erinnerung schafft sich Raum, eine stechende Traurigkeit, ohne dass ich sie lokalisieren könnte. Vorsichtig erhebe ich mich und öffne den Mund in die leichte Brise. Aber die Luft in meiner Erinnerung ist normal, es ist ihr Herz, das ihr den Dienst versagt. Mein eigener Atem beruhigt sich. Erst mit dem bewussten tiefen Einatmen hat sich die Angst verflüchtigt und das brüchige Dreigestirn aus Herz, Lunge und Blut wieder zueinander gefunden.

Als sie nach Luft ruft, setze ich ihr die Sauerstoffmaske auf und öffne das Ventil. Ihre Hand hebt sich und hält die Maske, erleichtert. Zwölf Minuten kann ich ihr geben, hat der Arzt gesagt, danach wird es gefährlich. Aber als ich die Maske entfernen will, klammert sich meine Mutter daran. Es ist, als nähme ich ihr das Leben weg. Später sagt sie: »Im nächsten Jahr geht es mir nicht mehr so. Im nächsten Jahr kümmere ich mich um dich.«

Die Stimmen hinter dem Vorhang um ihr Krankenhausbett klingen normal und hässlich. Eine Frau schilt ihre Tochter, sie zu spät zu besuchen. Eine andere sagt, sie will zurück nach East Grinstead, wo sich ihre Schwester um sie kümmern kann. Ein besuchender Ehemann erzählt von einem versuchten Einbruch in sein Büro. Jemand sagt: »Ich weiß, ich bin voller Selbstmitleid, aber ich kann nicht anders ...«

Aber sie hört nichts. Nur manchmal schließt sich ihre Hand um meine.

Nachts auf der Station: Sauerstoffkeuchen, Stöhnen, Träume. Blinkende Lichter. Wen oder was hält sie gefasst? Bin ich noch da? Die Schwestern wissen weniger als ich. Von einer anderen Station erklingt ein Schrei.

Erneute Morgenstimmen jenseits des Vorhangs: Ich bin wütend, dass sie überleben werden.

Sie liegt endlich ruhig da, dem Fenster zugewandt, und ihr Gesicht ist wieder jung.

Abends nähern wir uns dem Fuß des Torea-Passes. Ich höre meinen Atem mit fernem Staunen und erinnere mich an die Wacholderbäume entlang des Wegs, die ihre Rinde in Streifen abwerfen, wie die Überbleibsel einer lange vergangenen Inkarnation. Ram hat unsere Zelte auf einem flachen Stück über dem Weg aufgebaut. Ich falle in meines, ohne vorher etwas zu essen oder mich zu entkleiden, und schlafe neun Stunden lang.

Kapitel Sechs

Im Garten des Klosters in Kathmandu nannte Tashi den Rückzug aus dem weltlichen Leben nicht nur eine Befreiung von der Drangsal, sondern auch den Weg zu einer Art Reinheit. Für ihn ist seine Heimat Bhutan der Erbe und Hüter des tibetischen Buddhismus.

»Es heißt, wir sind so, wie Tibet früher war. In meinem Dorf muss man nur einen Schritt aus der Tür machen, um den Glauben der Leute zu spüren. Auf dem Markt, in den Straßen. Es ist nicht so wie hier in Kathmandu. Sobald ich hier das Klostertor hinter mir lasse, bedrängen mich Bettler und Händler, denen ich etwas abkaufen soll. Und ich spüre Mitleid. Ich will ihnen gefallen, will ihnen etwas geben und kann es nicht. In meinem Dorf gibt es so etwas nicht. Wir waren eine zehnköpfige Familie, und wir waren glücklich. Aber ich war schon vier Jahre nicht mehr zu Hause. Wenn die Winterferien kommen, fehle nur ich.«

»Ist es so weit?«

»Ja, es ist weit. Einmal im Jahr telefoniere ich mit meiner Mutter, nur um ihre Stimme zu hören.« Er lächelte. »Ich vermisse sie.«

»Warum sind Sie weggegangen?«

»Unser Leben war sehr hart. Als ich meine Eltern auf dem Feld arbeiten sah und als sie meine älteste Schwester aus der Schule nahmen, damit sie ihnen half, begriff ich, dass ich nicht so leben wollte. Ich weiß nicht, wie viel mein Vater betrügen und lügen musste, um uns, acht Kinder, zu ernähren. Seine Aufgabe war es, sich um das Zeughaus der Firma zu kümmern, aber wann immer er konnte, stahl er sich weg und ging fischen. Er muss vielen Fischen Leid zugefügt haben ... Was sagen Christen über so etwas?«

Ich wühlte in meiner Erinnerung. Aber die Apostel verließen den See Genezareth nicht aus Mitleid mit den Fischen, sondern weil sie sich um die Menschen sorgten. Auf Tashis Gesicht lag eine fast schon reuevolle Sanftheit. Ich sah ihn an und fragte, wie sich Mitgefühl bildete. Er antwortete, der Buddhismus sei eine Wissenschaft und Mitgefühl lasse sich lehren. Man könne sich darin üben. Genau, wie man der Sexualität zu entsagen vermochte, wenn man es wollte.

Ich fragte: »Haben Sie je daran gedacht zu heiraten?«

»Im Dorf habe ich verheiratete Freunde, die mit ihren Kindern glücklich sind, doch das ist nichts für mich. Eine Ehe bedeutet Ärger. Damit komme ich nicht zurecht.«

Er lachte ohne alle Verlegenheit. Ich konnte nicht sagen, was diese schlichte Antwort, wenn sie es denn tat, vor mir und ihm selbst verbarg. Er zog sich seine Kutte enger um die Schultern und sagte: »Ich war fünfzehn, als ich dachte: Ich möchte ein Mönch sein.«

Die Armut, vor der Tashi floh, lastet auf all den Dörfern im hohen Himalaya. Die Idylle ist eine Illusion. Über dreitausenddreihundert Meter Höhe reißt die Erosion die Hälfte der Hänge auf und überzieht sie mit Gerölladern. Meine Gruppe bewegt sich in glücklicher Unordnung voran. Ram schwingt eine Büchse Paraffin neben sich, und Dhabu trägt den lächerlich sperrigen Herd wie ein Totem vor sich her. Perle, sein Pferd, läuft voraus, bepackt mit den Zelten. In dieser nackten Landschaft sehe ich sie bald schon mühelos mehr als einen Kilometer vor mir voranschreiten.

Wie steigen ein leeres Tal hinauf. Der Schnee leuchtet auf beiden Seiten nicht länger in seiner eigenen Dimension hinter dunkel bewaldeten Bergausläufern, sondern drängt in nackten Spornen direkt hinunter in den Abgrund, wo sich das Schmelzwasser mit dem Fluss vereint. Wolken ziehen vor die Sonne, und die Luft wird kalt. Iswor hat seine Shorts gegen eine Armeehose eingetauscht und sorgt sich um sein Haar. (»Es sieht aus wie ein Stück Yakfell.«) Als wir den dreitausendsechshundert Meter hohen Torea-Pass überqueren, ist meine Atemlosigkeit nur mehr eine Erinnerung. Die Landschaft ist von einer spröden Schönheit. Die Wolken, die aus den Seitentälern herandrängen, hängen fast auf Augenhöhe. Die hohen Schneefelder, die unsere Passage begrenzen, setzen sich neu zusammen, fahren zur Seite und geben den Blick auf noch höhere Berge frei. Das Tal um uns wird enger, der Vogelgesang im verkrüppelten Gesträpp verebbt zu einem klagenden Klicken und Fiepen und verstummt schließlich ganz.

In dieser Stille biegen die Händler mit ihren Maultieren und Pferden um Bergvorsprünge. Über Stunden folgen wir ihrem Pfad, vorbei an Sohlen weggeworfener Schuhe, Dung und nassen Flecken (die Tiere urinieren im Gehen), verblichenen Stofffetzen und zerrissenem Zaumzeug. Es sind jetzt nur noch Bhutijas und hiesige Tibeter, dunkelhäutige, wildgesichtige Männer, deren Rücken mit Schafs- und Yakfellen bedeckt sind und die Tragegurte um die Stirnen tragen, um ihre hoch aufragenden Ladungen zu sichern. Sie kampieren, wo sie können, in Höhlen und verlassenen Schafspferchen. Einer bleibt mitten auf dem Weg vor mir stehen (»Er hat noch nie einen Westler gesehen«, sagt Iswor) und fixiert mich mit unbeweglichem Blick aus seinen schwarzen Augen, fasziniert, während seine zottigen *dzo*, eine Kreuzung aus der verschlafenen indischen Kuh und dem aufsässigen Yak, unbehütet weitertrotten.

Auf der anderen Seite des Flusses windet sich ein weiterer verwitterter Pfad über dem schwindenden Kumuchhiya westwärts nach Tibet hinein. Auf dieser Route führte Gyato Wangdu, der letzte Freiheitskämpfer der Khampa gegen die Chinesen, seine winzige Truppe in die Sicherheit Indiens. Die Khampa-Krieger aus dem östlichen Tibet hatten seit der chinesischen Invasion 1956 gegen die Besatzer gekämpft und zogen sich zuletzt in Guerillalager jenseits der nepalesischen Grenze zurück, genährt von der CIA. Mit der beginnenden Wiederannäherung des Westens an China kappten die Vereinigten Staaten jedoch ihre Unterstützung, und im Juli 1974 forderte der Dalai Lama die erschöpften, dezimierten Kämpfer auf, ihre Waffen der nepalesischen Armee zu übergeben. Widerstrebend und stolz folgten sie seinem Wunsch. Einige zogen es vor, sich das Leben zu nehmen, indem sie sich ertränkten oder die Kehlen aufschlitzten. Nur ihr charismatischer Führer Wangdu tat zunächst so, als würde er gehorchen, sprengte dann aber mit einer kleinen Gruppe Anhänger trotzig davon. Die chinesische und die nepalesische Armee machten Jagd auf ihn, und an dem Ziegenpfad westlich von uns entschied er sich schließlich für eine drastische Abkürzung nach Indien und in Sicherheit. Etwa dreißig Kilometer weiter, keine zehn Kilometer vor der Grenze, geriet er in einen nepalesischen Hinterhalt und kam im Kugelhagel um: der letzte, hoffnungslose Funken bewaffneten Widerstandes seines Volkes.

Am Fuß des Pfades liegt das Dorf Yari, umgeben von Gerste und Hirse. Es ist ein winziger, verstreuter Ort, in dem die Bhutija-Frauen und ihre groben, knappe Turbane tragenden Männer die Erde für den Anbau gerodet und von Felsen gesäubert haben, die sich an den Rändern der Felder türmen. Weiter oben im Tal wechseln sich bestellte Felder mit leuchtend grünen Streifen ab, die über hölzerne Rinnen bewässert werden.

Nach anderthalb Kilometern bleibt die Oase hinter uns zurück. Wir nähern uns der Viertausend-Meter-Marke, und ein kalter Wind bläst feinen Staub das Tal hinter uns herauf. Unser Weg schlängelt sich durch ausdünnendes Gestrüpp und besteht aus ausgedörrtem Geröll. Über uns tröpfeln die letzten Schmelzwasserrinnsale herunter und stoßen Steine über die mit einem Netz aus Schiefer überzogenen Hänge. Einmal hören wir weit unter uns Ziegenhirten nach ihren Herden pfeifen.

Wir steigen höher, und der Horizont bekommt etwas Hypnotisches. Die Schneefelder, die in das enge Tal herunterschimmern, scheinen zu einem allein stehenden Berg zu gehören (sind tatsächlich aber Teil einer ganzen Bergkette) und versetzen uns in eine erregte Hochstimmung. Als wir unsere Zelte unter dem Nara-Pass aufschlagen, spüre ich eine berauschende Erwartung in mir, ist dieser viereinhalbtausend Meter hohe Hohlweg doch unsere letzte Hürde vor Tibet. Ein kalter, leichter Regen setzt ein. Ich liege in meinem Zelt, warte darauf, dass er aufhört, und stelle mir den Blick von der Höhe des Nara-la am nächsten Tag vor. Die Vorahnung des Wechsels, ja einer Offenbarung, die Grenzen mit sich bringen, wird in dieser dünnen Luft noch durch die unirdische Aura vergrößert, die Tibet nach wie vor umgibt, obwohl doch lange schon aller Mythos von dem geplünderten Land hätte abfallen müssen. Aber unter diesem großartigen Pass ist der späte Glanz eines seine ganz eigene Luft atmenden Landes immer noch spürbar: durch eine mystische Lücke zwischen den Bergen, einen Riss in der Zeit. Ich entfalte meine Karte, um zu sehen, wie nahe wir diesem Land sind. Der Regen schlägt wie Hagel auf mein Zelt. Trotz des großen Kartenmaßstabs ist die Grenze nur einen Fingerbreit entfernt.

Dieses Gefühl, in ein Heiligtum einzutreten, hat nicht nur Reisende bewegt, sondern auch die Tibeter selbst verfolgt. Über Jahrhunderte haben sie sich ihr eigenes heiliges Land vorgestellt, unsichtbar oder unerreichbar abgelegen. Die genaue Lage dieses Königreichs Shambala ist unsicher, aber es heißt, dass es sich von unpassierbaren Schneegipfeln umgeben irgendwo nördlich des Kailash befindet. Yogis haben von einer dreimonatigen Reise vom Kailash aus gesprochen, der Weg ist jedoch so unbestimmt, dass Pilger hilflos in die Irre gehen. Einige haben sogar die Vorstellung, dass Shambala in einer anderen Zeitdimension treibt, wie in einem galaktischen Wurmloch, zugänglich nur durch Eistüren im Himalaya. Geformt wie eine achtblättrige Lotusblüte, tributpflichtige Königreiche um sich, wurde es zweieinhalb Jahrtausende lang von einer Dynastie göttlicher Könige regiert, die in einem Juwelenpalast residierten, wie im Herzen eines prächtigen Mandalas. Es gab dort kein Wort für Feind oder Krieg. Der Gründerkönig war ein Schüler Buddhas, und während seine Untertanen immer selbstloser wurden, entwich ihr Land dem menschlichen Blick. Und doch wachen seine Herrscher auch weiter über die Menschenwelt, und in vierhundert Jahren, wenn die Welt immer tiefer ins Verderben rutscht, wird der letzte Erlöserkönig aus seinem Heiligtum reiten und ein Goldenes Zeitalter begründen.

Im Westen spielten die Menschen noch vor der Erfindung Shangri-las mit dem Gedanken, dass es Shambala wirklich gebe. Der ungarische Gelehrte Körös nahm im 19. Jahrhundert an, die Lage des Reiches durch astronomische Berechnungen ausgemacht zu haben, und in den späten 1920er-Jahren begab sich der Russe Nicholas Roerich auf eine lange, ernsthafte Expedition und rechnete ständig damit, Shambala tatsächlich zu finden.

Die Ursprünge des Mythos könnten in der Erinnerung an ein verlorenes Heimatland liegen, vielleicht das um den Kailash gelegene Königreich Shangshung, das im 8. Jahrhundert durch einen Krieg aufgelöst wurde. Wahrscheinlicher ist jedoch, dass er zweieinhalb Jahrhunderte später aus Indien nach Tibet gelangte, durch eine mystische Schrift, das Kalachakra-Tantra, das den meditativen Weg nach Shambala beschrieb. Dieser Lehre, die im tibetischen Buddhismus schon lange hoch geschätzt wird, ist mittlerweile ein überwältigendes Versprechen zugewachsen. Für einige kündigt die chinesische Zerstörung ihrer Heimat die kommende Erlösung an. Der Dalai Lama hat viele Male öffentliche Einweihungen in das Kalachakra-Tantra gegeben und die Seelen auf ein Paradies mit unterschiedlicher Bedeutung vorbereitet. Für jene mit reinem Blick existiert Shambala auf der Erde, während tantrische Meister das heilige Land in der Meditation betreten. Wieder andere stellen sich ein zukünftiges Reich darunter vor, das im Jahr 2425 errichtet werden wird, wenn die Frieden verbreitenden Armeen des letzten Königs aus ihrer Bergabgeschiedenheit hervorbrechen.

Heute schon ist das Land voller Zufluchtsorte, und die geheimen Eingänge zu diesen *beyul*, so heißt es, werden in versteckten Schriften Padmasambhavas beschrieben, die man in Zeiten der Zerstörung entdecken wird. In entlegenen Regionen des Himalaya sind bereits einige dieser Orte gefunden und von erwartungsvollen Gemeinschaften besiedelt worden. Für den weltlichen Blick sind es nicht mehr als ruhige Täler, für die Eingeweihten jedoch schimmern sie mit mystischer Kraft. Nach der chinesischen Invasion sollen verschiedene Lamas ihre Schüler auf der Suche nach den *beyul* in die Einöde geführt haben, abstrusen Richtungsbeschreibungen heiliger Texte folgend. Einige haben die Suche verzweifelt aufgegeben, andere, so geht die Rede, haben Felsen und Wasserfälle erklommen und sind für immer hinter der menschlichen Zeit verschwunden.

Als die Sonne untergeht, bläst ein starker Wind eine Stunde lang Staub das Tal herauf und in unsere Zelte. Der Regen ist schwächer geworden. Unter uns hat sich der letzte Karnali-Zufluss im

Westen verflüchtigt, und die kahl werdenden Hänge umgeben einen plötzlichen grünen Grund, die sogenannten Sipsip-Wiesen,
auf denen einzelne Felsbrocken liegen. Schmelzwasser durchzieht
das Gras in eisigen Rinnsalen, während der Nara-Pass über uns
wolkenschwarz ist. Im Dämmerlicht gehe ich zu einem riesigen
Felsen, der im Tal gelandet ist. Die Luft ist jetzt ruhig und rein,
das letzte Vogelzwitschern verstummt. Nur ein halb zahmer Fink
mit weißen Flügelunterseiten fliegt noch vor meinen Füßen auf.
Schwarze Schmetterlinge tun sich am Staub gütlich.

Die einzigen Pflanzen, die mir den ganzen Tag über aufgefal-
len sind, waren der Ginster, der sich zerschlissenen Wandteppi-
chen gleich über einige geschützt liegende Hänge zog, und eine
korallenfarbige, meist allein stehende Felsenrose. Stunde um
Stunde sind die Farben stärker erodiert, doch jetzt breitet sich
unter meinen Füßen eine dünne Schicht zarter Blumen aus, die
ich nicht kenne. Das sich an den Boden klammernde Grün ist mit
zitronenfarbigen Blüten durchsetzt. Es ist verständlich, dass sich
die ersten hierherkommenden Botaniker, Männer wie King-
don-Ward und George Sherriff, für diese leuchtenden Ausbrüche
im Nichts begeistern und auf der Suche nach der *Primula eburnea*
und dem Blauen Mohn ihr Leben riskieren konnten. Es ist wie der
Frühling in der arktischen Tundra. Der Blick senkt sich von den
leeren Bergen auf diesen zart aussehenden Bodenbelag. Weiße
Anemonen dringen durchs Gestrüpp, und Büschel tiefrosafarbe-
ner Knospen öffnen sich.

Die Nacht bricht herein, als ich den Felsen erreiche. Uralt und
einsam wächst er aus dem Tal auf. Ich kann schwache Einkerbun-
gen in ihm ausmachen, und jemand hat hier in dieser Einsamkeit
mit blauer Kreide auf die nach Norden gerichtete Seite *Om mani
padme hum* geschrieben. Aber die in ihn eingemeißelten Buddhas
sind fast verblichen. Auf ihren Lotusthronen treiben sie dahin,
die hohlen Hände vor sich hinhaltend, erhoben oder nicht mehr
sichtbar. Sie müssen in den Stein hineingemeißelt worden sein,

um die vorbuddhistische Wildnis zu heiligen – auf den Pässen wimmelt es nur so von heidnischen Geistern –, doch die segnend erhobenen Hände sind kaum noch zu erkennen und die von Aureolen umgebenen Köpfe im Stein aufgegangen.

Kapitel Sieben

Im ersten Licht drängt und trampelt eine Ziegenherde durch unser Lager. Die Hirten mit spitz zulaufenden Hüten und Kopftüchern wie Freibeuter sind Humla-Händler, die pfeifende Rufe hören lassen, als ihre Tiere zwischen unsere Zelte springen. Jede der Ziegen trägt eine kleine verblichene Satteltasche mit Salz aus Tibet auf dem Rücken, das sie zehn, fünfzehn Tage nach Süden trägt, wo es gegen Korn oder Reis für die Rückreise eingetauscht wird.

Dieser uralte Handel stirbt jedoch langsam aus. In den Gebirgsausläufern wird jodiertes Salz aus Indien verkauft, doch wenn eine Herde so groß wie diese hier ist, lässt sich immer noch etwas verdienen. Die Ziegen sind robust und launenhaft. Nicht eine gleicht einer anderen. Verwahrloste weiße Gesichter schauen aus zottigen schwarzen Fellmänteln, und cremefarbene Tiere stür-

men zwischen rotbraunen und gescheckten her. Auch die Hörner
bieten großartige Abwechslung. Einige ragen auf wie gewundene
Zuckerstangen und geben ihren Trägern eine verwegene, heitere
Note, andere biegen sich wie vom Wind niedergedrückt nach
hinten, und wieder andere schmiegen sich sittsam gekringelten
Locken gleich an den Kopf oder hängen nutzlos nach unten. Gemeinsam haben die Ziegen die frechen gelben Augen und das un-
beschwerte Temperament, sodass die stämmigen Hirtenhunde
geschäftig um sie herumlaufen. Und wo immer so eine Ziegenherde durchkommt, verschlimmert sie die Erosion.

Vor hundert Jahren war diese Art Verkehr die Lebensader
Humlas. Salz und Borax aus den alkalischen Seen Tibets und die
geschätzte tibetische Wolle verkauften sich in den nepalesischen
Ebenen wie Goldstaub, und die Schaf- und Ziegenkarawanen
kehrten mit Nahrungsmitteln und Waren aus Britisch-Indien in
die Berge zurück: mit Petroleum, Seife, Streichhölzern und sogar
Filzhüten. Bis die Chinesen in den 1960er-Jahren die Grenze
schlossen, waren überall auf diesen Pfaden tibetische Stammesan-
gehörige zu sehen, die Wolle gegen Korn eintauschten. Im Winter kamen sie nach Kathmandu, um mit wertvollen Steinen zu
handeln, und ihre Freundschaften mit den nepalesischen Händlern wurden mit Schwüren auf den Kailash und seinen heiligen
See besiegelt.

Die chinesischen Reglementierungen haben diese alten Part-
nerschaften zerstört oder in den Untergrund getrieben, und die
nach Tibet eingeführten Waren aus China, Alkohol eingeschlossen, verändern die Handelsbilanz drastisch. Heute wird vor allem
noch mit Holz gehandelt. Während die Ziegen umgeben von
Staub und Glockenklang das Tal hinunterströmen, kommt eine
Karawane aus Yaks und *dzo* den Berg herauf und schleppt Kiefernstämme in Richtung Pass. Die Schritte der zottigen Yaks sind
langsam, fast feinfühlig. Ihre Köpfe hängen nach unten, als wäre
ihnen das Gewicht ihrer massigen Hörner zu viel, und in ihren

Mähnen hängen Glocken wie Quasten. Diesen Tieren kann der
Schnee, der Schafe und Ziegen auf diesen hochgelegenen Pässen
unter sich zu begraben vermag, kaum etwas anhaben, und die ver-
einzelten Polizeiposten werden entweder bestochen oder ignorieren die Karawanen.

Als die Tiere vorbei sind, brechen wir das Lager ab. Die letzten
Fetzen des nächtlichen Regens hängen noch östlich von uns über
dem Tal. Wolken treiben wie Gefechtsrauch auf die weiter entfernten Berge zu, teilen sich hier und dort und lassen schwebende
Klippen und Grate erkennen. Der Nara-Pass über uns ver-
schwimmt mit dem Himmel, und der Weg verengt sich zu einem
steinigen Pfad, der um die Schulter eines für uns unsichtbaren
Berges führt. Wir klettern über die Stufen mit Flechten überzo-
gener, schieferdurchsetzter Felsen und hören Schmelzwasser
plätschern. Die Luft fühlt sich falsch an, als enthielte sie nichts. In
weniger als drei Stunden überwinden wir sechshundert Meter,
und zum ersten Mal höre ich Iswor keuchen, während uns der aus
einer Gegend beim Everest stammende Ram unbekümmert überholt und im Dunst verschwindet. Ich verkürze meine Schritte und
atme tiefer ein. Wir nähern uns der Viertausendfünfhundert-Me-
ter-Marke, aber meine Atemlosigkeit und die damit verbundenen
Erinnerungen kehren nicht wieder.

Ein alter Bhutija-Händler kommt uns mit zwei Maultieren
entgegen und lässt einen klagenden Ruf hören. Er braucht Medizin, deutet zur Passhöhe hinter sich, legt sich eine Hand auf die
Brust und hustet und würgt. Es ist das Geräusch eines alten Mo-
tors, der nicht anspringen will. Mit einem Gefühl von Schuld gebe
ich ihm ein Aspirin, das seine Beschwerden jedoch kaum lindern
wird. Iswor sagt: »Ich glaube, nicht gut.« Da klingt tief in der Lunge oder dem Herzen des alten Mannes etwas nicht richtig. Er ver-
neigt sich zum Dank und lächelt traurig, tapfer. Ich möchte ihn in
die Arme schließen. Er treibt seine Maultiere weiter und dreht
sich nicht noch einmal um.

Die sich fest ans Land klammernde Wolke hinter uns hebt sich, und plötzlich gehen wir im Sonnenlicht, unsere scharfen Schatten direkt unter uns. Die Berge stehen in dünner, klarer Luft. Am ganzen Horizont entlang leuchten sie in überirdischer Klarheit, türmen sich zu Pyramiden und Strebebögen aus Schnee. Im Norden verhärten sich die Gipfel des Nalakankar Himal im Sonnenlicht und erheben sich wie ein eisiges Amphitheater über dem nackten Pfad.

Geräuschlos kommt ein Bartgeier mit bewegungslosen Schwingen hoch über mir den Pass heruntergeflogen. Es ist klar zu erkennen, wie er den Hals reckt, und sein schlanker, muskulöser Körper schimmert wie ein Messingtorpedo zwischen den düsteren Schwingen. Ohne einen einzigen Flügelschlag beherrscht er die Hänge unter mir in gemächlichen Kurven, sucht womöglich nach etwas Thermik, um aufzusteigen, und stürzt aus meinem Blick. Ehrfürchtig folgen wir seiner Flugbahn, um uns gleich darauf wieder nach vorn zu wenden.

Als wir uns dem Kamm des Passes nähern, trifft uns ein kalter Wind, und wie aus dem Nichts fällt leichter, harscher Schnee. Minuten später liegen wir oben auf dem Kamm neben einem von ausgeblichenen Gebetsfahnen gekrönten Haufen blasser Steine. Wie alte Wäscheleinen sind sie über den Weg gespannt und wehen und strecken sich im eisigen Wind. Jeder Reisende, der hier vorbeikommt, wirft einen Stein auf den von Menschen errichteten Haufen und ruft den örtlichen Göttern dazu manchmal einen Gruß zu. Wir sind allein. Der Schnee streicht blütengleich über uns. Es sind natürlich buddhistische Gebetsfahnen, wenn die Geister auch älter sind als der Glaube – und tückisch. Die *nyen* leben auf den Berggipfeln, nahe beim Himmel. Die Steinhaufen sind ihre Altäre. Sie entfesseln Schneestürme, treten Erdrutsche los und brauen undurchdringliche Nebel zusammen. Es ist klug, ihnen einen Stein anzubieten. Noch lästiger sind die aus dem Nichts auftauchenen *tsen*. Es heißt, dass sie zur Zeit der Shang-

shung-Könige um den Kailash herum große Macht besaßen. Rot-
häutig und in einer Rüstung steckend, reiten sie durch die Berge
und schießen mit Seuchen vergiftete Pfeile ab. Iswor wirft ihnen
einen weiteren Stein hin, und wir liegen friedlich im fallenden
Schnee.

Es ist nicht schwer, in diesen Geistern eine Erinnerung an die
tibetischen Plünderer zu sehen, die vor Jahrhunderten in Ketten-
rüstungen die Pässe herunterkamen, die Gesichter mit Ocker bemalt. Das Wissen um die Kriegslust dieses Volkes trotzt dem spä-
teren Bild einer abgelegenen, andersweltlichen Theokratie. Im 7.
und 8. Jahrhundert, als die Tang-Dynastie auf dem Höhepunkt ihrer Macht war, marschierten die tibetischen Armeen mit ihren
turkstämmigen Hilfstruppen durch das chinesische Reich und er-
oberten, mehr als tausendfünfhundert Kilometer östlich, dessen
Hauptstadt Chang'an. Über Generationen lebte Tibet von seinen
kriegerischen Erfolgen, und seine Rüstungen waren die besten
der Welt. Die Chinesen schrieben voller Ehrfurcht von den un-
durchdringlichen Kettenpanzern seiner Elite-Speerkämpfer –
und selbst der Pferde –, die sie von Kopf bis Fuß schützten, und
dass die Tibeter sich in der Schlacht niemals zurückzogen, sondern einfach eine neue Reihe Soldaten vorrückte, wenn eine gefallen war, unerbittlich. Die Tibeter, hieß es, konnten zweihundert-
tausend Mann ins Feld schicken, und sie hassten einen ruhigen
Tod. Zwei Jahrhunderte lang beherrschten sie die Oasen der südlichen Seidenstraße und kamen sogar bis Samarkand, sodass sich
der arabische Kalif Harun ar-Raschid mit den Chinesen gegen sie
zu verbünden suchte. Im Süden drängten sie über Nepal hinaus,
durchquerten die indische Ebene und marschierten in Birma ein.

Und als der Buddhismus das Land mit Klöstern füllte, vertei-
digten auch die Mönche ihren Glauben mit Waffengewalt. Neben ihrem dem Gebet und der Meditation gewidmeten Leben
füllten sie das 14. und 15. Jahrhundert mit Kriegen zwischen den
Klöstern, wobei sie nicht selten Allianzen mit Mongolenführern

schlossen, und die Dalai Lamas (wenn sie denn nicht schon als Kinder ermordet wurden) waren noch bis ins frühe 20. Jahrhundert an der Gewalt beteiligt. Reisende trafen bei tibetischen Männern oft auf eine derbe Empfindsamkeit und die unmittelbare Bereitschaft, ein Messer zu ziehen, und in der Mitte des Jahrhunderts waren mit Musketen und russischen Revolvern bewaffnete Banditen und Beutenomaden eine Plage für alle Pilger.

Nur wenig hinter dem Nara-la verliert sich der Schnee wieder, und eine enorme Bergbarriere wächst vor uns auf. Allein noch der Wind tönt in unseren Ohren und schluckt selbst das Gluckern des Schmelzwassers. Hier, wo der nepalesische Himalaya in Riesenstufen zur Tibetischen Hochebene hin abfällt, erheben sich die letzten, von Schluchten durchschnittenen Bergketten schwindelerregend zum nördlich liegenden Kailash und den dahinter emporragenden Gipfeln, erleuchtet vom Glanz in der Luft schwebender Gletscher und mit ewigem Schnee bedeckter Kämme.

Unter ihren verwischenden Silhouetten steigen wir in ein sich weitendes Tal hinab, in dem der Karnali, bevor er in seinen unpassierbaren Schluchten verschwindet, einen Korridor ins letzte Sonnenlicht schneidet. Und von einem Schritt zum anderen vollzieht sich ein krasser Wandel. Jahrhundertelang hat sich der Monsun an den Höhen hinter uns abgekämpft, und hier, auf dieser bitteren Gegenböschung, überlebt nur geschwärztes Gesträuch. Steil unter uns stürzen die letzten graurosa Schluchten Nepals in Richtung Karnali und verflachen auf ein anderes Land zu, wo alles zu Licht und Himmel wird. Weiter nordwestlich öffnet sich eine Welt wie von einem anderen Planeten unter der Leere eines strahlenden Blaus. Wir blicken auf eine Hochebene, die einstmals das Thetysmeer war. Vor fünfundvierzig Millionen Jahren, als die damals noch einen eigenen Kontinent bildende tektonische Platte Indiens in den Unterleib Asiens stieß und im Süden der Himalaya aufbrach, entleerte sich dieses urzeitliche Meer. Auch heute noch finden sich Meeresfossilien auf der Tibetischen

Hochebene, die verraten, dass das höchstgelegene Land der Welt einst von einem Ozean bedeckt war.

Als wir die Bruchlinie dieser folgenschweren Erschütterung hinabsteigen, öffnet sich ein neuer Blick. In der dünnen Luft, in der sich in weit mehr als zehn Kilometern Entfernung noch deutlich ein einzelner Mensch wahrnehmen lässt, erblicke ich mit einem Stich im Herzen die violett gefärbten, sich nach Nordwesten erstreckenden Steppen Tibets. Hinter ihnen glitzert eine lückenlose Bergkette über dem Horizont, unter völlig statisch wirkenden Kumuluswolken, während fern im Norden der siebentausendsiebenhundert Meter hohe, hell leuchtende Gurla Mandhata über dem heiligen See Manasarovar schwebt. In dieser strahlenden Ruhe könnte das Land auch eine gemalte Kulisse sein, die in das Tal unter uns gesteckt wurde. Der Künstler wollte eine schon unmenschliche Ruhe ausdrücken und hat sich diesen Blick ausgedacht.

Das Land ist erschreckend isoliert. Derselbe geologische Stoß, der das Tibetische Hochland schuf, hat es mit Gebirgszügen umgeben, die es schützen und austrocknen: dem Karakorum im Westen und dem wüstenumgebenen Kunlun im Norden. Und im ungeschützteren Osten erstrecken sich Hunderte von Kilometern fast völliger Leere bis zum nächsten leichter bewohnbaren Lebensraum. Der Großteil der wenigen Millionen Einwohner Tibets drängt sich in den fruchtbareren Tälern im Südosten. Im Vergleich dazu ist der äußerste Westen, in den wir unterwegs sind, besonders erbarmungslos, trocken und kalt. In der dünnen Luft, fast fünf Kilometer über Meereshöhe, lassen starke Temperaturunterschiede Felsen zerspringen und zu Staub zerfallen. Die Strahlung der Sonne ist so intensiv, dass die Hitze von der Erde hochwallt und eisige Winde und Sandstürme entfacht, die das Land glattschmirgeln. An einem einzigen Tag können sich Schnee, Blitz und Donner, Hagel und glühende Sonne abwechseln.

Über aufgerissene, glatte Hänge klettern wir hinunter zur Grenze. Schiefer bedeckt den Weg. Die Farben um uns herum sind Pastellgrau und Muschelrosa. Ganze Talseiten bestehen nur aus Geröll, das zwischen Schilden dunkleren Felsens abwärts gleitet. Sporne drängen wie nackte Knochen daraus hervor. Hier und da liegt Eruptivgestein herum, das käferflügelgleich glitzert, und einmal überqueren wir jungfräulichen Schnee.

Der Karnali schießt grün unter uns durch die Schluchten, durch die wir ihm nicht haben folgen können. Ein falscher Tritt und man rutscht sechzig Meter tief in seinen Schlund. Unter Qualen für die Knie gelangen wir endlich über Felsen und Geröll zu ihm hinunter und kommen ein paar Minuten später in die Grenzsiedlung Hilsa.

Vor zehn Jahren, sagt Iswor, war Hilsa nicht mehr als ein wirrer Haufen Hütten und Zelte. Jetzt zieht es sich in einem schäbigen Rinnsal blaugrauer, halb erbauter oder verlassener Behausungen am Fluss entlang, und die über dem Wasser schwankende Planke ist durch eine klirrende Hängebrücke voller Gebetsfahnen und trocknender Wäsche ersetzt worden. Ströme von Müll ergießen sich ins Wasser: chinesische Bierflaschen und ganze Schichten Plastik. Die tibetische Grenze liegt auf der anderen Seite, ein paar Hundert Meter entfernt. Dort wird eine chinesische Straße mit dröhnenden Planierraupen bis hinunter an den Fluss getrieben. Die Händlerkarawanen überqueren die Brücke mit einfältiger Leichtigkeit, Yaks und *dzo* sind die dünnen Trittflächen und der fünfzehn Meter tiefer brodelnde Fluss egal. Schamlos tragen sie ihre Schmuggelware zum Handelsposten Sher über den niedrigen Hügel dahinter. Dort tauschen ihre Besitzer das Holz zu Tiefstpreisen gegen Kleidung, Mehl und Schnaps ein. Der Polizeiposten auf unserer Seite handelt mit Alkohol.

Wir finden ein Gästehaus für nepalesische Händler. Um einen Hof voller Yakdung, dem Heizmittel für die Wintermonate, verfallen die Räume mit ihren schmutzigen Fußböden. Unsere Betten sind Holzplanken entlang der Mauern. Hölzerne Sättel und verrottendes Zaumzeug liegen darunter verstaut. Sobald wir eindösen, verdunkeln sich die Fenster mit Kindergesichtern, die fasziniert zu uns hereinsehen. Das Gästehaus gehört einer Thakuri-Familie, die auf der Flucht vor der Armut den Fluss heraufgezogen ist und all ihre Besitztümer, drei Ponys und eine Kuh, mit sich gebracht hat, in der Hoffnung, hier Erfolg zu haben. Aber sie entkommt der Armut nicht. Alle wirken antriebslos und scheu. Der Vater trägt ein englisches Fußballhemd, *made in China*. Er hofft, Trekker anzuziehen, und träumt von Händlern, die sich in seine Betten legen, während ihre Tiere im dunggefüllten Hof schlummern, wie in einer arabischen Karawanserei. Doch wir sind die einzigen Gäste, und seine Kinder spielen im Schmutz.

Abends sitzen wir in ihrem Zimmer mit einer Gruppe stummer Nachbarn zusammen, während seine Frau Tee kocht und unter ihrem Pullover ein schwächliches Baby stillt. Manchmal, sagt der Mann, dürfen sie ein krankes Kind in die tibetische Klinik auf der anderen Flussseite bringen. Sie haben die Grenze schon oft überquert, um in Taklakot etwas einzutauschen. Auf ihrer Seite hier gibt es weder eine Klinik noch eine Schule. »Wir warten darauf, dass es besser wird. Die Maoisten sind weg. Sie sind in Kathmandu.« Die beiden sehen einander unsicher an. »Wir waren noch nie in Kathmandu.«

Bald darauf beginnt das zusammengestückelte Ofenrohr zu glühen und setzt die Holzdecke in Brand. Die Männer sehen unbewegt nach oben, als vollzöge sich dort ihr Schicksal. Allein die Frau tut etwas, nimmt das Baby von der Brust und klettert mit einem Krug Wasser aufs Dach.

Die Niedergeschlagenheit ist ansteckend. Wir geben ihnen Medizin gegen ihren Husten und ihre Kopfschmerzen, die sie ohne ein Wort entgegennehmen, und gehen schlafen. Iswor traut diesem Gästehaus nicht, und Ram verbarrikadiert die Tür mit

Trekkingstäben. Ich liege lange auf meinem Plankenbett, ohne Schlaf zu finden. Das Licht eines Dreiviertelmonds sickert durch das verschmierte Fenster und fällt auf den Lehmboden. Ich sehe, wie es sich einem Versprechen gleich voranbewegt. In einer Woche wird der Mond voll sein, der heilige buddhistische Monat *saga dawa* beginnt, und am Kailash sammeln sich die Pilger.

Kapitel Acht

In der rastlosen, vom Geheul der Dorfhunde zerrütteten Nacht habe ich einen Traum, der mit dem Aufwachen verblasst und einen festlichen Nachhall hinterlässt, sodass ich noch einmal in ihn hineinzukommen versuche, aber ich bekomme selbst die letzten, stockenden Bilder nicht mehr zu fassen. In der Schwärze des Zimmers lässt die Tür einen Spalt Dämmerung herein. Dhabu und sein Pferd kehren nach Hause zurück. Wie Raupen kriechen wir aus unseren Schlafsäcken, und Ram bereitet ein Frühstück mit Chapatis und Eiern. Dhabu empfängt seinen Lohn mit vor sich hingehaltenen Händen und denkt bereits voller Freude an sein Dorf in den Bergen bei Dharapuri, ein paar Kilometer vor Simikot. In drei Tagen wird er dort sein. Wir haben für die Strecke eine Woche gebraucht. In seiner scheuen Antwort auf meinen Abschiedsgruß (in Iswors lapidarer Übersetzung) klingt Heimweh mit.

»Meine Eltern sind dort, und meine Frau. Ich möchte zurück zu ihr, sie wiedersehen. Sie ist mein Freund.« Er knabbert an seinem Chapati, als sollte er nicht hier bei uns sein.

»Und Ihre Kinder?«

»Ich habe vier, zwei sind gestorben.«

Ich frage: »Wie kam das?«

»Ich weiß es nicht. Das eine war fünf, das andere sieben. Ich weiß nicht, warum.«

Iswor sagt sanft: »Er hat nichts gelernt, sehen Sie.«

»Das nächste Krankenhaus liegt hinter den Bergen, viele Kilometer entfernt«, sagt Dhabu. Er wirkt weniger traurig als verwirrt, wie über einen unerklärlichen Ratschluss. »Mein Dorf ist arm und friedlich. Wir haben ein Feld, was nicht genug ist. Also arbeite ich so, mit meinem Pferd Moti-Moti ...«

Ich möchte wissen, wie lange er das wohl durchhalten kann.

»Ich höre auf, wenn die Reise meines Lebens vorüber ist. Dann werde ich enden.«

Ich berühre seine Hand und frage mich, wie viele Völker das Leben wohl als eine Reise sehen, die Zeit als eine Straße.

Aber er sagt: »Ich bin glücklich. Ich habe ein gutes Leben.«

Lachend sage ich: »Sie haben ein glückliches Gesicht.« Es hat eine längliche Form und wirkt humorvoll (auch wenn er nicht lächelt), sitzt zwischen zwei Fledermausohren und unter einem Zelt aus strubbeligem Haar.

Er berührt seine Züge, wie um sich ihrer zu versichern. »Gut.«

Ich sehe ihm nach, wie er davongeht, Moti hinter sich. Einmal noch dreht er sich um, und aus dieser Entfernung traut er sich, die Hand zu heben, und lächelt. Iswor neben mir sagt: »Er ist ein sehr einfacher Mann.«

Jetzt, da das Pferd weg ist, müssen wir auf tibetische Transportmittel auf der anderen Flussseite zurückgreifen, um nach Taklakot, dem Handelszentrum der Region, und weiter zum Kailash zu gelangen. Allerdings können wir die Grenze nicht allein über-

queren. Der chinesische Argwohn brandmarkt den Alleinreisen-
den als Rebellen oder Spion, sonst wäre sein Alleinsein unerklär-
lich. Ohne größere Gruppe ist er kaum fassbar und schlüpft durch
die Kontrollen. Aber irgendwo hinter uns kommt eine Gruppe
von sieben britischen Trekkern, unter deren Tarnung ich die
Grenze überqueren will. Sie sollten bis zum Abend hier sein. Iswor hat ein Satellitentelefon dabei, mit dem er sie erreichen könnte, schaltet es aber nie ein.

Wir verlassen das Gästehaus ohne Bedauern, schlagen unsere
Zelte auf dem rauen Untergrund zwischen den Ruinen am Rand
von Hilsa auf und warten. Die Aussicht auf die Trekker erfüllt
mich mit einer düsteren Vorahnung. Während dieser letzten
Tage habe ich eine spannungsfreie Selbstzerstreuung erfahren, als
wöge meine Kultur immer leichter auf meinen Schultern. Ich will
sie nicht neu willkommen heißen. Ich habe mir diese Berge schon
zu sehr als meine angeeignet.

Iswor und ich wandern durch die schäbige Siedlung. Nur ein
paar Gerstenfelder umgeben ihr Niemandsland, und jede zweite
Behausung ist unvollendet oder fällt in sich zusammen. Ein halb-
herziger Wind wirbelt Staub auf. Die Dorfbewohner scheinen
alle nur vorübergehend hier sein zu wollen, um den Grenzhandel
zu erkunden. Niemand wurde in Hilsa geboren. Der Ort ist auf einem Bodensatz aus chinesischem Müll erbaut, auf Pepsi-Co-
la-Dosen und kaputten Turnschuhen, Zigarettenschachteln, Lha-
sa-Bier-Flaschen und alten Ölkanistern. Frauen und Kinder
graben zwischen Steinen und Müll. Alle haben sich gegen den
Staub mit Tüchern umwickelt, und ich kann kein individuelles
Gesicht erkennen. Aber zum ersten Mal seit Tagen sehe ich wieder eine Maschine mit Rädern: einen kleinen chinesischen Trak-
tor, der über die Brücke oder durchs Wasser gekommen sein
muss. Und es gibt sogar eine schiefe Schubkarre.

Wir bleiben neben der Brücke stehen. Auf der gegenüberliegenden Seite erhebt sich der saubere Pfahl eines chinesischen

Strommastes (in Hilsa gibt es keinen Strom), und wir hören das Brummen der Raupen, wo die Teerstraße bis an den Fluss geführt wird. Iswor sagt nachdenklich: »Ich bin traurig, das zu sehen.«

»Was?«

»Die Chinesen ... Wir haben nicht ihre Zukunft. Wir sind keine uns entwickelnden Menschen wie sie.« Er hat Hilsa den Rücken zugewandt und legt die Stirn in Falten, als spiegelten dessen schäbige Behausungen sein Leben. »Vielleicht wurde dieser Ort von uns vergessen. Kathmandu ist weit von hier. Selbst Simikot ist weit.«

Als ich Wochen später Iswors Geburtsdorf hoch in den Bergen über dem Tal von Kathmandu besuchte, verstand ich seine Sätze etwas besser. Von fernen Bergen umgeben, vermittelten der auf Terrassen angebaute Mais und das Gemüse, die Kirsch- und Pfirsichbäume die Illusion einer funktionierenden Selbstversorgung. Ein kleiner Hindu-Tempel und ein buddhistischer Stupa standen Seite an Seite. Türen und Türbalken zeigten alte Schnitzereien, und die dunklen übereinanderfassenden Dachziegel machten die Häuser zu uralten, edlen Reptilien, die in den Obstgärten nisteten.

Iswors Eltern waren nach Kathmandu gezogen, als er noch ein Kind war, kehrten aber zur Erholung, und um sich um die wenigen Felder zu kümmern, immer wieder ins Dorf zurück. Sein ältester Bruder Bishu war eine Berühmtheit, Iswor welkte in seinem Schatten dahin. Bishu hatte mit einem Team der indischen Armee den Everest bestiegen und wurde »der Gipfelstürmer« genannt. Sein Job in einem Reisebüro in Kathmandu war gut bezahlt, und er besaß zwei Häuser und etwas Land. Als er aus der Stadt zu Besuch kam, verschränkte Iswor ehrfürchtig die Hände, und sein älterer Bruder eilte zu ihm, um ihn zu begrüßen. Bei einem Spaziergang durch den nach Juni riechenden Kiefernwald über dem Dorf erklärte mir Bishu: »Iswor bekommt nicht viele

Aufträge. Er verdient nicht so viel. Ich weiß nicht, was aus ihm werden wird. Vielleicht kommt er hierher zurück und bestellt die Felder ...«

Aber Iswor wollte kein Bauer sein. Er wollte im grausamen Labyrinth Kathmandus erfolgreich sein. »Die Jungen langweilen sich im Dorf«, sagte er. »Mit dem Motorrad sind es nur zwei Stunden in die Stadt, also fahren sie hin und arbeiten als Angestellte, Fahrer oder sonst etwas.«

»Und was ist mit den Dörfern?«

Er sagte, was ich bereits wusste: dass sie zu einem Getto für die nicht Unternehmenslustigen, die Kranken und die Alten wurden. Überall in Asien war es das Gleiche. Manche Dörfer wurden von den Frauen am Leben erhalten, manche fielen an auswärtige Grundbesitzer. Auf ihren malerischen Hängen wurde es still.

Aber das hätte man an dem Abend nicht gedacht. Auf einem der Hänge war ein großes Feuer entfacht worden, und die jungen Männer tanzten und sangen: alte Hindu-Lieder, sagte Iswor, die sie als Kinder gelernt hatten. Ein Mann mit Down-Syndrom, dessen mongoloide Züge zwischen den Tamang-Gesichtern um ihn herum untergingen, wirbelte in seinem schmutzigen Kittel im Kreis, von der Musik völlig berauscht. Bis tief in die Nacht sangen die jungen Leute und schlugen den Rhythmus auf ihren *damphu*-Trommeln. Und wenn es eine unsichtbare Trennlinie zwischen denen gab, die aus Anlass des Feiertages aus der Stadt zurückgekehrt waren, und denen, die sie begrüßt hatten, so wurden sie von Bindungen, die weit tiefer reichten als aller Erfolg, und den alten Liedern, an die sie sich unter den Sternen des Dorfes gemeinsam erinnerten, verwischt.

Die Frauen blieben fort oder sahen schüchtern aus der Dunkelheit zu. Die älteren trugen leuchtende Saris. Aber nein, sagte Iswor, er könne keine heiraten, und wiederholte, was er immer sagte: »Sie haben nichts gelernt.«

Nur bei einem Mädchen wurde seine Stimme weich, bei seiner

dreizehnjährigen Schwester, die in Kathmandu lebte. »Ich liebe sie. Ich will ihr helfen, dass sie weiter zur Schule gehen kann, auch wenn meine Eltern nicht dafür zahlen. Ihre ältere Schwester geht bald aus dem Haus, und dann ist sie allein.« Im vergehenden Licht des Feuers verzog er das Gesicht. Vielleicht stand das Mädchen zu seiner älteren Schwester so wie er zu Bishu. Er sprach von ihr wie von einer Waisen oder einem schemenhaften Nachgedanken. »Sie wird sehr traurig sein ...«

Seine Armut schien seinen brüderlichen Traum nur noch zu vergrößern. Sie allein, so kam es mir vor, rührte sein kompliziertes Herz.

Die sieben britischen Trekker trudeln am Abend ein und bauen ihre Zelte neben unseren auf. Sie sind nicht die muntere Gruppe, die ich befürchtet hatte, sondern älter und ruhig. Sie machen die Reise wegen der landschaftlichen Schönheit und weil sie die körperliche Herausforderung schätzen. Fast alle haben Himalaya-Erfahrung. Ihr Führer zieht ältere Gruppen vor, sagt er. Die Jüngeren sind oft nicht so fit und kennen ihre Grenzen nicht. Unsere vorübergehende Vereinigung bringt ein wenig Luxus mit sich: Wir essen in einem Speisezelt und sitzen auf wackligen Campingstühlen. Von Zeit zu Zeit rüttelt der Wind an einer der Zeltstangen, und der Stoff fällt auf uns herab. Niemand beschwert sich oder erwartet zu viel. Wir tun uns an Klößen, Omeletts und Haferschleim gütlich. Ihre Sherpas heben ein Loch aus und errichten darüber ein bescheidenes Toilettenzelt.

Später, als ich mit Iswor noch einmal zur Brücke von Hilsa gehe, unter der das Wasser des Karnali jetzt braun hindurchfließt, kommen Ziegen- und Schafherden über sie getrappelt und verhindern allen menschlichen Verkehr, bis sie von einer Reihe Yaks vertrieben werden, und ich wechsle für einen Moment auf die tibetische Seite. Dort drüben steht in einen Sockel vor einem durchhängenden Stacheldrahtzaun »China« gemeißelt, in chinesi-

schen Schriftzeichen, und auf der anderen Seite steht »Nepal«, auf
Nepali. Aber das wenig solide Tor ist geschlossen. Ich setze mich
auf den Sockel, ein Bein in Nepal, das andere in Tibet, und mein
Blick wandert in das Land, in das wir morgen, mit etwas Glück,
einreisen werden.

Nur wenige westliche Reisende kamen über diesen versteckten Übergang beim Karnali nach Tibet hinein. Die meisten benutzten die zugänglicheren indischen Pässe im Westen. Der erste
Europäer, der zum Kailash kam, war 1715 der Jesuitenmissionar
Ippolito Desideri. Er hatte sich von Ladakh herübergequält, zeit-
weise schneeblind und Blut hustend. Wären er und sein Begleiter
nicht auf die Karawane einer nach Lhasa reisenden Tatarenprin-
zessin getroffen, wären sie wahrscheinlich umgekommen. Etwa
sechs Wochen danach kam Desideri fassungslos zum bitterkalten, wolkenverhangenen Kailash. Tag für Tag, schrieb er, umkreisten Pilger diesen schrecklichen Gipfel, dessen Heiligkeit
noch durch einen gewissen »Urghien« (Padmasambhava), den
Gründer ihrer Religion, vertieft werde. Vor Jahrhunderten habe
der Heilige hier in einer Höhle meditiert, was heute von ein paar
Mönchen in einem erbärmlichen Kloster gefeiert werde.

Fünf erstaunliche Jahre predigte der lernbegierige Desideri
unter den Tibetern, in einer Atmosphäre wechselseitiger Tole-
ranz und Neugier. 1721 wurde er zurück in den Vatikan gerufen.
Bigotterie und Unruhen folgten, es gab eine mongolische Invasion, und 1745 wurden die letzten Missionare aus Tibet vertrieben.
Die Jahre vergingen, und an den Grenzen drängten sich hoff-
nungsvolle christliche Prediger, die darauf brannten, ins Land gelassen zu werden. Wenn Tibet an Christus falle, so glaubten viele,
würde der Jüngste Tag heraufdämmern. Aber die Tibeter ließen
nie wieder christliche Missionare zu sich herein.

Soweit man weiß, hat nach Desideri hundert Jahre lang kein
anderer Europäer den Kailash gesehen. Erst 1812 gelangten der so
unberechenbare wie geniale Tierarzt William Moorcroft und sein

zwielichtiger Gefährte Hyder Hearsey als hinduistische Eremiten verkleidet zu ihm. Moorcroft, der gleichermaßen an Erkundungen wie am Ausfindigmachen von Geschäftsmöglichkeiten interessiert war, kaufte eine Herde von fünfzig Pashmina-Ziegen, um sie zurück nach Indien zu treiben, und untersuchte den Manasarovar, weil er wissen wollte, ob dort einer der großen indischen Flüsse seinen Anfang nahm. Drei Jahre später verschwand er in Zentralasien, wo lange danach Papiere von ihm auftauchten und das Rätsel um seinen Tod schürten.

Die Quellen der großen indischen Flüsse, des Ganges, des Brahmaputra, des Indus und des Satluj, ausfindig zu machen wurde in London und in Britisch-Indien zu einer wahren Obsession, gelang aber bis ins frühe 20. Jahrhundert nicht. Wie mit göttlicher Absicht und wie in zweitausend Jahre alten Hindu-Schriften dokumentiert, schienen alle vier bis hoch zum Kailash zu reichen. Mitte des 19. Jahrhunderts wurde Tibet aber nicht von Entdeckern durchstreift, sondern von Armeeoffizieren und Staatsbediensteten auf Großwildjagd. Das Verbot der britischen wie der tibetischen Behörden missachtend, überschritten sie mitsamt ihrer Dienerschaft die Pässe von Zanskar. Auf diesen unerlaubten Reisen blieb die so großartige wie unbestimmte, ja kontrovers eingeschätzte Topografie weitgehend unbeachtet, waren die Jagenden doch weit mehr daran interessiert, ein *Ovis ammon* oder ein wildes Yak zu erlegen. Das tibetische Gesetz behandelten sie mit hochmütiger Verachtung. Ein schottischer Aristokrat fuhr gar mit einem Gummiboot über die heiligen Wasser des Manasarovar, wofür der örtliche Gouverneur geköpft wurde.

Die tibetischen Offiziellen blieben in ihren Anstrengungen, die Ausländer abzuwehren, oft merkwürdig friedlich, sosehr sie sich darüber beklagten, hingerichtet zu werden, falls sie versagten. Ein Reisender berichtete, dass sich ein ganzer Trupp Soldaten zu Boden fallen ließ und mit erbärmlicher Geste über die Kehlen fuhr, um ihr mögliches Schicksal anzudeuten. Selbst der

sture Henry Savage Landor (der Enkel des übellaunigen Dichters),
der einen kitschigen Bericht über sein Martyrium schrieb, wurde
erst dann körperlich angegriffen, als alle anderen Versuche, ihn
zurückzuweisen, fehlgeschlagen waren.

Die wahre Erkundung Tibets in dieser Zeit fand durch indische Pandits statt, von den Briten ausgebildet und als Händler
oder heilige Männer verkleidet. Mit ihren fromm befühlten Ro-
senkränzen maßen sie Entfernungen, und ihre Gebetsmühlen waren voller kodierter Daten. Aber selbst nach dem brutalen britischen Einmarsch in Tibet unter Younghusband im Jahr 1904
wurde das Reisen für Ausländer nicht einfacher. 1907 musste der
schwedische Forscher Sven Hedin, ein Mann, der sich von seinen
eigenen Visionen blenden ließ, zu einer List greifen, um in das
Land einreisen zu können. Er verbrachte fünfzehn Monate dort,
folgte einem sechzehnhundert Kilometer langen Bogen ostwärts
durch die Berge des inneren Tibet und war der erste Europäer, der
die Quelle des Indus erreichte – und sich den Pilgern um den Kailash anschloss.

Einfachere Reisende kamen natürlich seit Jahrhunderten hierher: Pilger, die keine Aufzeichnungen hinterließen. In einem
Land solch bitterer Extreme, gepeinigt von bewaffneten Banditen
auf zähen Ponys und Yaks, waren sie total verletzlich, geschützt
nur durch ihre Armut. Einige der Räuber waren selbst auf Pilgerreise, und einige gaben regelmäßig einen Teil ihrer Beute an die
Klöster. Dem sehr genau beobachtenden japanischen Mönch Kawaguchi Ekai fiel bei einer Umkreisung des Kailash ein berüchtig-
ter Bandit und Mörder auf, der den Berg nicht nur anbetete, um
Vergebung für seine begangenen Sünden zu erfahren, sondern
gleich auch für die, die er noch zu begehen gedachte.

Kawaguchi war einer der ersten und aufmerksamsten Pilger,
die Berichte über ihre Reise verfassten. Das war im Jahr 1900. Er
mag ein Spion gewesen sein, war aber auch tieffromm. Nachdem
er frühe Launen des Schicksals überlebt hatte (einschließlich ei-

nes Nomadenmädchens, das einen Angriff auf seine Unschuld unternommen hatte), warf er sich beim ersten Anblick des Kailash rituelle einhundertacht Mal auf die Erde, rezitierte Gedichte und umkreiste den heiligen Berg vier Tage lang in einem Zustand der Ekstase.

Von noch leidenschaftlicheren Reisen berichteten Hindu-Pilger. Achtzehn Jahre nach Kawaguchi fand Svami Bhagwan Shri Hamsa, ein Mann von mädchenhaft zarter Gestalt, seine Erlösung am Kailash. Auch er schildert in hochgestochener Prosa, dass er unterwegs zahllose Gefahren überlebte: Kobras, Geister, einen lusttrunkenen Elefanten und unzüchtige Bergbewohnerinnen. Am Kailash stolperte er in die eisige Höhle eines Yogis, bei dem er drei Tage verbrachte und nur Wasser trank. Nachts bettete er seinen Kopf auf den Schoß des frommen Mannes. Neben dem zugefrorenen See unter dem höchsten Pass hatte er eine Vision seines persönlichen, tantrischen Heiligen, in dessen Gegenwart er sich auf mystische Weise aufzulösen glaubte. Der Bericht seiner Reise erschien mit einem begeisterten Vorwort von W. B. Yeats, der in seinem Gedicht »Meru« eine Bergwelt beschreibt, in der Eremiten »in Höhlen nachts unter verwehtem Schnee« am Ende womöglich wirklich alle Illusion überwanden.

Tibet war immer noch so unbekannt, dass Reisende es sich als einen Ort einstmals universeller Mysterien vorstellen konnten. Echos des alten Ägypten wurden vermutet (einige Gelehrte spielen immer noch mit der Idee), und es hieß sogar, hier liege der Ursprung des Ariers, sodass Hitlers Propaganda das Land mit einem sentimentalen Blick bedachte. Tibets derzeitige Situation mag erbärmlich sein, aber seine Vergangenheit könnte geklärt werden. Schon die frühen christlichen Missionare pflegten Fantasien von einem ehedem christlichen Volk: Der Dalai Lama genoss schließlich die Verehrung und Unfehlbarkeit eines Papstes (und war ähnlich in die Politik verstrickt), geschützt zwar nicht vom Heiligen Römischen Kaiser, aber doch vom Himmlischen Herrscher Chi-

nas, und auch unter den buddhistischen Gottheiten gab es Trini-
täten: Tara, die Göttin des Mitgefühls, erinnerte an die Jungfrau.
Protestantische Intellektuelle geißelten Katholiken wie Buddhisten später wegen ihrer Götzenanbetung und Reliquienverehrung,
und auch im Zölibat und der rituellen Verwendung von Räucherwerk, Weihwasser und Rosenkranz glichen sich die beiden Religionen. Am merkwürdigsten ist der Lebensweihe-Ritus des Bön
und der Nyingma – alter tibetischer Glaubensschulen –, bei dem
der Priester, als wollte er die christliche Eucharistie nachahmen,
unter den Anwesenden eine Schale Bier und Mehlkügelchen her-
umreicht.

Das alles ist womöglich ein Relikt des nestorianischen Chris-
tentums, das im 6. Jahrhundert tief nach Asien hinein vorgedrungen war. Tausend Jahre später kehrten indische Sadhus mit nicht
überprüfbaren Berichten aus dem Norden zurück, dass um den
Manasarovar christliche Gemeinden lebten, und gaben damit
Hoffnungen Nahrung, irgendwo tief in Asien habe das legendäre
Reich des Priesterkönigs Johannes überlebt.

Bei Einbruch der Nacht schwankt ein alter Mann über die Brücke. Ängstlich stützt ein junger Mönch, sein Sohn, seine unsiche-
ren Schritte, legt einen Arm um die Schultern seines Vaters, fasst
den Ellbogen mit der anderen Hand und führt ihn hinüber nach
Nepal. Die Brücke knarzt und schwingt. Der alte Mann ist ange-
spannt würdevoll. Er trägt eine Jacke aus bestickter chinesischer
Seide mit Schaffellbesatz. Sein Blick ist aufs Ufer gerichtet, wo sie
Zuflucht in einem kleinen, von einer Mauer umgebenen Rasthaus
mit wackligen Balkonen finden.

Später versammeln sich einige Leute, um zum Berggrat im Süden hinaufzusehen. Undeutlich kann ich zwei zaudernde Reihen
Bharals ausmachen, seltene blaue Bergschafe. Im Dämmerlicht
sehe ich, wie sie ihre schwarz bestrumpften Beine voranbewegen,
und ihre nach hinten geneigten Hörner. Für einen Augenblick

kommt auch der junge Mönch heraus, um zu sehen, was da vorgeht. Er spricht ein zögerliches Englisch. Er ist aus Tibet geflohen, sagt er, nach Indien, und studiert in Dehradun. Zurück kann er nie mehr, fährt er fort und zupft wie zur Erklärung an der orangefarbenen Kutte, aber jedes Jahr kommt sein Vater einmal für vier Tage über die Grenze nach Humla, und sie treffen sich hier in diesem Niemandsland, bevor sie wieder auseinandergehen. Jedes Jahr fragt er sich, ob sie die Brücke wohl zum letzten Mal überqueren.

Ich muss an einen anderen Mönch denken, den ich in diesem Frühling kennengelernt habe. Sein Kloster gehörte zur Gelug-Schule, der auch der Dalai Lama angehört, und die in Terrassen angelegten Klostergärten schwebten strahlend über dem Tal von Kathmandu. Der Mönch war schmal und blass, und ich hätte auch neben einem Geist hergehen können. Kuckucke riefen im Tal unter uns, dabei leckten die Vororte Kathmandus bereits am Fuß des Hanges. Straßenbaulärm drang durch den Nebel herauf. Der Mönch war jung, wie der Mönch in Hilsa, und auch er war durch die chinesische Grenze von seiner Vergangenheit abgeschnitten.

Er sagte: »Meine Familie kam vor elf Jahren aus unserem Dorf nach Lhasa. Mein Vater hatte etwas chinesisches Geld gespart. Wir hatten keine Papiere, und ich war zehn Jahre alt. In Lhasa übergaben mein Vater und meine Mutter mich sechs anderen Leuten. Dann gingen sie zurück, und ich habe sie nie wiedergesehen. Unsere Gruppe wanderte heimlich über die Ebene. Manchmal, das weiß ich noch, lief ich selbst. Aber es war sehr schwer. Manchmal trug mich jemand auf seinen Schultern. Es war bitterkalt. November. Einen Monat und zehn Tage waren wir unterwegs. Wie wir geschlafen haben, kann ich nicht mehr sagen. Verwandte sind nicht mitgekommen. Ich habe hier niemanden, und am Ende bin ich Mönch geworden.«

»Sie würden nicht zurückgehen?«

»Wenn ich es täte, würden die Chinesen mich einsperren. Ich

habe vor der chinesischen Botschaft in Kathmandu demonstriert, und da werden Sie fotografiert. Sie müssen mein Gesicht in ihren Akten haben, viele Male. An der Grenze erkennen sie uns an unseren tibetischen Namen.« Es fing leicht an zu regnen, aber er merkte es nicht. »Meine Mutter ist jetzt fünfundvierzig, mein Vater tot. Ich habe zwei Schwestern. An die jüngere kann ich mich nicht erinnern. Aber ich habe mit meiner Mutter telefoniert.«

»Immerhin.« Aber ich denke: Sie wird nicht mehr als eine Stimme für ihn sein, bis sie stirbt. Waren seine Eltern, wollte ich wissen, zu arm, um ihren spät geborenen Sohn zu behalten, oder wollten sie ihn in die Freiheit schicken?

Er sagte nur: »Ich weiß es nicht.« Hinter uns liefen die Novizen aus ihren Klassenräumen, schrien und balgten sich. »Das Kloster ist jetzt meine Familie. Hier gehöre ich hin. Mein Vater, meine Mutter, meine Brüder, sie sind alle hier.«

Kapitel Neun

Maultiere, die im nahen Müll nach Essbarem suchen, wecken mich auf. Sie scheinen Pappe zu fressen, und dann landet ein nepalesischer Polizeihubschrauber neben dem Fluss und wirbelt Staubfontänen auf. Es ist üblich, dass nepalesische Träger das Gepäck der Reisenden über die Brücke tragen und es dort an tibetische Träger übergeben. Dazwischen rauscht der trübe Fluss. Die kreuz und quer verlaufende Stacheldrahtgrenze wird von Ziegen durchbrochen, die darüberklettern oder sich hindurchzwängen. Als wir durch das mittlerweile offene Tor nach Tibet hineingehen, strahlt die Sonne heiß von einem wolkenlosen Himmel. Grenzbeamte sind keine zu sehen. Wir lassen uns auf einem Steinhaufen vor zwei Zelten nieder, in denen wir auf die Schweinegrippe untersucht werden sollen, und warten.

Während sich die Stunden mühsam dahinziehen, beginnen meine Erwartungen zu schwinden. Allein die Aussicht auf das Neue, auf den Wechsel, hat die verwahrloste Wurzellosigkeit Hilsas erträglich gemacht, doch jetzt zerrinnt meine Zuversicht langsam. Die Sonne brennt auf uns herab, und der Karnali strömt dunkel mit dem aufgewirbelten Schmutz der Nacht dahin. In mir wächst die Angst, dass die Grenze geschlossen werden könnte, wie es im letzten Jahr während der Unruhen vor den Olympischen Spielen in Peking der Fall war. Das nervös erwartete fünfzigjährige Jubiläum der Flucht des Dalai Lama ist gerade erst vorbei.

Mittags ist immer noch kein Polizist oder Sanitäter zu sehen. Dann hören wir, dass am Kailash ein indischer Pilger gestorben ist. Sie bringen seinen Leichnam herunter. Ernüchtert warten wir weiter. Eine Inderin, die tags zuvor mit dem Hubschrauber gekommen ist, sitzt mit uns auf den Steinen und atmet schwer. Sie sei schon fünf Mal am Kailash gewesen, sagt sie, aber ihre Lunge sei schwach, und sie könne nicht mehr gut klettern. Dieses letzte Mal hat sie ihren geschiedenen Mann mitgebracht, der sich stumm hinter einer dunklen Brille und einem dichten grauen Bart verbirgt. Ich spüre, dass sie ihm eine Art Lehre erteilen will.

Eine Gruppe Träger kommt in den Blick, sie haben die Leiche auf einer alten Armeebahre. Drei ältere Inder gehen neben ihnen, aber niemand scheint betroffen. Der Tote war offenbar allein. Andere Träger breiten eine der Plastikplanen aus, die die Chinesen für Gepäck benutzen, und sprayen sie mit Desinfektionsmittel ein, während eine Gruppe junger Tibeterinnen in der Nähe hockt und sich gegenseitig das Haar macht. Ohne große Umschweife wird der Leichnam auf die Plane gekippt, das Gesicht ist unter einem braunen Tuch verborgen. Eine plumpe Hand baumelt heraus, mit einer goldenen Uhr am Handgelenk. Einer der Inder holt eine Rolle Klebeband hervor, und die Träger umwickeln den Körper, bis er in einer halb sitzenden Position verharrt. Straßenarbeiter kommen vorbei, und die Tibeterinnen putzen sich immer noch das Haar auf. Dann wird der Tote über die Brücke getragen.

Die Inderin sagt säuerlich, dass das öfter passiere. Ihre Regierung schickt kleine Gruppen her, deren Teilnehmer durch eine Lotterie bestimmt werden. Sie reisen durch die nördliche Provinz Uttarakhand ein, akklimatisieren sich langsam und werden auf ihren Gesundheitszustand untersucht. Viele werden abgewiesen.

»Aber die privaten Tourveranstalter sind anders«, sagt sie. »Die überprüfen die Gesundheit oft überhaupt nicht und nehmen jeden mit. Die wollen nur das Geld.« Ihr Blick wandert verbittert zum anderen Ufer, wo die Leichenträger auf den Hubschrauber zustolpern. »Die Leute buchen die Tour und wissen nicht, wie anstrengend sie ist. Der Kailash ist das Heiligtum Shivas, und viele Pilger sind Shivaiten aus dem Süden, aus Städten im Tiefland wie Bangalore und Mumbai. Die sind nie etwas anderes als ihre eigene Treppe hochgestiegen, und manchmal sind sie alt.« Sie wirft einen Blick zu ihrem Ex-Mann hinüber, der verärgert wirkt. »Wir sind auch zu schnell hier hochgekommen. Über dreieinhalbtausend Meter in ein paar Stunden.«

Drei Sanitäter erscheinen, zusammen mit Polizei und Einwanderungsbeamten. Es sind alles Chinesen, auf unbedingte Höflichkeit bedacht. Erschöpft von der Sonne, haben wir uns in einer Reihe aufzustellen. Ich bin mit meinen Trekkern zusammen, und wir werden einer nach dem anderen ins Zelt gerufen, wo wir merkwürdige Gesundheitsformulare ausfüllen müssen: *Haben Sie ein lebendes Tier dabei, das kein Hund und keine Katze ist? ... Hatten Sie eine Woche lang engen Kontakt mit einem Schwein?* ... Sie messen unsere Temperatur mit Thermometern, die sie uns unter die Achseln stecken. Ihr Lächeln wirkt aufgesetzt. Vielleicht verstärkt die raue Wärme der Leute hier ihre steife Korrektheit noch. Schließlich sind sie Teil des chinesischen Geschenks an Tibet: Gesundheit, Bildung, Infrastruktur sind die Schlüsselworte. Sie vereinen das Mutterland, ohne dass es ihnen in dieser lebensbedrohlichen

Höhe gedankt würde. Bevor sie kamen, hat man ihnen gesagt, sei das Land ein Pfuhl feudaler Leibeigener mit einer Lebenserwartung von sechsunddreißig Jahren gewesen, unhygienisch, trunksüchtig, analphabetisch. Da sei einiges an Unterrichtung notwendig. Die Sanitäter haben schicke schwarze Aktentaschen, in denen unsere Gesundheitsdaten landen.

Auch die Polizisten sind zurückhaltend, selbst als sie unsere Rucksäcke leeren. Ihre olivfarbenen Uniformen mit den purpurnen Schulterstücken wirken züchtig und angesichts des Schmutzes ringsum leicht entnervend. Als sie meine persönlichen Besitztümer und die Wäsche der letzten Tage – getragene Strümpfe, Notizen, Medizin, Thermounterwäsche, kleine Geschenke für Kinder – auf eine Bank schütten (was etwas Entwürdigendes hat), beginne ich um mein eng beschriebenes Tagebuch zu fürchten. Ein rotwangiger Offizier mit Operationshandschuhen inspiziert ein Teil nach dem anderen, kann aber kaum Englisch lesen, und schon gar nicht meine ameisengroße Handschrift. Nur die Broschüre eines buddhistischen Klosters mit einem Foto der Mönche erringt seine Aufmerksamkeit. Er sucht nach Bildern des Dalai Lama, dessen Gesicht entlang der gesamten Grenze Paranoia hervorruft, blättert durch die Seiten und fährt mit den Fingern über die Porträts lächelnder alter Männer: Lama Zöpa Rinpoche ... Lama Lhündrup ... Einmal bespricht er sich mit einem anderen Offizier, und gemeinsam untersuchen sie das Foto eines Altars, auf dem ein kleiner Schnappschuss steht. Das Foto eines Fotos, kann er das sein? Unmöglich, das sicher zu sagen. Da ist kaum ein Lächeln hinter der Brille zu erkennen.

Einen Wolf in einer Mönchskutte nennen die Chinesen ihn. Für die Tibeter ist er die Reinkarnation von Avalokiteshvara, dem Bodhisattva des Mitgefühls. Seine religiöse Andacht nimmt vier Stunden seines Tages ein, und er lehnt jede Mystifizierung seiner Person und seines Bildes als der Geist Tibets ab. Er ist ein Mensch und als solcher vergänglich. Sein Eintreten für den Frieden hat

seinem Land eine gebrochene Heiligkeit verschafft, aber keine
Konzessionen der Chinesen. Der Westen feiert ihn und staunt
über ihn. Sein Misstrauen materiellen Institutionen, selbst seinem eigenen Büro gegenüber, lässt ihn für China völlig unver-
ständlich werden.

Aber die Broschüre mit den lächelnden Mönchen landet
schließlich wieder bei mir, und eine Stunde später erreichen wir
die wartenden Geländewagen. Ein tibetischer Führer versieht uns
mit den weißen Willkommenstüchern seines Volkes, und schon
fahren wir die erst halb befestigte Straße nach Taklakot hinauf.
Hinter uns türmen sich die zurückebbenden Wellen des Himalaya in den Himmel, während das Land vor uns in uraltes Schweigen verflacht. In der dünnen Luft ist alles Unwesentliche wegge-
brannt, der Himmel leer. Wir überqueren ein vom Wind
leergefegtes Plateau. Baumlose Hügel wiegen sich karamellfarben
bis zum Horizont. Niemand sonst ist auf der Straße. Wir kommen an zwei Polizeiposten und einer verfallenen Festung vorbei
und kreuzen ein paar trockene Zuflüsse des Karnali. Die ockerfarbenen Mauern des Klosters Khojarnath (Khorchag Gönpa) bleiben hinter uns zurück. Seit den vorolympischen Unruhen im letzten Jahr ist das Misstrauen der Chinesen gegenüber den Mönchen
noch gewachsen, und wir haben keinen Zugang.

Fünfundzwanzig Kilometer weiter kommen wir nach Takla-
kot. Verblüfft sehe ich die breiten, halb leeren Straßen hinunter.
Es herrscht fast völlige Stille. Das ist Tibet, sage ich mir. Ich bin
in Tibet. Aber die Stadt ist von einer mondartigen Ortlosigkeit.
Vor einem Jahrtausend war sie die Hauptstadt eines unabhängi-
gen tibetischen Königreichs, und ihre Felshöhlen wurden zum
Zuhause von Mönchen und Händlern. Hier kreuzten sich die
Wege indischer Pilger und nepalesischer Kaufleute, die mit Reis,
Palmzucker und Waren aus dem Tiefland handelten. Die örtli-
chen Drokpa-Tibeter tauschten hier seit alters ihre Wolle und
Salz ein, die Khampa-Nomaden Ziegeltee.

Heute besitzt die Stadt die ausgeweidete Atmosphäre zahlreicher chinesischer Grenzorte. Im modernen Teil, einem Gitterraster ausgedörrter Straßen, drängt sich die Vorhut der neuen Zivilisation unnachgiebig in den Vordergrund: die China Post, die Agricultural Bank of China, China Mobile. Die tibetischen Läden mit ihren geweißelten Fassaden und den Dächern aus verdichteten Ästen stehen Seite an Seite mit chinesischen Restaurants und Friseursalons, Geschäfte scheint jedoch niemand zu machen. Die höhlenartigen Innenräume sind nur dürftig erleuchtet, und vieles sieht völlig verlassen aus. Soldaten in Drillichhosen und Turnschuhen warten vor dem Li-Fei-Nachtclub – wir befinden uns in einer Garnisonsstadt –, und Polizeiwagen strecken ihre Hauben aus Nebenstraßen.

Wir erreichen ein steriles Gelände, wo Reisende in Schlafsälen und kahlen Zimmern isoliert werden. Die Tore hängen voller Warnungen vor der Schweinegrippe. Vielleicht sind wir ja in die Zeit vor Deng Xiaoping zurückgerutscht, als Ausländer und Chinesen, von den Tibetern gar nicht zu reden, streng voneinander getrennt wurden. Unser Gepäck wird ein weiteres Mal geleert, und das Militär prüft unsere Papiere. Wir befinden uns in einer sensiblen Gegend, und seit den Unruhen im letzten Jahr sind die Chinesen noch nervöser und repressiver geworden.

Ich gehe hinaus in den frostigen Abend. Irgendwo hinter diesen Straßen, über einem unsichtbaren Fluss, muss sich das Marktviertel unter Felsen ausbreiten, und ich taste mich mit meinem Kompass voran, verlaufe mich in Sackgassen, zwischen verfallenden Mauern und Betonkasernen. Endlich klären ein paar Weiden den Blick. Unter mir tut sich die Schlucht des Karnali auf, wo wachsweicher, von Schmelzwasser zerschlitzter, zerklüfteter Fels von Höhlen durchzogen wird, die immer noch bewohnt sind. Zu ihren Füßen stehen die weißen tibetischen Häuser, in deren Mauern sich nach oben verjüngende Türen und hohe, vergitterte Fenster eingelassen sind. Hier scheint alles auf magische Weise vollständig. Beschwingt überquere ich die Hängebrücke und freue mich auf die Ladengassen voller hektischer Inder, Humlaer und Tibeter, verschnürter Wollewolken und Salzpyramiden, die mich so plötzlich wie wild umfangen würden.

Aber ich komme in eine Geisterstadt. Ein paar Eingänge grüßen noch hübsch mit Wandbildern bemalt, doch die meisten sind verfallen, die Räume dahinter entleert, die Fenster vernagelt, Blechschabracken baumeln lose an ihren Stürzen. Ich gehe die Straße hinauf und sehe Seitenweg um Seitenweg das gleiche Bild zahlloser Phantomläden. Ein kalter Wind kommt von Westen her auf. Kaum eine Seele ist zu sehen, und hier und da steht wie in einem surrealen Traum ein Billardtisch hochkant im Schmutz.

Ich frage eine Gruppe tibetischer Frauen, was geschehen ist, aber ihr Mandarin ist noch schlechter als meines. Den Sommermarkt gibt es seit zwei Jahren nicht mehr, sagen sie, die Chinesen haben ihn verboten. Sie gestikulieren in die Richtung hinüber, aus der ich gekommen bin: Alles ist in den neuen Teil verlegt worden. Ihr Lächeln ist voller Resignation.

Eine etwa mannshohe Mani-Steinmauer erhebt sich am Ende der Straße. Tausende beschrifteter blassrosa Steine türmen sich da, gekrönt von rosa bemalten Yakschädeln. Die Mauer schützt natürlich nichts und hält auch niemanden von etwas fern. Sie ist ein Ort der Massenandacht, den es betend zu umkreisen gilt (allerdings ist keine Menschenseele zu sehen). Dazu sollten die eingemauerten Gebetsmühlen mit frommen Gedanken gedreht werden.

Dahinter treten die weißen Mauern von Tsegu Gönpa, dem Neunstöckigen Kloster, aus einer mit Fenstern und offenen Türen durchsetzten Felswand. Galerien laufen Käfern gleich über die Schräge, von absinkenden Pfeilern gestützt, doch die Stufen zu ihnen hinauf sind tief in den Fels geschnitten, sodass die mit Ocker bespritzten Balkone wie bei einem verfallenden Palast immer wieder in der Wand verschwinden.

Zitternd steige ich durch das Tor und rufe in die Höhe, ohne dass ich jemanden sehen könnte. Nur ein Zeremonienmast erhebt sich aus dem Hof. Nach langer Zeit erscheint über mir ein rasierter Kopf und verschwindet wieder. Ich rufe hinauf, dass ich gerne hineinkäme, aber nichts geschieht. Niedergeschlagen warte ich im vergehenden Licht und frage mich, ob mich in diesem Land alle Klöster so ausschließen werden wie dieses. Leise klingeln auf den Balkonen Gebetsglocken im Wind. Vorsichtig erscheint der Kopf wieder und verschwindet. Endlich öffnet sich eine Tür im Fels. Der Mönch wirkt jung und verängstigt. Er spricht keine Sprache, die ich verstehe, führt mich jedoch durch andere Türen über einen in die Schräge geschnittenen Gang und eine fast in der Dunkelheit verschwindende Metallleiter steil nach oben. So taste ich mich durch mehrere luftlose Räume mit vom Lampenrauch geschwärzten, düster herunterhängenden Decken, in deren Ritzen chinesische Banknoten stecken. In der Dunkelheit sehe ich heilige Fahnen an den Wänden hängen, viele verblichen und verrottend, und die womöglich wertvollen, aus dem 13. Jahrhundert stammenden Wandbilder hinter ihnen sind derart verdreckt, dass ich kaum etwas darauf ausmachen kann.

Wir kommen in die Hauptkapelle. Die Bänke für die betenden Mönche und der Thron des Abts sind spielzeugartige Nachbildungen des Gestühls größerer, bedeutenderer Klöster. Aber der junge Mönch scheint mit Stolz erfüllt und nennt mir nervös die Namen der Statuen, von denen ich die meisten nicht kenne. Sie hocken in abgeplatztem Putz, und ihre blauen und orangefarbenen Körper sind mit gelben Tüchern umhüllt. Nur hier und da fällt etwas Licht auf sie und lässt Gesichter von greller Indifferenz sehen, billigen Schmuck, vortretende Augen, Anemonenlippen. Mitunter zittert eine Gruppe Lampen unter einem Altar, die allein dieser junge Mönch nachzufüllen scheint. Er deutet auf Buddha Shakyamuni, dann auf Padmasambhava, der einen schwarzen Schnauzbart in seinem toten-

bleichen Gesicht trägt und dessen Gefährten ihn in aufgemal-
tem Gold flankieren.

Im Halbdunkel gehe ich zurück über den Fluss. Hinter mir
wächst die durchsiebte Felswand schwarz über dem Tal auf. Noch
ein Stück weiter in derselben Richtung streckt das ehedem bedeutende Kloster von Shepeling seine Ruinen den aufgehenden
Sternen entgegen. Vor sechzig Jahren bedeckte das Eremiten-
kloster den Grat neben der Festung des Distriktgouverneurs, des
Herrschers von Purang, einhundertsiebzig Mönche lebten dort,
es gab eine Novizenschule, eine riesige Bibliothek und vierhundert wertvolle Gemälde auf Stoff. Aber 1967, während der Kulturrevolution, machte die chinesische Artillerie Shepeling dem Erdboden gleich und ließ nur wenige dachlose Mauerreste und
Stümpfe stehen, die sich in der Nacht über mir verlieren. Zwar
waren, wie ich später hörte, ein paar Mönche heimlich zurück in
die Ruinen gezogen, doch die geschändete Silhouette ragte immer noch ungesühnt ins Dunkel wie eine Warnung an die geteilte
Stadt darunter.

Nachdem die Chinesen diesem Land bereits seit 1950 mit
Massentötungen und Vertreibungen übel zugesetzt hatten, traf
die Kulturrevolution mit ihrer Zerstörung alles Alten noch weit
tiefer ins Herz seiner Bewohner. Begleitet von Hinrichtungen
und öffentlichen Demütigungsritualen wurde Buddha als Reak-
tionär denunziert, wurden alle sichtbaren Spuren des Buddhismus
vernichtet, sakrale Bilder in Latrinen versenkt und heilige Schriften zu Schuhen für die in Ungnade gefallenen Mönche verarbei-
tet. 1976 existierten von den ursprünglich mehr als sechstausend
tibetischen Klöstern und Tempeln nur mehr dreizehn.

Wie viel materiellen Wohlstand müssen die Chinesen in dieses Land gießen, bevor sie davon träumen können, seine zutiefst
buddhistische Seele zu verführen? Wo die Tibeter etwas Spiritu-
elles spüren, sehen die Chinesen nichts als Aberglauben, und als
die Besatzer das Kloster Shepeling mit seinen wertvollen Schrif-

ten und riesigen Seidenbildern zerstörten, sagten sie, sie hätten
die Reste eines feudalen Zauberglaubens beseitigt, zusammen mit
dem Schädel, aus dem der oberste Lama trank, und dem in einem
Schrein aufbewahrten Hoden eines zum Götzen gemachten Krie-
gers.

Kapitel Zehn

Eine steile Straße trägt unsere Geländewagen nach Norden. Hinter uns bedeckt der Hochhimalaya den Horizont, während sich nach vorn hin eine orange- und schwefelfarbene Wildnis öffnet, in der sich der Karnali langsam verliert. Das siebentausendsiebenhundert Meter hohe Massiv des Gurla Mandhata, abseits vom Himalaya stehend und in sein eigenes strahlendes Licht getaucht, drängt von Osten heran, und mein tibetischer Fahrer, auf dessen Armaturenbrett sich die Fotos schutzspendender Lamas wiegen, fängt leise an zu singen.

Beim Dorf Toyo, westlich von uns, fand der eindrucksvollste Invasor Tibets des 19. Jahrhunderts sein Ende. Der indische General Zoravar Singh marschierte in Diensten eines locker föderierten Sikh-Reiches und hatte bereits Ladakh und Baltistan erobert, womit er eine der Grenzen des modernen Indien schuf. Im

Frühling des Jahres 1841 drang er mit etwa fünfhundert Mann aus
Kaschmir vor und nahm sämtliche Festungen auf seinem Weg
ein. Bei Taklakot schlug er eine achttausend Mann starke tibetische Armee in die Flucht, trennte sich dann aber mit einem kleinen Kontingent von seiner Truppe, um seine Frau zurück in die
Sicherheit Ladakhs zu bringen. Das hatte verheerende Folgen:
Bei seiner Rückkehr fing ihn eine chinesisch-tibetische Einheit
bei Toyo ab und vernichtete sein Kommando.

So machtvoll waren die Legenden, die diesen Zoravar Singh
umgaben, dass ihn nur, wie es hieß, eine goldene Kugel zu Fall
bringen konnte. Anschließend wurde sein Körper in kleinste Bissen zerhackt und in den örtlichen Haushalten aufgehängt. Selbst
das Körperhaar, das ihn »wie Adlergefieder« bedeckte, rupften sie
ihm aus, um so das Glück zu beschwören. Und alle vier Jahre wurde im großen Kloster Shepeling sein dort aufbewahrter Hoden
zum Objekt eines seltenen tantrischen Ritus, bis ihn die Artillerie
der Kulturrevolution begrub. Einst gab es in Toyo ein gemauertes
Grab, das die blanken Knochen des Generals umschloss, doch als
indische Pilger 1999 danach suchten, fanden sie nichts als Schutt.
Heute haben die Tibeter die Steine wieder zusammengetragen
und einen groben, von Fahnen und Wimpeln umgebenen Chörten damit erbaut, an dem sie dem Eindringling Mantras zumur-
meln.

Wir kommen höher, und der Himmel wird leicht und dünn.
Das Wasser, das sich vom Gurla Mandhata löst, breitet kleine,
spinatgrüne Weiden auf die Hänge, bevor die Wildnis zurückkehrt. Wir passieren ein paar Straßenbaulager und eine verfallen-
de Burg. In weniger als einer Stunde haben wir tausend Höhen-
meter überwunden. Hier und da ist ein in Trümmern liegendes
Kloster zu sehen, und unter fernen Bergen grasen Nomadenher-
den auf kaum einem Rest Grün. Dann, in viertausendneunhun-
dert Metern Höhe, wo der Horizont voller fahnengeschmückter
Steinhügel ist, erklimmen wir den Thalladong-Pass und machen

benommen Halt. Wir blicken auf ein Land wie von einem anderen Planeten. In einem halbmondförmigen, raumlosen Schweigen reckt sich ein riesiger See unter uns in den Blick. Er scheint vollkommen ruhig und strahlt in der kargen Ebenmäßigkeit des Plateaus eine harte Reinheit aus, wie eine Art Grundelement. Seine Farbe, ein heftiges Pfauenblau, kommt fast wie ein Schock. Es gibt keinen Vogel oder windgeschüttelten Busch, der ein Geräusch verursachen würde. Und in der gereinigten Ruhe hoch über allem, über verschwimmenden Bergausläufern schwebend, als hinge er im Himmel, leuchtet der Kegel des Kailash.

Der Anblick ist so herzzerreißend, dass er Pilger aufschreien und zu beten beginnen lässt. Selbst unsere erfahrenen Trekker steigen aus ihren Geländewagen. Außer dem nackten Erdbraun der Bergausläufer, dem Weiß des Schnees und dem Glanz des gespiegelten Himmels scheint es keine Farben mehr auf der Welt zu geben. Alles andere ist wegdestilliert. Die Südseite des Kailash ist mit der Illusion einer langen, senkrecht auf ihn hinaufführenden Treppe kanneliert, wie für Geister gemacht. In achtzig Kilometern Entfernung leuchtet der Berg in überirdischer Einsamkeit. Bar jeden Lebens, scheint die Welt vor uns Teil einer heiligen Vorgeschichte, der alle menschlichen Komplikationen fremd sind.

Aber der See ist ein unsicherer Kandidat, was seine Heiligkeit betrifft. Er heißt Rakshastal, der See der Dämonen, und wird von fleischfressenden Hindu-Geistern bewohnt. Nur ein in der Kulturrevolution zerstörtes Kloster hat je sein Ufer berührt. Pilger meiden ihn. Sein Umriss gilt als dunkler und grüblerischer als der heilige See Manasarovar gleich daneben, dessen Kreisform die Sonne widerspiegelt. Man sagt, er wird von Winden und Eisschollen gequält, und er soll versunkene Berge bedecken. Sein Wasser war einst ein dunkles Gift, doch ein goldener Fisch aus dem Manasarovar schnitt einen Kanal zu ihm hin, durch den der sonnenerleuchtete See in den schwarzen floss und ihn erlöste. So sind die

Mondwasser des Rakshastal die dunkle Ergänzung – und übersinnliche Erfüllung – des Manasarovar.

Es geht sanft vom Pass hinunter, und eine Weile lang verschwindet das Wasser aus dem Blick, doch Minuten später schon erscheint östlich eine andere blaue Nadel, dunkler als die erste, und wir fahren zum Manasarovar hinunter. Als wir an einem hinduistischen Gästehaus vorbeikommen, fürchte ich plötzlich, dass der heiligste aller Seen dieser Welt – für ein Fünftel der Weltbevölkerung ist er das – trotz aller Einsamkeit verschmutzt und bebaut worden ist. Dann öffnet er sich vor uns, unberührt. Sein Wasser strahlt mit der gleichen unergründlichen Intensität wie das des Rakshastal, doch das Pfauenblau hat sich zu einem reinen Kobalt verdunkelt, umrahmt von schneebedeckten Bergen, die von einem Horizont zum anderen reichen. In einer Höhe von viertausendfünfhundertneunzig Metern ist der Manasarovar der höchstgelegene Süßwassersee seiner Größe auf der Erde. Über vierhundert Quadratkilometer Wasser leuchten unterhalb der Kette aus Schnee, sodass die Pilger, die ihn umrunden, siebenundachtzig Kilometer zurückzulegen haben. Kein Leben stört das Wasser, als wir uns ihm nähern. Nur hier und da überziehen Brisen die Oberfläche mit Spuren, als wären unsichtbare Schiffe vorbeigekommen.

Tatsächlich darf kein Boot den See befahren, und auch das Fischen ist nicht erlaubt. Es gab eine Zeit, da selbst das Jagen in diesem heiligen Land unbekannt war. Besucher können sich noch erinnern, scharenweise grasende wilde Esel gesehen zu haben – ich selbst sehe nur einen einzelnen scheu in der Ferne –, dazu Murmeltiere und Hasen, die sie unschuldig aus nächster Nähe betrachteten. In den letzten fünfzig Jahren hat sich das geändert. Aber selbst heute noch, als wir auf Seehöhe ankommen, fliegt eine Schar Gänse mit unheimlichem Flügelrauschen auf, und Wasservögel nisten und stolzieren kaum einen Steinwurf von der Stelle umher, wo wir unser Lager aufschlagen. Kilometerweit sprenkeln sie das Ufer.

Wenn ich hier zwischen den Vögeln stehe, habe ich den ganzen See im Blick. An seinem südlichen Ende erheben sich schneehell die aufsteigenden Höhen des Gurla Mandhata, während im Norden, hinter Wellen brauner Gebirgsausläufer, der Kailash ins Blau emporragt. Diese beiden weißen Gipfel beherrschen den See. Zwischen ihnen wirkt seine indigoblaue Leere kalt und vorzeitlich. Die Tibeter nennen ihn Tso Mapham, den Unerreichten See, oder Rinpoche, den Wertvollen. Die gedämpfte Stille scheint dieses konzentrierte Wasser wie zu einem Juwel zu gefrieren. Sowohl in den buddhistischen wie den hinduistischen Schriften wird das Universum aus solch einer Urmaterie geboren. Ein kosmischer Wind weht das Wasser in die Welten, und der Gott Vishnu, der so gut wie auf ewig im Ozean träumt, schafft durch schiere Willenskraft aus Einheit Vielfalt. Die Geologie selbst erhöht die Merkwürdigkeit des Sees noch, denn der Manasarovar ist ein spätes Fragment des Thetysmeers, das durch das Aufwachsen des Himalaya fast entleert wurde.

Besonders für die Hindus ist der See auf mystische Weise mit dem Berg vermählt, dessen phallischer Kegel in der Vagina seiner dunklen Wasser eine Antwort findet. Bereits im 2. Jahrhundert platziert das große Epos Ramayana in seiner Beschreibung des tibetischen Plateaus den Kailash neben einem großen See, hinter dem sich die endlose Nacht ausbreitet. Der Manasarovar, sagt man, wurde durch das Denken Gottes geschaffen. Er ist die Blume des ersten Bewusstseins. In einer Zeit vor den Schriften kam eine Gruppe Seher hierher, um Shiva zu huldigen, dem Gott der Zerstörung und der Veränderung, der auf dem Kailash meditiert. Um ihre Waschungen zu ermöglichen, brachte Brahma, der Urvater der Schöpfung, dieses Sternenwasser aus seinen Gedanken hervor. Der See wurde zur Kinderstube der Götter, und manchmal schwimmt Shiva als goldener Schwan auf ihm. In seinem Zentrum, ungesehen von einfachen Augen, tut sich der König der Schlangen mit seinem Volk am Baum des Lebens gütlich, dessen Früchte golden reifen, ins Wasser fallen und ihnen Unsterblichkeit schenken. Im 6. Jahrhundert wurde der Manasarovar in den klassischen Puranas zu einem ausgewachsenen Paradies. Die Wurzeln in der Schlangenwelt unter sich, breitet sich der Baum über den Himmel, und der See ist voller badender Himmelswesen und verklärter Musik.

Auch Buddhas Mutter badete in diesem reinen Wasser, bevor sie ihn empfing, und der Schlangenkönig unterrichtete hier seine *lu*-Wassergeister, wie es ohne Unterschied im Hinduismus und Buddhismus hieß. Als Buddha und seine fünfhundert fliegenden Schüler auf ihrem Weg zum Kailash am Manasarovar landeten, setzte die Schlange sie auf goldene, auf dem See verteilte Throne, wo die Hindu-Schwäne bereits sangen.

Diese übernatürlichen Vorgänge haben ihre Spuren am Ufer hinterlassen. Im Osten ist es mit merkwürdig schweren Kieseln gestreift, polierten kleinen Edelsteinen gleich, und die verlassenen Gruben in den Hängen hinter uns erinnern an die Goldsucher, deren Verletzung dieser heiligen Erde mit einer Pockenepidemie bestraft wurde. Es heißt, hier sei vor einem Jahrhundert ein Goldklumpen in der Form eines Hundes ausgegraben und aus Angst oder Frömmigkeit der Erde wieder zurückgegeben worden. Heilige Überlieferungen haben das karge Leben um den See herum insgesamt mit Magie aufgeladen. Die Leute sagen, dass die Kräuter des Sees gegen jedwede Krankheit helfen, und wenn Fische tot ans Ufer gespült werden, vertreibt ihr Rauch alle bösen Geister. Das Wasser des Sees, vom Sterbenden getrunken, schickt dessen Seele ins Paradies, und wenn sein Sand in den Mund eines Toten gefüllt wird, verhindert das die Wiedergeburt als Tier.

Wie ein Pilger gehe ich im Uhrzeigersinn am Ufer entlang. Die Sonne brennt mit reinigender Kraft, und der graue Sand ist weich unter meinen Füßen. Auf fast viertausendsechshundert Metern Höhe fühlt sich die Luft leicht an. Mein Herz schlägt heftiger, und meine Füße bewegen sich wie benommen über den Sand. Die Entfernungen sind in dieser klaren Luft größer, als sie zu sein scheinen. Ich steuere auf eine nahe Landzunge zu und habe sie nach zwei Stunden immer noch nicht erreicht. Alles sieht näher, aber kleiner aus, als es ist. Und die wenigen Geräusche, ein schwaches Piepsen, ein Pfeifen, unterstreichen die Stille noch. Das gesamte Ufer hinunter, zwischen dem reinen Blau des Sees und dem gelben Land, schaffen Blesshühner und Seeschwalben einen Streifen sich hin- und herbewegenden Lebens. Sie sind zahm in ihrer entliehenen Heiligkeit und fliegen nicht weg, wenn ich vorbeigehe. Bald schon wandere ich durch ganze Kolonien von Wasservögeln, als wäre ich unsichtbar. Schwarzköpfige Möwen trippeln in Scharen am Ufer entlang, Strandläufer stelzen durchs seichte Wasser, und Rotschenkel stochern in der angrenzenden weichen Erde. Vorn im Wasser waschen Rostganspärchen ihr kupferfarbenes Gefieder, rufen einander mit einem weichen, vertrauten Zweitonruf und beginnen zu glucksen. Ich bin versucht, etwas ins Wasser zu waten, wo die Haubentaucher auf ihren Flößen aus Zweigen hocken. In zehn Metern Entfernung scheinen ihre Dolchschnäbel und schwarz gefiederten, tizianrot gesprenkelten Köpfe fast mit den Händen greifbar. Manchmal tauchen sie plötzlich weg oder rufen traurig ins Nichts.

Als ich die Landzunge umrunde, kommt ein leichter Wind auf, und Miniaturwellen brechen an den Felsen. Direkt vor mir schiebt sich ein Sporn weißer Steine ins Wasser, die unnatürlich glitzern. In dieser schillernden Luft fühle ich mich seltsam hochgestimmt, unwirklich. Fünfzig Kilometer entfernt versilbert der Gurla Mandhata das Wasser. Vor meinen Füßen sind Steinplatten aufgestellt und mit Gebeten beschriftet worden. Welche Mönche oder Pilger das getan haben, ist unmöglich zu sagen. Ein Stein ist um die in einem verwitterten ockerfarbenen Relief hervorstehenden Worte schwarz abgeschlagen: *Om mani padme hum.* Die Worte wiederholen sich wie tiefes Atmen. Die Platten sind stumm zum See ausgerichtet oder vielleicht auch zum Gurla Mandhata, dem Zuhause der örtlichen Regengöttin, benannt nach dem legendären König, der dort Erlösung fand.

Hoch auf dem Ufer über mir erscheinen verfallene Mauern
und Türme aus grob gemauerten Steinen. Ich erklimme einen
Hang aus reinem Staub. Es gibt nichts als zerstörte Räume und
den Duft von Beifuß. Ich befinde mich, wie mir bewusst wird, in
den Überresten von Serkyi Cherkip Gönpa, dem Kloster der Goldenen Vögel, wo Buddha und seine Schüler landeten, um dem
Kailash zu huldigen. Vor vierzig Jahren, während der Kulturrevolution, wurde es zerstört. Bis dahin waren acht kleine Klöster in
etwa gleicher Entfernung wie ein Mandala um den See angeord-
net gewesen, und jedes von ihnen symbolisierte eine Speiche im
buddhistischen Lebensrad, was bedeutete, dass die Pilger, die den
See umrundeten, das Rad in Richtung Erlösung drehten. Sechs
dieser Klöster sind wieder aufgebaut worden, sie zählten aber nie
viele Mönche. In Cherkip gab es vor hundert Jahren nur einen
einzigen. Morgens und abends läutete er die bronzene Glocke
über dem leeren Wasser, ohne dass jemand sie hörte.

Es sind die Hindus, die den See am tiefsten verehren, und doch
haben die meisten von ihnen die *parikrama* oder *pradakshina* – wie
sie das rituelle Umkreisen nennen – vor langer Zeit schon aufgegeben. Vielleicht weil der Manasarovar aus dem Denken Brahmas
geboren wurde, dessen Paradies vergänglich ist, suchen sie ihre
endgültige Errettung lieber am Kailash, dem Sitz Shivas, durch
dessen Anbetung sie über verschiedene Inkarnationen zum ewi-
gen Frieden gelangen. Dennoch baden sie auch heute noch lei-
denschaftlich im seichten Uferwasser, was sie von den Sünden
vergangener Leben befreit.

Hinter den Ruinen stoße ich oben auf dem Hang auf eine dreißig Meter lange Mani-Steinmauer, deren Steine in ungeordneten
Schichten auf den Felsen gehäuft sind. Einige der Gebete sind
kunstvoll in sie eingraviert. Selbst die Rotgardisten sind, wie es
scheint, daran verzweifelt, die unendliche Anzahl Steine zu zerstören. Mönche haben sie Jahre später wieder zusammengetragen, die ganzen wie die zerschlagenen, und jetzt ragen sie seltsam

in die Stille. Der schieferartige Stein ist blaugrau, graugrün und viel weicher als Tafelschiefer. Unter seine gebrochenen Stimmen mischt sich das Geräusch der Wellen, die unten gegen die Landzunge schlagen. Der Wind wird stärker.

Als ich den weißen ins Wasser hinausreichenden Sporn erreiche, stelle ich fest, dass er gar nicht aus Steinen besteht, sondern aus glitzerndem Eis. Staunend befühle ich seine verdichtete Kälte. Die Junisonne brennt vom Himmel, und die Eisbrocken sind hart wie Stahl. Sie könnten aus einer anderen Zeit emporgewachsen sein. Ich habe vergessen, dass der See noch im Mai ein Schlachtfeld kollidierender Eisschollen war. Im Winter sinkt der Wasserstand unter der gefrorenen Kruste, die regelmäßig unter ihrem eigenen Gewicht zusammenbricht. Dann gefriert alles neu, bis die Oberfläche zu einem türkisfarbenen Muster knapp zwei Meter langer Kämme zersplittert ist. An Land, schrieb der indische Svami Pranavananda, der den winterlichen See vor siebzig Jahren studierte, begraben grelle Schneestürme die Tiere gleich herdenweise, Wildesel sterben aufrecht auf allen vieren in den Wehen. Am Rand des Sees liegen Hunderte Fische eingefroren im durchsichtigen Eis, und selbst Schwäne mit ihren Jungen kommen um, zerdrückt zwischen brechenden Schollen. Einige Tage, bevor er auftaut, bricht der See in lautes Ächzen und Stöhnen aus, durchmischt mit Geräuschen, die menschlichen Schreien und dem Klang von Musikinstrumenten gleichen. Die eisigen Platten und Prismen schlagen gegeneinander und schieben sich in die Höhe, die Oberfläche birst und klafft meterweit auf. Mehr als ein Kubikmeter große Eisblöcke werden an Land geschleudert und türmen sich dort wie dieser verwitternde Eissporn, der größer ist als ich selbst und auf wundersame Weise zusammenhält.

Gut anderthalb Kilometer vom Lager entfernt erhebt sich ein einzelner Hügel, einem riesigen Termitenbau gleich. Seine Klippen zerfallen, aber auf der Spitze ist das Kloster Chiu, Kleiner

Vogel, in die Spalten und Höhlen geputzt, und die geweißelten
Kapellen und Zellen wirken wie Zeitgenossen der Felsen, auf denen sie stehen. Steinige Wege und Treppen führen durch die
Anlage, und an Steinhaufen und aufragende Felsen gebundene
Schnüre mit Gebetswimpeln dehnen sich wie eine Schiffstakela-
ge im Wind. Die schlanke Gestalt am Fuß des Hügels erweist
sich als Ram, der allein hergewandert ist. Sein Blick auf das Kloster zeugt von Verwirrung oder Missbehagen, sodass ich mich
frage, welchem Glauben er angehört. Aber er sagt: »Meine Leute wissen nichts über Religion. Sie sind sehr arm.« Sein Englisch
klingt schüchtern und verhalten. »Sie wissen kaum, ob sie Hindus oder Buddhisten sind. In meinem Dorf geht alles durcheinander.«

»Haben Sie keinen Tempel?«

»Es gibt einen Lama, der angefangen hat, einen zu bauen. Die
Hälfte der Mauern hat er mit *thangka* bedeckt, dann ging das Geld
aus ...«

Sein Dorf liegt fernab, sagt er, irgendwo östlich vom Everest,
und seine Eltern sind alt, seine Mutter siebenundsechzig, sein Vater zweiundsechzig. »Mein Vater ist krank, er hat Schmerzen um
die Brust. Aber meine Mutter ist sehr stark. Sie bauen Gerste und
Gemüse an und tauschen es gegen Reis ein. Davon leben wir.« Er
lächelt tapfer. »Und ich habe ein kleines Mädchen ...«

»Und Ihre Frau?«

»Meine Frau ist fünfundzwanzig.«

Ich sage halb lachend, wie um die Taktlosigkeit zu übertün-
chen: »Da ist noch Zeit für mehr Kinder.«

Ram antwortet ernst: »Nein. Wir wollen nicht noch mehr.
Wir denken, ein Kind ist genug. Die Familien in Nepal werden zu
groß, und es wird schwer, sie zu ernähren.«

Ich wundere mich kurz über diese unerwartete Antwort, über
Iswor, der erst mit vierzig heiraten will, und Ram, der keinen
Sohn möchte. Der Wind zieht an den Gebetswimpeln über uns,

die Sonne neigt sich dem Horizont zu. Ich sage: »Gehen Sie ins Kloster hinauf?«

Aber er antwortet bloß: »Es gibt nichts, worum ich bitten will«, und geht zurück.

Ein rauer Pfad windet sich zwischen mit Gebeten behangenen Felsen und Spalten hindurch. Ich klettere in einen Hof und betrete eine Gebetshalle, in der ein Novize singt. Vor hundert Jahren untersuchte der schwedische Entdecker Sven Hedin die Wandbilder im nahen Kloster Trügo und erkannte den Gott des Sees, der auf einem rosa Pferd ritt, und der Fischgott reckte sich aus den Wellen, um ihn zu begrüßen. Aus dem Kopf des Fischgotts ergossen sich Schlangen, und sein Körper verjüngte sich zu einem Delfinschwanz. Aber alles, was ich hier sehe, ist neu: Kein Fresko ist den Rotgardisten entgangen, und der Novize schiebt mich weg und zeigt auf einen anderen Pfad. Er führt direkt unter den Felsen her. Der See unter mir verdunkelt sich im schwindenden Licht, doch der Kailash steigt immer noch klar darüber auf. Leichte Wolken treiben über den Himmel.

Ein Mönch erscheint auf dem Pfad vor mir und wartet. Er hat einen Backenbart und wirkt gebrechlich, der Wind hat sein Gesicht zu Teak poliert. Er öffnet ein mit Blech eingefasstes Tor, auf dem eine »2« steht und das fast aus den Angeln bricht. Dahinter leuchtet eine überraschend kunstvolle Doppeltür zinnoberrot im Fels. Ihre Blätter sind mit Messing verziert und hängen voller Tücher. Es geht hinab in ein mittlerweile vertrautes Dunkel, ich kann kaum erkennen, wohin ich trete. Die Decke der tiefer werdenden Höhle kommt näher und ist rußgeschwärzt. Lampen flackern in Kreisen isolierten Lichts. Tief in seiner Nische kann ich das goldene Schimmern Padmasambhavas ausmachen. Seine Hände halten einen Blitz.

Das ist seine Höhle. Der Glaube besagt, dass Tibets größter Heiliger hier mit seiner Gefährtin Yeshe Tsogyal die letzten sieben Tage seines Lebens in geheiligter Trance verbracht hat. Dann

»nahm er den Regenbogenkörper an« und ließ allein sein Haar und seine Fingernägel zurück – und seine treue Witwe, die sich niederließ und sein Leben aufschrieb. Der alte Mönch neben mir murmelt etwas und sieht mir halb blind in die Augen, aber ich kann ihn nicht verstehen. Einmal deutet er auf eine Statue in der Nische neben dem Heiligen und flüstert: »Yeshe Tsogyal!«, doch ich kann nur eine staubblau oder grau bemalte, mit Perlen umwickelte Form sehen, aus der schmal zulaufende Fingernägel herausragen und sich segnend berühren.

Ganz hinten in der Höhle, wo das Licht nur noch ein Schimmern ist, hängt ein riesiger steinerner Fußabdruck an der Wand. Von Rauch und Verehrung gedunkelt, glänzt der Stein schwach durch den Schmutz frommer Hände. Er scheint frei an einem Zeremonialband zu hängen, aber als ich ihn berühre, stelle ich fest, dass er aus der Höhlenwand hervorwächst: geformt wie eine riesige Sandale. Der Mönch hat mich vergessen und singt den Abdruck mit verklärten Augen an. Padmasambhava, so scheint es, hat solche Spuren in ganz Tibet hinterlassen, als hätte der Stein unter der heiligen Erde ihn erkannt.

Er schreitet in einer legendenreichen Geschichte zu uns herab. Im 8. Jahrhundert kam er, vielleicht, aus dem Swat-Tal ins heutige Pakistan, wo der Buddhismus bereits seinen Niedergang erlebt hatte. Auch in Tibet hatte die ältere Bön-Religion das Land zurückerobert, und der Buddhismus verblasste. Aber Schilderungen aus der Zeit sind voll mit von Padmasambhava gewirkten Wundern. Sein Leben spiegelt dasjenige des Buddha. Aus einer Lotusblüte geboren, wird er von einem nordindischen König adoptiert und erreicht seine Erleuchtung im Exil, wo er von tantrischen Yogis geliebte Verbrennungsplätze besucht. In Tibet wird er von *dakini,* Himmelstänzerinnen, unterrichtet, überquert die Berge und bekehrt Könige, Kriegsgötter und Teufel gleichermaßen. Zweimal entgeht er der Opferung, indem er die Scheiterhaufen in Wasser oder Sesamöl verwandelt und inmitten der Flammen auf einem ruhigen See inthronisiert erscheint. Seine übergroßen Hand- und Fußabdrücke gibt es überall im Land. Als Emanation des Buddha Amitabha wird er schließlich im Tod unsterblich, hinterlässt Hunderte verborgener Schätze, vorausahnende Texte, und schreibt »Das Tibetische Totenbuch«.

Die Schule der Nyingma, der Alten, deren Kloster ich in Yalbang besucht habe, feiert ihn als den zweiten Buddha. Er ist es, sagen sie, der das verlorene Wissen des Landes wiedergefunden hat, das sie, die Nyingma, am strengsten bewachen.

In älteren Geschichten ist Padmasambhava weniger bedeutend. Es scheint, dass er zum Synonym für eine ganze Reihe Yogis wurde, die um das 8. Jahrhundert nach Tibet kamen. Das Kloster von Chiu, wo ich unter seinem Sandalenabdruck hocke, ist womöglich nicht einmal dreihundert Jahre alt, und in den ältesten Aufzeichnungen über ihn ist der Heilige nichts als ein wandernder Wünschelrutengänger, der niemanden bekehrte.

Das alles bekümmert die Kagyü-Mönche von Chiu jedoch nicht, genauso wenig wie zweifelhafte Heilige die christlichen Gläubigen stören. Langsam führt mich der alte Mann aus der Höhle, in der Padmasambhava meditiert hat – oder auch nicht –, und ich lege etwas Geld auf seinen Altar. Vom alten Gesicht des Mannes, seinen schildkrötenhaften Bewegungen und dem Gesang im Tempel ist nur schwer darauf zu schließen, wie weise oder träge diese Mönche wirklich sind.

Ausländern hat es sich immer so dargestellt: Lange vor der chinesischen Invasion berichteten Reisende von Klöstern, die von Apathie und Auswendiglernen gezeichnet waren. Vor etwas mehr als einem Jahrhundert schreckte der japanische Mönch Kawaguchi vor ihrer Unmoral zurück (die heiligen Schriften wurden sogar als Toilettenpapier benutzt, berichtete er), und Svami Pranavananda, der über viele Jahre hin ungefähr fünfzig Klöster besuchte, nannte nur zwei Lamas, die er schätzte.

Als der alte Mann mich jetzt ansieht und lächelnd etwas flüstert, möchte ich zu gerne wissen, was er sagt. Westliche Fantasien über Tibets geheime Weisheit steigen ungebeten in meinen Gedanken auf. Seine Worte sind rau und verblassen. Hilflos erwidere ich seinen Blick. Lauert da etwas Wichtiges hinter diesen so einfach wirkenden Augen? In zögerlichem Mandarin stelle ich ihm ein paar Fragen, aber er versteht mich nicht. Ich betrachte die verstaubten Schriften, Tanjur und Kanjur, auf den Regalen des Tempels. Sie scheinen kaum benutzt zu werden, sondern sind reine Objekte der Anbetung.

Die Blechtür klappert hinter mir, und der Mönch ist verschwunden. Die Dämmerung ist kalt und klar. Unter mir sehe ich im Zwielicht den Kanal, den Ganga Chu, den der goldene Fisch zum Rakshastal gegraben hat. Der unregelmäßige Wasserfluss, der die mystische Verbindung der beiden Seen schafft, oder auch nicht, folgt dem Willen des Schlangenkönigs und sagt die Zukunft Tibets voraus. Über dreißig Jahre war der Kanal nach der chinesischen Invasion salzig oder knochentrocken, heute sickert wieder etwas Wasser aus dem seichten Uferbereich des Manasarovar und rinnt in Richtung des blass im Westen liegenden Rakshastal, kommt dort aber nicht an. Neben dem Bett des Kanals werden die sonderbarerweise dort aufsteigenden heißen Quellen für ein Badehaus für Pilger genutzt. Das Wasser im Kanal zeigt kaum eine Bewegung. Brackig und unsicher verharrt es unverrichteter Dinge vor einem niedrigen Damm.

Die periodische Verbindung der beiden Seen war das Verderben der Entdecker, die nach dem Quellgebiet der indischen Flüsse suchten. Selbst heute noch wird die Quelle des Satluj, des mächtigen Zuflusses zum Indus, manchmal hier gesehen und dann wieder in den Wasserläufen, die von den Hängen südwestlich des Kailash herunterfließen. Besonders für die Hindus steigen diese Wasser mit göttlicher Absicht auf, und in den alten Puranas nehmen die vier Weltflüsse ihren Ursprung an den mystischen Hängen des Berges Meru. Der heilige Ganges selbst steigt vom Himmel herunter, fließt durch die Locken Shivas oder umkreist Brahmas himmlische Stadt, bevor er sich vierteilt und vom Meru zu den Menschen strömt.

Durch eine Laune der Geografie, die den Kailash unauflöslich mit dem Meru verband, entspringen die vier Hauptflüsse des indischen Subkontinents alle in einem Umkreis von hundertzehn Kilometern von seinem Gipfel. Der Karnali, die höchste Quelle des Ganges, entspringt westlich von uns dem Rakshastal. Die Tibeter, die den Flüssen klangvolle Namen geben, nennen ihn Mapchu Khambab, den Fluss, der aus dem Mund des Pfauen fließt, während der Satluj der Langchen Khambab ist, der aus dem Elefantenmaul fließt. Der Indus, der Löwenmaul-Fluss, steigt aus verschiedenen Quellen an der Nordflanke des Kailash-Massivs selbst und der pferdemäulige Brahmaputra aus einem unbekannten Gletscher ein paar Kilometer östlich. Die beiden Titanen trennen sich dann dreitausend Kilometer weit und umfassen den gesamten indischen Subkontinent wie eine gewaltige Zange. In ihrem Verlauf durchbrechen sie den Himalaya in furchterregenden Schluchten – der Brahmaputra stürzt durch die tiefste Schlucht der Welt – und münden weit südlich in riesige, dahindösende Mündungsgebiete. Der Indus fließt durch das heutige Pakistan ins Arabische Meer, und noch an seiner Mündung ist das Wasser trübe vom Schwemmsand Tibets und des Karakorum. Der Brahmaputra entlässt sein Wasser in den Golf von Bengalen, nachdem er sich unter Mangroven und Krokodilen zum größten Flussdelta der Welt geweitet hat.

Über Jahrhunderte machte der Ursprung dieser Flüsse zahllose Entdecker ratlos. Ironischerweise schätzte der erste Europäer, der zum Kailash kam, der Jesuit Desideri, ihren Ursprung genauer ein als alle, die ihm in den nächsten einhundertfünfzig Jahren folgen sollten (auch wenn er sich mit der Quelle des Ganges irrte).

Selbst der eifrige William Moorcroft wurde durch den launischen Ganga Chu getäuscht.

Der die gesamte Region durchstreifende Entdecker war der erbarmungslos getriebene Sven Hedin. Gleichzeitig beflügelt und behindert durch seinen Geltungsdrang, stilisierte er sich zu einem großartigen Helden. Er ließ sich von nichts und niemandem, keinen offiziellen Verboten, keinen Minustemperaturen und auch dem Tod von Mensch und Tier nicht, von seinem Weg abbringen. 1907 erreichte er nach einer unerlaubten Reise, die einhundertsiebzigtausend Quadratkilometer auf der leeren Karte Tibets füllte, den Manasarovar aus östlicher Richtung. Innerhalb weniger Wochen waren seine hundert Maultiere und Ponys bis auf sechs umgekommen, und als er endlich den blauen Glanz des Manasarovar erblickte, brach er in Tränen aus. Einen Monat blieb er an seinem Ufer und geriet in einen wahren Erkundungsrausch. Zum Entsetzen der Tibeter baute er ein kleines Boot und fuhr damit auf den Manasarovar hinaus. Der Gott des Sees werde ihn unter Wasser ziehen, sagten sie. Sie glaubten, der Manasarovar bilde in seiner Mitte eine durchsichtige Kuppel, und selbst wenn Hedin auf sie hinaufzufahren vermöge, werde er kentern und in den Wasserfall darunter stürzen. Stattdessen kreuzte der Entdecker stundenlang über den See und nahm sowohl auf dem Manasarovar wie auf dem Rakshastal Lotungen vor. Er stellte sich vor, der Erste zu sein, der mit dem Boot dort unterwegs war. Von dem Schotten, der fünfzig Jahre zuvor mit seinem Gummiboot über den See gefahren und den Tod des örtlichen Gouverneurs verursacht hatte, wusste er nichts.

Als er endlich nach Europa zurückkehrte und hinausposaunte, er habe die Quellen der indischen Flüsse und den Trans-Himalaya, wie er die Berge taufte, entdeckt, wurde er von der weltweit führenden Geografenvereinigung verrissen, die ihn ehedem glühend unterstützt hatte, der Royal Geographic Society in London. Er verteidigte seine Behauptungen mit gebieterischer Überheblichkeit und teilweise mit Erfolg. Aber nur seine Verortung der Indus-Quelle erwies sich als unbestreitbar (die des Brahmaputra war vierzig Jahre zuvor von einer munteren britischen Jagdgesellschaft lokalisiert worden), und seine Berge wurden als zerrissenes, nebulöses Massiv abgetan, das den Namen Himalaya nicht verdiene.

Für den kalten englischen Blick hatte Hedin seine Erfolge mit seiner Selbstverherrlichung unterminiert. Verletzt und wütend zog er sich nach Stockholm zurück, unterstützte im Ersten Weltkrieg öffentlich Kaiser Wilhelm und im Zweiten Adolf Hitler, wodurch er die Sympathie auch seiner schwedischen Mitbürger verlor. Er sorgte für die Freilassung einiger in Konzentrationslager deportierter Juden und Norweger, zeigte jedoch keine Reue, was seine Sympathien zu den Nazis betraf. Sein Ruhm verdunkelte sich und verblasste. Er starb fast vergessen im Jahr 1952 und hinterließ seine Forschungsergebnisse den ihm entfremdeten Landsleuten.

Kapitel Elf

Nachts wird die Stille des Sees nur durch die schwachen Rufe einiger schlafender Wasservögel durchbrochen. Der Himmel ist weiß von Sternen und dem zunehmenden Mond Saga Dawas, des heiligen buddhistischen Monats, und wirft ein mattes Licht auf unser verstreutes Lager. Die Hindus sagen, Sternschnuppen sind Himmelsgötter, die herabsteigen, um ein Bad im Manasarovar zu nehmen. Eine indische Pilgerin erzählt mir später, dass ihre Nachtruhe am Manasarovar durch blitzendes Licht und merkwürdige Schreie gestört wurde.

Als sich der Morgen nähert, erwache ich atemlos in eine purpurn gefärbte Welt. Der See ist von einem Horizont zum anderen ein lang gezogener Feuerstreifen, und der Himmel erhellt sich in gespenstischen Schichten rot und blassgolden. Es ist leicht, sich dieses Szenario als apokalyptischen Bruch in der Ordnung der

Dinge vorzustellen, ein Menetekel des heiligen Chaos oder doch wenigstens des heraufziehenden heiligen Monats. Immer noch abgelenkt von einem Traum, den ich vergessen habe, stehe ich vor meinem Zelt. Weit im Süden, über dem Gurla Mandhata, sind die Wolken von einem geronnenen Schwarz, als klammere sich dort ein Stück ewiger Nacht fest. Entlang des Ufers treiben Lappentaucher und Wasserläufer dahin oder stehen im Eiswasser, die Hälfte noch schlafend.

Der Himmel hellt sich zu einem normalen Tag auf, während ich in südlicher Richtung am Ufer entlanglaufe. Rotschenkel jagen über den Sand, und die schwarzköpfigen Möwen fliegen hin und her und plantschen im flachen Wasser herum. Hier und da sind in den Felsen über mir Höhlen zu erkennen. Jahrhundertelang haben Eremiten rund um den See meditiert und sich von seiner einsamen Kraft genährt. Die Gegend ist voll mit ihren Behausungen. Ich klettere in die Höhe und finde einen mit grob aufgeschichteten Steinen gerahmten Eingang. Die Höhle dahinter ist leer, aber halb mit einer Holzdecke versehen, und draußen auf dem Fels hängen drei ziemlich neue Votivschals.

Auf dem Steilhang über mir entdecke ich einen kleinen, von verputzten Steinen umgebenen Höhleneingang. Eine Schar Felsentauben fliegt auf, als ich höher steige, unter mir schimmert der See. Eine hauchdünne Tür schwingt im verputzten Türrahmen – sie war einst wohl mit einem Stück Draht verschlossen, das davor auf der Erde liegt. Ich drücke die Tür auf und fühle mich plötzlich unbehaglich. Es gibt Gerüchte über Yogis, die immer noch in den Höhlen um den See leben: In der Nähe von Cherkip hat gerade erst eine Einsiedlernonne ihre Behausung verlassen. Ich sehe ins Halbdunkel und frage mich einen Moment lang, ob dort wohl jemand gestorben ist. Neben mir steht ein verrosteter Herd tief unter die Höhlenwand geschoben, das Rohr windet sich hoch zu einem Loch im Felsen. Aber die Höhle ist verlassen. Die Decke über mir glitzert schwarz wie das Ge-

wölbe eines Kohlestollens. Es riecht nach Staub, und das einzige
Geräusch ist das Klatschen der Wellen draußen. Auf einem
Felsvorsprung tiefer in der Höhle stoße ich auf einen Beutel
Reis, einen Beutel Salz und eine Stablampe ohne Batterien.
Ganz in der Nähe liegt ein Sack mit salziger Erde, die ehrfurchts-
voll an den Ufern des Sees gesammelt wurde. Wer auch immer
hier war, wollte zurückkommen, denke ich. Aber das muss vor
langer Zeit gewesen sein.

Die einzigen persönlicheren Hinweise auf den Bewohner finde ich auf einem Stück aus einem Nudelkarton gerissener Pappe,
das aufrecht am Fels lehnt. Fotos von Mönchen hängen daran, mit
sich ablösenden Klebestreifen befestigt, und darunter eine Notiz
über eine Rückkehr-Zeremonie in Nepal im Jahr 2000 für einen
Karmapa Lama, Jamgön Kongtrül den Großen, der vor einem
Jahrhundert ins Nirwana einging.

Der Eremit hat also vielleicht zur Kagyü-Schule gehört, deren
Mönche jung zu meditieren beginnen und die einstmals strenge
Asketen hervorbrachte. Ich sehe aus dem Höhleneingang hinunter und stelle mir vor, wie er zu mir heraufklettert, aber das Ufer
liegt verlassen da. In solch einer Einsamkeit vertieften fortgeschrittene Yogis ihre Kräfte. Und sie waren nicht wirklich allein.
Ihre Disziplin war an sie weitergegeben worden, vom Lehrer an
seinen Schüler, in langen Abfolgen geheimen Wissens, und überall um sie herum leuchteten verlassene Höhlen in der Heiligkeit
ihrer Vorgänger. Im 8. Jahrhundert kam ihre fast schon magische
Praxis aus Indien und wurde zum Herz des tibetischen Glaubens.
Ihr Pfad war das Vajrayana, das Donnerkeil- oder Diamantfahrzeug, benannt nach der Stärke und Schnelligkeit, mit der es das
Unwissen vertrieb. Seine Schriften waren die esoterischen Texte,
die man Tantras nennt. Seine Yogis, ob Mönche oder Laien, wurden die religiöse Elite, allerdings beschritten sie einen gefährlichen, halb geheimen Weg. Innerhalb eines einzigen Lebens, einer
erschreckend kurzen Spanne für konventionelle Buddhisten,

konnte ein Meister die Mühen der Reinkarnation überspringen und ins Nirwana eingehen.

Gelegentlich führte der Glaube, alle Erfahrung, ganz gleich wie banal oder unmoralisch, könne auf die Erleuchtung hin kanalisiert werden, zu grotesken Extremen. Meister mit verfilzten Haaren hielten sich an Verbrennungsorten auf und überschütteten sich mit der Asche der Toten oder spiritualisierten Tabus durch orgiastischen Sex, Alkoholkonsum und das Hinschlachten von Tieren. Die Welt war schließlich eine Illusion. Nichts war aus sich heraus unrein. Sie konnten wie zügellose Kriminelle erscheinen. Der Mogulkaiser Akbar, der nachsichtigste aller Herrscher, ließ seine tantrischen Yogis von Elefanten in Stücke reißen.

Die klassische Praxis, sosehr sie durch die chinesische Verfolgung auch gestört wird, verlangt eine einsame und rigorose Selbsttransformation. Von seinem Guru angeleitet, sucht sich der Novize einen schützenden Buddha oder eine Gottheit aus, einen *yidam,* und erreicht durch intensive Identifikation eine vorgestellte Verbindung mit ihm oder ihr. Oft ist es diese Gottheit, die mit ihrem Gefährten in einer sexuellen Vereinigung porträtiert wird, wie sie der Abt von Yalbang so gepriesen hatte: Leidenschaft vereint mit Weisheit. Über Monate und Jahre verzückter Visualisierung beginnt sich der Meister dem *yidam* anzugleichen, der womöglich auf dem Thron seines Mandala-Palastes sitzt. Während sein Geist erwacht, erfährt er das Mandala als Wirklichkeit. Manchmal wird der Gott selbst in es hineinbeschworen, und mit der Zeit lernt der Yogi das Bild willentlich aufzulösen. So wird er langsam, willentlich, selbst zum Gott, nimmt im Geist seine Erscheinung an, seine Sprache (in oft wiederholten Mantras) und sogar sein Denken. Er erfährt den eigenen Körper als einen Mikrokosmos des geheimen Körpers des Universums. Die Welt wird zu einem Mandala. Aufrecht sitzend, in Verbindung mit dem Meru-Kailash, reguliert sich sein

Atem und verlangsamt sich. Endlich spürt er, wie sich sein Körper zu einer Illusion verdünnt, er verschmilzt mit Buddha, und
es ist Zeit, sich zu entfernen.

»Die Welt verschwindet. Das ist unser Friede.«

Im Hof seines Tempels in Kathmandu weigerte sich der leut-
selige Mönch Tashi, der seit drei Jahren Tantrismus studierte, ihn
eine Philosophie zu nennen und weniger noch einen Glauben.
»Wir haben keinen Gott.«

Die Götter waren nur Führer zur Erleuchtung, die sie auslöschte. Er öffnete die Arme hilflos vor der Brust und versuchte es
zu erklären. »Ich denke, es ist eine Wissenschaft. Jeder kann es
tun. Sie auch.«

Ich versuchte es mir vorzustellen, aber die falschen Worte
schwammen in mein Denken: zurückgewiesenes Leben,
Selbsthypnose, die Vernichtung geliebter Unterschiede. Vorzei-
tiger Tod. Der Tantrismus sei eine Lebensform, sagte Tashi, keine Lehre, die es zu erlernen gelte. Man lerne ihn erst kennen,
wenn man ihn erfahre. Obwohl es dann vielleicht schon zu spät
zur Umkehr sei.

Er sagte: »In dieser Meditation finden Sie vor allem große
Kraft und schließlich Frieden, den Frieden, den wir alle suchen.
Wenn Sie einmal damit anfangen, erkennen Sie, dass es dumm
wäre aufzugeben. Sie würden zu viel verlieren ... Nichts wäre mehr
da.«

Bald würde er seine dreijährige Einkehr beginnen, und er sehnte sich danach. »Ich könnte in mein Dorf in Bhutan ziehen und
mir dort eine Hütte suchen, aber meine Familie würde mir keine
Ruhe lassen.« Er lachte. »Ich müsste sie bitten, mich nur einmal
im Monat zu besuchen, und das würden sie nicht verstehen ...«
Und so wusste er noch nicht, wohin er gehen wollte. Es hing von
seinem Lehrer ab, den er sich in seinen Meditationen mehr noch
als seinen *yidam* vor Augen rief. Er sah den Mann als einen Bud-

dha. »So ist es bei uns. Selbst wenn Sie einen schlechten Lehrer haben, verehren Sie ihn.«

Aus dem Tempel neben uns pochten die Gebete und das Dröhnen der Trommeln wie das Schlagen eines starken Herzens. Verglichen mit den geformten Tönen eines christlichen Gesangs war dieses tiefe, rhythmische Murmeln gar kein Beten, sondern eine unheimliche Emanation. Dann ertönte das Stöhnen der drei Meter langen Hörner, als regte sich ein mächtiges Ungeheuer unter der Erde.

Tashi sagte plötzlich: »Wenn ich mit Ihnen zum Kailash kommen könnte, würde ich dort bleiben wollen. An diesem heiligen Ort. Für immer. Allein.«

Ich fragte mich, ob Eremiten auf dem Kailash überlebten. Tashi wusste es auch nicht. »Aber Sie werden hingehen«, sagte er, »und es wird gut sein. Es wird Ihr Denken klären und Ihnen Kraft geben. Sie werden Ihre Pilgerreise den Toten widmen ... und Sie werden Verdienste sammeln.«

»Wirklich?« Meine Stimme klingt harsch. Es ist das Misstrauen falschem Trost gegenüber. »Kann man den Toten helfen?« Ein lange aufgegebener Glaube regte sich in mir. Die anglikanische Kirche meiner Kindheit hatte keine Messen für die Toten angeboten, keine Fürbitten. Die Toten waren außer Reichweite. Es gab keinen Trost.

Für Tashi war die Unerbittlichkeit des Karmas durch freundlichere Traditionen abgemildert worden. »Widmen Sie ihnen gute Taten. Wenn Sie eine solche Reise ohne etwas in Ihrem Kopf machen, wird sie leer bleiben.«

Tashi kam mir oft sehr einfach und praktisch denkend vor. Er ertrug Widersprüche besser als ich, dachte ich. Aber vielleicht gab es für ihn auch keine Widersprüche. Manchmal kratzte er sich amüsiert den Kopf, den seine Tonsur wie einen Helm glänzen ließ, und seine Fingernägel machten ein Geräusch, als zerrissen sie Papier. Nach einer Weile wanderten zwei Kühe von einer nahen Baustelle in den Hof, und er ging, um sie zurückzutreiben.

Von der Eremitenhöhle über dem Manasarovar sehe ich eine Schar Gänse auf Augenhöhe nach Osten fliegen. Ich steige zurück zum Ufer hinunter, von wo ich den Kailash wolkenlos im Norden stehen sehe. Er schwebt über dem stählernen Horizont des Sees und hat Generationen von Entsagenden eine Richtung gewiesen. Buddhisten sagen, sein Wächter ist der wütende Dechog, dessen Eispalast oben auf seinem Gipfel liegt. Dechog wird als rasender Dämon porträtiert, mit vielen Armen und einer Schädelkrone, einen Dreizack und eine Trommel schwingend, seine Gefährtin Phagmo fest um sich gewickelt. Aber dieser blindwütige Wächter erschreckt nur die Unwissenden. Er ist ganz und gar kein autochthoner Berggott, sondern eine tantrische Variante von Shiva, und sein Mandala, komplett mit zweiundsechzig dazugehörenden Göttinnen, ist der Kailash selbst. So geht der Gott in seinen eigenen Berg ein, und der Berg besitzt ihn.

Die Form des Kailash, ein fast perfekter, aus dem Nebel ragender Kegel, mag bereits in der Zeit eines primitiven Fruchtbarkeitskults verehrt worden sein, lange vor den arischen Invasionen um 1500 vor Christus. Später wurde der Gipfel in Hindu-Schriften mit einem anschwellenden Penis oder einer triefenden Brust verglichen. Die frühen Arier hatten den zukünftigen Gott Shiva noch als ausgestoßenen Gott der Abtrünnigen und Diebe gefürchtet. Die ersten Epen, das Ramayana und das Mahabharata, verorten Shiva nur zögerlich auf dem Kailash und feiern den Berg Meru als ein eigenes, mystisches Land. Der Himalaya war göttliches Territorium, das alle Sterblichen fürchteten, und fast nur Asketen trauten sich, aus den Ebenen in die Höhen vorzudringen. Aber den Flüssen zu ihrer Quelle zu folgen, das war die Suche nach dem Heiligen, und die Flüsse führten zum Kailash. Irgendwann früh im 2. Jahrtausend, mit einem Anwachsen der hinduisti

schen Frömmigkeit, wurde Shiva auf ihm inthronisiert. Der Berg
Meru brach in die menschliche Welt ein, vereinte sich mit dem
Kailash, und zahlreiche Paradiese strahlten über dessen Hänge.
Götter und Geister bestiegen den Berg und wurden zu einer immer mächtigeren Elite. Auf den Steilhängen blühten Juwelen,
Herden heiliger Elefanten stürmten durch die Sandelholzwälder,
und in der Luft klangen himmlische Lieder. Die Höhlen unten im
Berg schimmerten in der Frömmigkeit der Eremiten, und in den
duftenden Wäldern warteten die Seelen der Toten auf ihre Wiedergeburt. Der Berg umfing alle Extreme. Aus Höhlen unter ihm
drängten grimmige Titanen, die mit den Göttern kämpfen wollten, und ganz tief unten gähnte der Schlund der Hölle.

   Der auf dem Gipfel meditierende Shiva behält den Schatten
seiner Abtrünnigen-Vergangenheit. Er ist der Gott der Verwüs-
tung und der Erneuerung, der Schutzheilige der Mystiker und
Wanderer. Sein Gesicht ist blau von der Asche der Toten. Er
tanzt die Welt ins Sein und dann wieder in ihren Ruin. Er bringt
die Hoffnung und die Trostlosigkeit des Wechsels. Nur der Yogi
kann seine Unbeständigkeit beruhigen, in Trance stellt er sich
seinen Körper mit dem Meru-Kailash vereinigt vor und aktiviert
seine übersinnlichen Energien, bis sie ihn in den Frieden tragen.

   In frühen Schriften sucht Parvati, die Tochter des Berggotts
Himalaya, Shiva auf und verführt ihn über Tausende Jahre durch
ihre asketische Hingabe und unsterbliche Schönheit. Sie wird seine *shakti,* sein energiespendender Genius, und ihre Heirat auf
dem Berggipfel ist die Verbindung von Denken und ungezähmter
Natur. Aber Parvati ist so unbeständig wie Shiva. Manchmal heißt
sie Urna, Reines Licht, und dann wieder ist sie Kali, die schreckli-
che Göttin, deren Opfer meine Füße in Dakshinkali in Blut getaucht hatten.

   Wer immer seine oberste Gottheit war, die Idee eines Wel-
tenberges durchdrang ganz Asien. Eine etwas undurchsichtige
Etymologie verbindet den Meru sogar mit den alten Sumerern

und den Tempeltürmen Babylons. Hindu-Tempel wurden so ge-
plant, dass sie die mystische Anlage des Berges nachahmten, denn
auch sie waren schließlich Behausungen der Götter. Der wunderbare Kailasa-Tempel von Ellora aus dem 8. Jahrhundert wurde
vollständig aus einem Basaltfelsen geschlagen und ist ein bewuss-
ter Spiegel des Meru, genau wie der aus dem 3. Jahrhundert vor
Christus stammende Stupa in Sanchi. Und die shivaistischen Hei-
ligtümer in Südindien: Ihre Dächer heben sich in vielstufigen Bergen zum Himmel, und ihre Behälter für das rituelle Wasser erinnern an den Manasarovar. In Tibet selbst sind die Chörten
Miniatur-Merus, und das weiße Dreieck des Kailash ist auf zahl-
losen Hüttentüren zu sehen. Die kambodschanischen Khmer in
Südostasien bauten ihre massiven Tempel auf die gleiche Weise –
Angkor Wat ist ein riesiges Abbild des Meru –, und die dem Meru
nachgeformten Paläste der birmanischen Könige halfen, deren
Tyrannei zu heiligen.

Zwei Jahre nach dem Tod meines Vaters unternahm ich mit
meiner Mutter eine Reise nach Java, um sie abzulenken, und wir
besichtigten das größte buddhistische Denkmal der Welt.
Kaum ein Jahrhundert zuvor hatte der Tempelberg Borobudur
noch unter vulkanischer Asche und wucherndem Dschungel begraben gelegen, doch jetzt hob er seine verwitterten Steine frei
in neun riesigen, behauenen Terrassen zu einem krönenden
Turm hinauf. Staunend umkreisten wir seine Galerien und be-
wunderten die für uns rätselhaften Reliefs. Die unteren Ebenen
schienen das irdische Leben und die Legenden Buddhas darzustellen, weiter oben stießen wir jedoch auf Unbekanntes. Wir
irrten die Flanken eines riesigen kosmischen Symbols hinauf. In
seiner konzentrischen Masse, mit zweckmäßigen Stufen von der
Erde zum Nirwana, hatten Lava und Dschungel die Darstellung
fast vollständig erhalten. Man liest sie von rechts nach links und
bewegt sich im Uhrzeigersinn, wie in einer feinfühligen Initia-

tion. Es war das in Stein gehauene Universum, wie es sich die Shailendra-Dynastie, die Herrscher der Berge, im 8. Jahrhundert vorgestellt hatte. Manchmal hielt meine Mutter inne und schnappte nach Luft. Ich wusste nicht, dass sie in ihrer Jugend ihr Herz überanstrengt hatte. Sie hatte nie darüber gesprochen. Vielleicht hatte sie es selbst vergessen. Jetzt, im Alter, nahm ihr sein Flimmern den Atem.

Aber sie spaßte, ganz in Urlaubslaune, dass wir zur Erleuchtung aufstiegen. Von der obersten Terrasse sahen wir schließlich auf den vernebelten Dschungel, und ihr Atem beruhigte sich. Auf der steinernen Promenade dort oben saßen etwa siebzig Buddhas in Steingitterkäfigen und starrten in die Ferne. »So also ist das Nirwana ...«, sagte meine Mutter, als betrachtete sie etwas Faszinierendes, aber Unwichtiges. Sie hätte fragen können (tat es aber nicht), ob das Nirwana den Geruch interessanter Alltagsdinge oder von Dalmatinern oder von Menschen, die sie liebte, in sich trug. Der Dschungel unter uns blühte üppig auf dem vulkanischen Boden, und nach einer Weile nahm sie meine Hand und fragte, ob wir nicht wieder hinuntergehen sollten.

Die Klarheit der Luft lässt die Gestalt näher erscheinen, als sie ist. Ich werfe einen Blick auf sie, schwarz und scharf konturiert: Es ist ein hinduistischer Pilger, der knietief im See steht. Ich sehe das Glitzern des Wassers, das er sich ins Gesicht spritzt, aber als ich seine kleine Landspitze erreiche, ist er nicht mehr da. Ein durchweichtes Gebetbuch liegt im Sand, und auf den Wellen treibt eine kleine, mit einer Schnur zusammengebundene Votivgabe, die ich nicht erreichen kann.

Ganz in der Nähe wurde vor sechzig Jahren Mahatma Gandhis Asche in den See gestreut. Hindus mehr noch als Buddhisten baden in dem eisigen Wasser, trinken es und nehmen es mit. Seine reinigenden Kräfte vertiefen sich in ihren Schriften, bis sie das Leid und den Kummer aller Sterblichen wegwaschen. In diesem

Wasser zu baden bedeutet, für Brahmas Paradies bestimmt zu
sein. Es zu trinken tilgt die Sünden von hundert Leben.

Direkt am Ufer fühlt sich das Wasser merkwürdig warm an.
Die hinduistischen Puranas besagen, dass die Pilger hier den
Schatten ihrer Vorfahren ein Trinkopfer darbringen sollen. Dieses *tarpan* genannte Ritual, heißt es, trägt ihre Seelen in die Ewigkeit.

Als ich ein paar Meter ins flache Wasser hinauswate, wird es
kalt. Ich schöpfe etwas in die hohlen Hände und fühle kurz eine
angenehme Leere. Aber die Wahrheit dieses Rituals ist nicht
meine. Seine Toten haben in andere Inkarnationen gewechselt
oder sind in die Ewigkeit eingegangen.

In einer berühmten Passage der Bhagavad Gita sagt Krishna
zu Arjuna, dem Bogenschützen, vor der Schlacht: Du klagst / Um
die, die nicht beklagenswert … Es ist unmöglich, sagt er damit, jemanden endgültig zu töten oder endgültig zu sterben. Die Menschen verlieren ein Leben für ein anderes.

> *Nie war die Zeit, da ich nicht war*
> *Und Du und dieser Fürsten Schar,*
> *Nie kommt der Tag, da wir nicht sind.*

So ziehen die beiden Krieger in die Schlacht und fällen den Feind
mit dem erhabenen halben Lächeln von Hindu-Göttern. Denn sie
wissen, sie töten nichts Wichtiges. Die Auslöschung des Indivi-
duums ist die Bedingung der Erlösung.

Ich bleibe im kalten Wasser stehen. Ich will einen Namen
rufen, schrecke aber vor dem erwarteten Schweigen zurück. In
diesen Wassern des hinduistischen Trostes sind die Menschen,
wie ich sie kenne, ausgelöscht. Wie Borobudur ist der See riesig
groß und fremdartig. Ich schlinge die Arme um meinen Körper,
um mich vor einem imaginären Wind zu schützen. Eine Enge
öffnet sich in meinem Magen. Ich möchte Hände berühren, von

denen ich weiß, dass sie erkaltet sind. Die Luft fühlt sich dünn
an.

Wo bist du? Zwischen den Gräbern eines englischen Friedhofs –
so viele, die ich nicht kenne – erinnert mich meine brechende
Stimme an die von jemand anderem. Es ist natürlich deine. Du
lebst nun im Klang meiner Stimme.

Die Streifengänse fliegen wieder über den Sand und scheinen
unsicher, wohin sie sich wenden wollen. Hinter ihnen treiben die
weißen Falten des Gurla Mandhata über dem Wasser. Bauern im
unteren Tal des Indus, die beobachten, wie die Gänse im Frühling
die Flusspassage nördlich zum Manasarovar hinaufﬂiegen, stellen
sich vor, sie seien auf dem Weg ins Paradies. Vielleicht sind es die
königlichen Schwäne, deren Gefieder, wie manche sagen, zu Gold
wird. Pilger werden eindringlich ermahnt, sie als Shiva anzubeten,
bevor sie Wasser in die Vergangenheit gießen.

Kapitel Zwölf

Im Jahr 1715 kam der Jesuit und Missionar Ippolito Desideri auf der Reise von Kaschmir nach Lhasa an einem »Berg von übermäßiger Höhe und großem Umfang« vorbei, »immer in Wolken gehüllt, mit Schnee und Eis bedeckt und äußerst erschreckend, karg, steil und bitterkalt ... Die Tibeter gehen fromm um den Fuß des Berges, was mehrere Tage in Anspruch nimmt, und sie glauben, dass ihnen das große Ablässe bringt. Wegen des Schnees auf diesem Berg entzündeten sich meine Augen derart, dass ich fast erblindete.«

Desideri war der erste bekannte Europäer, der den Kailash zu Gesicht bekam, worauf er fast nichts mehr sah. Nur wenige, die nach ihm kamen, rührte der Anblick nicht an, und auch für weltliche Augen war die Schönheit des Kailash mit Fremdartigkeit gepaart. Sein sichtbarer Kegel ist eine steile Pyramide, deren Seiten in die vier Himmelsrichtungen weisen. Besonders interessant für Geologen ist der Umstand, dass er nicht aus dem Gneis des Himalaya besteht, sondern aus uraltem, verbackenem Geröll aus dem Tertiär, das auf Granit lagert: Nirgends sonst findet sich dieses Gestein in so großer Höhe. Der Kailash ist ein einsames Relikt aus einer Zeit noch vor der Entstehung des Himalaya, er war einst die höchste Insel im schwindenden Tethysmeer. Mit fortschreitendem Sommer rutscht der schmelzende Schnee über die illusionistische Treppe auf der Südseite und zeichnet eine Swastika aus Schatten auf den Berg. Dieses ehrwürdige Symbol, im Westen so missbraucht, gilt in ganz Indien und darüber hinaus als Glückszeichen. In Tibet existiert es neben seinem noch älteren Gegenteil (dessen Arme nach hinten haken), und auf der Südseite des Kailash blüht es wie ein Vorzeichen.

Als sich unser Geländewagen in einem schwerfälligen Konvoi mit den englischen Trekkern über die Barga-Ebene dem Fuß des Berges nähert, ist noch kein Anzeichen einer Swastika zu sehen, auch nicht von Wunden um seinen Fuß herum, verursacht von Dämonen, die den Kailash wegziehen wollten. Seine Ausläufer um uns herum sind mit Wacholdergesträuch überzogen, und die Ebene ist in frisches Grün getaucht, über das Pferdeherden ziehen. Von Zeit zu Zeit sehen wir, wie sich »Kaminvorleger« über die Hänge bewegen. Es sind Yaks, die sich mit ihren wunderlich gebuckelten Schultern, buschigen Culotten und dunkel herunterhängendem Fell wie Felsen von dem bleichen Gras abheben, auf dem sie weiden. Wir haben vor, eines davon zu mieten, um Dhabu und Perle zu ersetzen. Einmal sehe ich einen einsamen Goral, eine himalayaische Ziegenantilope, über das Plateau ziehen, blass und wie verloren.

Als wir näher kommen, vergrößert sich die Fremdartigkeit des Berges noch. Das ganze Massiv östlich von ihm lehnt leicht in seine Richtung und fließt in braunen Wellen auf die weiße, sich unter einem blauen Himmel erhebende Pyramide zu. Wir steuern die Siedlung Darchen an, wo die Pilger ihre Tiere für die Umrundung des Berges mieten. Hier beginnt die Pilgerreise traditionell. Vor einem Jahrhundert traf Kawaguchi in Darchen auf eine Ansammlung von dreißig Steinhäusern. Ein seltsamer Vertrag schrieb die Verwaltung der Siedlung sowie vieler örtlicher Klöster dem Maharadscha von Bhutan zu, und als ein britischer Handelsbeauftragter im Jahr 1905 hierherkam, fand er alle Bewohner betrunken vor. Zwanzig Jahre später ging es seinem Nachfolger genauso. Vor dreißig Jahren dann, im Gefolge der Kulturrevolution, war der Ort so gut wie ausgestorben, durch Verfolgungen und Winterstürme entleert. Allein noch hier verblieben war ein verwirrtes tibetisches Paar, das in der Kapelle eines verfallenden Klosters wohnte.

Vom militärischen Kontrollpunkt aus, an dem wir kurz vor dem Ort gestoppt werden, sieht Darchen ordentlich und kompakt aus. In den letzten zwanzig Jahren hat es sich zu einer Stadt entwickelt. Als wir jedoch näher kommen, beginnt es auseinanderzufallen, und die Häuser trennen sich entlang steiniger Pisten, die in die Berge hinein auslaufen. Wir gelangen auf einen offenen Platz, auf dem mehrere Straßen zusammentreffen. Er ist übersät mit Müll und Geröll. Es gibt eine vor- und zurückspringende Reihe von Geschäften, tibetische und chinesische Seite an Seite, in denen ich etwas Bier kaufe, dann wandere ich betroffen durch diesen Ort. Ich komme an heruntergekommenen Gästehäusern vorbei, chinesischem Armeegelände und einem übrig gebliebenen Kloster. Eine Signalleine mit Gebetswimpeln führt über eine verdreckte Rinne hinweg zum Fuß der Berge.

Unsere fremdländischen Papiere und Erlaubnisscheine werden von der Polizei kontrolliert und schließlich bestätigt, aber der Versuch, ein Yak zu mieten, ist zum Scheitern verurteilt. Am Vorabend des Saga Dawa kommen zahlreiche Pilger zum Kailash, und es gibt keine freien Tiere mehr. Die Atmosphäre in der Stadt ist ungut. Zwar ist seit den vorolympischen Unruhen in Lhasa mehr als ein Jahr vergangen, aber das chinesische Misstrauen allen Menschenansammlungen gegenüber ist nach wie vor groß. Der Zugang zu dieser entlegenen Provinz ist sowieso schon schwer, und die Polizei hat ihn aus Angst vor einer großen Zusammenrottung unter dem Berg noch weiter eingeschränkt.

Und doch kommen die Pilger. Neugierig gehen sie an den Geschäften entlang, gefolgt von ihren zerzausten Kindern, die Ausrüstung hoch auf dem Rücken. Die Männer mit ihren verschiedenen Mützen und Anoraks wirken anonym, und ich kann nicht sagen, von wie weit her sie kommen. Aber die Schaffell-*chuba* der Frauen mit den scharlachroten, grünen und ochsenblutfarbenen Schürzen darüber reichen bis auf den Boden, und ihr zu Zöpfen geflochtenes Haar hängt ihnen unter Tüchern und kleinen Hauben mit Ohrenklappen bis auf die Hüften. Die Gesichter, die nicht zum Schutz vor dem Staub verhängt sind, lächeln.

Ein Ladenbesitzer, der eine Mischung aus Mandarin und Englisch spricht, erklärt mir, es sei härter geworden in der Stadt. Vor drei Jahren, erzählt er, sei mit Hilfe örtlicher Klöster eine zehn Meter hohe Statue Padmasambhavas auf einer nahen Erhebung errichtet worden. »Wir alle haben Geld dafür gegeben. Ich selbst auch.« Er verzieht das Gesicht. »Sie haben ihr ein Seil um den Hals geschlungen und sie umgerissen.« Er flüstert: »Die chinesische Armee natürlich.«

Die Präsenz der Armee wiegt schwer. Wir befinden uns nahe einer umstrittenen Grenze, mit Indien, und die Kasernen wachsen. Von Zeit zu Zeit marschieren Trupps mit Schlagstöcken und Schilden durch die Straßen. Das Auftreten der Soldaten mit ihren einschüchternden Waffen ist eine offene Drohung, wenn auch leicht absurd. Und es gibt das zivile Gefolge einer Garnison. Traurige, grobschlächtige Frauen tauchen neben mir auf und säuseln »Amo, amo«, sodass ich einen Moment lang glaube, sie sprechen Italienisch, doch dann erinnere ich mich, dass es der Mandarin-Ausdruck für Massage ist.

Eine riesige Mani-Steinmauer und geweißelte Stupas markieren den Anfang des Pilgerpfades, Brüstungen und Türme sind mit
Fahnen und Wimpeln geschmückt und voller Yakschädel gepackt. Die diese schäbig wirkende Ansammlung umkreisenden
Andächtigen sind fast alle sehr alt und zu gebrechlich für die Kora,
die Umrundung des Berges selbst, und so grüßen sie den heiligen
Monat mit diesem schleichenden Gang und murmeln mit jeder
aus ihren geschwärzten Fingern rutschenden Perle ihr *Om mani
padme hum*. Manchmal singen sie längere Gebete, gequält oder
melodiös, drücken die Handflächen in andächtigem Flehen zusammen oder drehen kleine Gebetsmühlen. Die Öffnungen der
Stupas sind mit winzigen Ton-Buddhas zugestellt, die von Andächtigen dort zurückgelassen wurden, damit sie ihre Toten ge-
leiten, und auf den nahen Simsen und Vorsprüngen stapeln sich
die Yakschädel. Der Knochen zwischen den schwarzen Hörnern
leuchtet von Mantras, um die Tiere in ein besseres Jenseits zu führen oder Sühne für ihren Tod zu leisten.

Wir umgehen den Hang dahinter, Iswor und ich, und schüt-
teln den Staub Darchens von uns. Der Kailash ist nicht zu sehen,
er liegt hinter dunklen Felsnasen verborgen. Auf dem Weg unter
uns sind uns Ram und unsere Zelte zu dem Platz vorausgefahren,
an dem sich die Pilger für den Saga Dawa treffen. Auf diesem ersten, noch halbherzigen Stück der Kora ist keine Menschenseele
zu sehen. Ein trockener Wind schlägt durch die Felsen. Über
etwa hundert Meter folgt uns eine Mani-Steinmauer an der Flan-
ke des Berges entlang. Die Steine stehen alle dem Berg zugewandt, lückenlos. Im Süden leuchtet der Schnee des Gurla Mandhata, dahinter in Nepal die geisterhaften Gipfel von Saipal und
Api. Über den Himmel ziehen unten abgeflachte Schichtwolken.

Ein einzelner Pilger erscheint weit vor uns auf dem Weg, ist
aber schneller und verschwindet wieder. Einmal kommen wir an
einer Reihe bronzener, sich in der Leere drehender Gebetsmühlen vorbei und umkreisen sie glücklich. Ich habe mir immer vor-

gestellt, dass sich die Zettel in diesen Mühlen frei bewegen, aber einige der Mühlen auf diesem windgepeitschten Hang sind aufgerissen, und ich linse mit einem Gefühl von Schuld in sie hinein, als sähe ich ihnen ins Gedärm: Die unberührten Gebetszettel haben sich zu dichten rollenförmigen Bündeln verwickelt.

Iswor fliegt ein Steinchen ins Auge, und wir spülen es neben den einsamen Gebetsmühlen mit Wasser aus meiner Flasche aus. Schmetterlinge, Kleine oder Große Füchse, flattern um uns herum. Dann gehen wir weiter und überqueren dabei trockene Rinnen. Der Weg ist mit Haufen elfenbeinfarbener Steine markiert, die der Berg an die Oberfläche befördert hat. Die vorbeikommenden Pilger fügen ihnen Kiesel hinzu. Mittlerweile geht es sanft nach oben, und wir erreichen einen Haufen, der weit größer als die anderen ist. Die Stangen von vielleicht schon vor Jahren vom Wind gefällten Gebetsfahnen liegen wie ein zerschlagener Zaun auf dem Weg vor uns. Hier endlich, auf einem kleinen Plateau, tritt der Kailash hinter seinem eigenen Massiv hervor. Zwar erhebt sich davor immer noch die schwarze, steile Zikkurat eines seiner Ausläufer, aber dahinter wächst der weiße Gipfel wie die Spitze einer Rakete aus der graubraunen Gebirgslandschaft empor. Jetzt erreichen wir die erste *chaksal gang* der Kora, eine Plattform für das rituelle Niederwerfen, den Berg vor sich. Sie liegt voll mit allem, was man hier herauftragen kann: beschrifteten Steinen, Yakhörnern, Kleidungsstücken. Aber die Pilger sind längst weitergezogen, und es ist so ruhig, dass das lauteste Geräusch das Summen der Bienen zwischen den gefallenen Fahnen ist. Dieses geheiligte Strandgut – Schädel, Steine, Kleidungsstücke – wirkt wie zu den Felsen gehörig, auf denen es liegt. Ich setze mich auf einen schweren Brocken und warte, dass jemand kommt, ohne Erfolg. Iswor starrt den Berg an, eine Hand über den Augen. Der blasse Horizont der Barga-Ebene hinter uns ist aus dem Blick gedrängt worden. Eine Stunde später steigen wir das heilige Tal des Lha-Flusses hinauf, das den Kailash im Westen und Norden flan-

kiert. Die dunklen, gezackten Talwände steigen steil auf, und der
Wind hat sich gelegt.

Wir kommen über eine Anhöhe in ein Amphitheater aus zer-
tretenem Gras. Ein Spalier miteinander verbundener Fahnen umgibt es und verwandelt das Tal in ein riesiges offenes Oval von
Farbtupfern. In der Mitte hängt ein fünfundzwanzig Meter hoher
Mast – drei oder vier Kiefernstämme sind miteinander verbunden
worden – erstaunlich schräg in der Luft und wartet darauf, aufgerichtet zu werden. Morgen ist es so weit. Die Leute bewegen sich
bereits singend im Uhrzeigersinn um ihn herum, es sind mehrere
Hundert.

Besorgnis liegt in der Luft. Die Lastwagen der chinesischen
Polizei und Armee sind bis hier oben vorgedrungen, stehen uns
gegenüber aufgereiht, und alle zwanzig Meter um den Pfahl sehe
ich einen Soldaten in sturer Habachtstellung. Die Polizei hat einen überhängenden Hügel abgesperrt, und die schlagstock-
schwingenden Trupps bewegen sich zwischen ihm und den Lastwagen hin und her. Aber die hinter der Fahnenpalisade zwischen
den Felsen kampierenden Pilger nehmen nicht weiter Notiz von
ihnen, sie picknicken und beten. Händler haben in Zelten Geschäfte eingerichtet, und eine mobile chinesische Klinik untersucht die Leute auf Schweinegrippe.

Das einzige wirkliche Haus ist eine steinerne Hütte. In ihre
Düsternis gezwängt und an niedrigen Tischen sitzend, singen
etwa zwanzig Kagyü-Mönche und spielen dazu auf Instrumenten.
Der Lärm ist gigantisch. Sie sind in eine Mischung aus Purpur,
Kastanienbraun und Senfgelb gekleidet und entstammen allen Al-
tersklassen. Die geschmückten Hüte der ranghöheren Mönche
verjüngen sich nach oben wie kirschrote Mitren, während die jüngeren so etwas wie pharaonische Kronen tragen, die zwei Handbreit hoch über ihre Gesichter ragen. Sie bedeuten mir, mich zu
ihnen zu setzen. Auf den Tischen sehe ich Butterlampen, Glocken, Cola-Flaschen und die steifen Seiten der Sutras. In Anbe-

tung vereint, formen die Mönche eine warmherzige Zusammenkunft schnurrbärtigen Alters und unreifer Jugend. Das Haar der
meisten ist kurzgeschoren oder zu Zöpfen zusammengebunden,
aber hier und da kräuseln sich auf den Wangen auch Bärte oder
flaumige Koteletten, und Locken wippen frei um schimmernde
runde Brillengläser. Ich frage mich, ob es einer dieser Kagyü-Mönche war, der in der Höhle über dem Manasarovar Zuflucht gesucht und die »Wiederkehr« des Lama bejubelt hat.

Pilger drängen herein und legen sich Geld auf die Stirn, bevor
sie es den Mönchen geben. Ein Novize sammelt die Scheine in einer Budweiser-Kiste, während ein anderer zwischen die singenden Köpfe taucht, um ihnen ihr Abendessen zu geben, Schüsseln
mit angedicktem Reis und Rettich, die sie, ohne ihre Gebete zu
unterbrechen, schmatzend leeren. Und die ganze Zeit setzt sich
diese überirdische Musik fort, mit insektengleichen Stimmen,
ihre Melancholie herausschreienden Hörnern, dem Schlagen eines gekrümmten Stockes auf eine aufrecht stehende Trommel
und dem wässrigen Scheppern von Becken.

Es waren diese Rotmützen, die im 12. Jahrhundert am Kailash die
Praxis der Himmelsbeisetzung einführten. Vielleicht leben die
Tibeter, wie manche meinen, in einer vom Tod verfolgten Kultur.
Ganz sicher verfolgen ihre Todeskulte andere. Als ich dem Lärm
der mit Mönchen gefüllten Hütte entfliehe, sehe ich vor mir über
dem Areal, wo morgen der enorme Mast aufgestellt werden wird,
ein leeres Plateau vor der Talwand. Auf dieser Beisetzungsfläche,
der Drachöm Ngagye Durtrö, werden die Körper von Mönchen
und Nomaden den Geiern überlassen. Der erbarmungslose Gott
Dechog, der auf dem Kailash das Versprechen und den Schrecken
der Auflösung austanzt, füllt die *durtrö* mit einer zwiespältigen
Kraft. Wie Shiva, mit dem er die bläuliche Haut und die Schädelketten gemeinsam hat, ist Dechog Herrscher des Beinhauses, und
seine Anhänger haben früher auf Verbrennungsplätzen gewohnt

(was sie gelegentlich auch heute noch tun), um über die Unbeständigkeit des Lebens zu meditieren und die Wahrheit der Leere zu
erlangen. Besonders in diesem verheißungsvollen Monat Saga
Dawa gehen manche Leute auch heute an solche Orte, um sich
dort niederzulegen und ihr eigenes Hinscheiden durchzuspielen.
Das macht die *durtrö* zu Orten der Befreiung. Regenbogen verbinden sie mit den acht heiligsten Verbrennungsorten Indiens, deren
Kraft so auf mystische Weise nach Tibet übertragen wird.

Ein Land gefrorener Erde, fast baumlos, kann seine Toten
kaum in sich aufnehmen, und das heilige Gesetz schreibt nur für
Seuchentote und Kriminelle eine Erdbestattung vor: Sie in der
Erde zu verschließen verhindert ihre Reinkarnation und löscht sie
für immer aus. Die Leichen, die in Tibets Flüsse geworfen werden, sind allein die der Armen, die höchsten Lamas werden ein-
balsamiert, die weniger hohen verbrannt, und ihre Asche wird in
Stupas aufbewahrt.

Für den Rest der Menschen gibt es die Himmelsbestattung.
Noch einige Tage nach dem klinischen Tod bewegt sich die Seele
im Leichnam, der deshalb ausgesprochen liebevoll behandelt
wird: Die Mönche waschen ihn in duftendem Wasser und wi-
ckeln ihn in ein weißes Leichentuch. Ein Lama liest ihm aus dem
im Westen so benannten »Tibetischen Totenbuch« vor, wodurch
die Seele einer höheren Inkarnation zugeführt wird, und ein As-
trologe bestimmt die Zeit des Aufbruchs. Danach wird der Leichnam am Rückgrat aufgebrochen und in eine Fötusstellung gebracht. Manchmal wird dieses traurige, überraschend kleine
Bündel von einem Freund zum Ort der Himmelsbeisetzung getragen, manchmal wird es in eine Sänfte gelegt, und eine Gruppe
Mönche geht ihm voran, wobei der letzte von ihnen ein Tuch hinter sich herzieht, um dem Toten den Weg zu weisen.

Wenn sich der Leichnam nähert, bläst der Himmelsmeister in
sein Horn, und Wacholderzweige werden entzündet, um die Geier anzulocken. Der Meister und seine *rogyapa,* seine Körperzer-

teiler, öffnen den Leichnam vom Rücken aus. Sie entnehmen ihm die Organe, trennen die Gliedmaßen ab und schneiden das Fleisch in kleine Stücke. Die Knochen werden mit Steinen zermahlen, und der Meister vermischt den Staub mit Yakbutter oder *tsampa,* gerösteter Gerste, und rollt daraus Bälle. Zuletzt wird auch der Schädel eingeschlagen und mit dem Hirn zu Bissen geformt. Eine nach der anderen werden diese Kugeln jetzt auf die Plattform gestoßen, die Knochen zuerst, denn sie sind die am wenigstens appetitanregenden Happen – und die Geier kommen.

Diese Vögel sind heilig. Auf dem Beisetzungsplateau über mir werden sie für Emanationen weißer *dakini* gehalten, der friedvollen Himmelstänzerinnen, die den Ort bewohnen. Ihr Wissen über ein kommendes Mahl ist unheimlich. In seinen Tagebüchern beschrieb mein Vater die rätselhafte Geschwindigkeit, mit der sie sich zusammenfanden, und stellte Spekulationen darüber an, ob sie einander im Flug mit einem eigenen System Zeichen gäben. Die Übergabe eines Körpers an sie ist die letzte Mildtätigkeit seines Besitzers und erleichtert das Karma der Toten. Die Vögel selbst sieht man nie dabei, wie sie die Erde verschmutzen. Sie erleichtern sich am Himmel, und die Tibeter sagen, dass sie selbst noch im Tod immer höher hinauffliegen, bis Sonne und Wind sie auflösen.

Als ich auf die Plattform steige, entdecke ich dort kein Zeichen von Leben. Eine heilende Quelle sprudelt an ihrem Fuß, und über ihr schimmert ein weißer Ausschnitt des Kailash. Mein Pfad windet sich durch lichtverwehten Staub. Der Fels neben mir hat die Farbe einer alten Rose und ist von senkrechten Rissen durchzogen. Die Sonne senkt sich, als der Weg in luftige Verlassenheit mündet. Das Plateau liegt voller unfertiger Steine, die von primitiven Gedenkstätten oder provisorischen Altären stammen könnten. Ein eisiger Wind fegt darüber. Die Platten für das Zerteilen sind aus rötlichem Stein, geglättet und mit Mantras beschriftet. Leute haben Haar und Kleidung hier gelassen, sogar Zähne und

Fingernägel, wie Pfänder oder Zustimmungen zum Tod. Ich sehe
die Seidenweste einer Frau und das Spielzeug eines Kindes. Einige der Felsen sind unbeholfen angekleidet worden. Eine zusam-
mengefaltete Bahre liegt zurückgelassen da. Und jetzt greift sich
der Wind all diese Dinge und fegt sie davon, verblichenen Stoff,
alte Geierfedern, Haarlocken, damit sie unter den Felsen zerfallen können.

Eine Weile sehe ich niemanden bis auf ein altes Paar, das am
Rand entlanggeht. Die beiden bewegen sich wie blind voran, ge-
gen die Kälte aneinander gedrückt. Dann bemerke ich einen
Mann, der etwa fünfzig Meter entfernt der Länge nach auf dem
Boden liegt. Jetzt steht er auf, wirft Hände voller *tsampa* in die
Luft und ruft etwas. Ich kann ein junges, von schwarzen Locken
umrahmtes Gesicht ausmachen. Der Wind schluckt seine Worte.
Der Mann scheint nicht zum Kailash zu beten, dem er den Rücken zugekehrt hält, sondern zum Beisetzungsort selbst. Vielleicht spricht er zu den *dakini,* wahrscheinlicher ist allerdings, dass
er die *gönpo* anruft, die Dunklen Herren, die alle Friedhöfe bewohnen. Die Schüler dieser *gönpo* sind der Bodensatz der Geister-
welt: hungrige Geister, Totenfresser, die *rolang*-Untoten. Durch
das Ritual des *chöd* lädt der Yogi sie ein, sein Ego zu verschlingen
und ihn so schneller der Erlösung entgegenzutragen. Und dann
geht dem Mann das *tsampa* aus, und er rollt sich im Schmutz. Sein
Haar fliegt um ihn. Er macht kein Geräusch. Das ist kein from-
mes Kriechen, sondern er rollt über den Boden, um die Toten zu
inhalieren. Endlich liegt er still.

Als er gegangen ist, gehe ich hinüber zu der Stelle, wo er war.
Zwischen den Felsen sehe ich zwei lange Messer mit breiten Klingen, dann die Asche eines Feuers und eine verkohlte Bügelsäge.
Beunruhigt erreiche ich das Zentrum der *durtrö.* Dort liegt ein
hölzernes Brett mit Einschnitten, und ich sehe weitere Messer,
ziemlich neue, und eine Axt. Das alles scheint weggeworfen worden zu sein. Neben dem Brett liegen zwei Knochen beieinander,

die Armknochen eines Menschen, mit angetrocknetem Blut und Fleisch.

Ich gehe weg, spüre einen ziehenden Ekel und eine beschämte Erregung über das Verbotene. Ich habe gehört, Himmelsmeister wären eine Art Künstler, Erben einer strengen Profession. Ein menschliches Stück ungefressen dort liegen zu lassen wird Dämonen in den Körper rufen, und sie werden ihn als *rolang* wiederbeleben, zu einem lebenden Leichnam machen und seinen Geist stehlen.

Alles auf der *durtrö* verrät grobe Achtlosigkeit. Vielleicht ist ihr Himmelsmeister verbittert. Wie Metzgern und Schmieden hängt auch den *rogyapa* der Geruch des Unreinen an. Sie werden Schwarzknochen genannt und in ihrer Gemeinde gemieden. Sollte einer von ihnen in deinem Haus essen, wird anschließend sein Teller weggeworfen. Ihre Töchter heiraten selten. Manchmal übertreten sie auch ihre Regeln. Tantrische Yogis suchen auch heute noch Dinge, die sie mit dem Tod verbinden. Aus menschlichen Oberschenkelknochen machen sie Trompeten und benutzen Schädel als rituelle Tassen.

Abgestoßen und wie betäubt überquere ich das Plateau. Allein der Glaube an die Reinkarnation kann diesen düsteren Schrecken mildern. Ohne ihn sind die nur einmal inkarnierten Toten einzigartig wertvoll und brechen einem das Herz.

Es heißt, dass die Trauer der Verwandten bei Himmelsbeisetzungen den Übertritt der Seele behindert, und so nimmt mitunter niemand an den Zeremonien teil. Stattdessen wird vorher ein Mönch an den Beisetzungsort geschickt, damit er die Geister bittet, den Körper zu trösten, wenn er zerteilt wird. Aber im Allgemeinen kommen die Trauernden: Vielleicht halten sie es für wichtig, sich dem Verschwinden zu stellen und die Befreiung zu erleben. Bei manchen Beisetzungen, so behaupten Zuschauer, zeigen die Trauernden keinerlei Bedauern. Sie haben die Lektion der Unbeständigkeit gelernt und verfolgen mit Gleichmut, wie die ihnen bekannten Erscheinungen vergehen.

Aber andere sagen, dass sie sich zu Boden werfen und weinen.

Ram hat unser Lager am Lha Chu aufgebaut, wo die buckligen Zelte deutscher und österreichischer über Land aus Lhasa angekommener Trekker plötzlich in großer Zahl neben unseren stehen. Alle suchen nach Yaks, *dzo* oder Ponys, damit sie das Gepäck, und vielleicht auch sie selbst, um den Berg tragen. Aber die Tiere reichen nicht aus. Und die Kora verlangt uns weitere tausend Meter Aufstieg ab, ein Großteil davon führt steil bergan. Iswor und ich beschließen, morgen alles Überflüssige zurückzulassen und nur ein Zelt und eiserne Rationen mitzunehmen.

Spät am Abend werde ich vom sanften, nachdrücklichen Klingeln eines Handys geweckt. Ich taste mich nach draußen ins Dunkel und lausche, doch das nächste Zelt steht außer Hörweite, und das Klingeln ist verstummt. So stehe ich da und fühle mich plötzlich verzweifelt allein. Mir ist ganz schlecht vor eingebildeter Einsamkeit. Jemand hat versucht, mich zu erreichen, und ich habe nicht geantwortet. Vielleicht ist es die halluzinatorische Wirkung des Sauerstoffmangels, das ausgehungerte Gehirn, das diesen Traum und seine unangemessene Traurigkeit hervorruft.

Ich versuche mich durch Gehen zu beruhigen. Der Saga-Dawa-Mond ist voll und beleuchtet den Fluss. Der Himmel ist ein Sternenmeer. In dieser dünnen Luft vervielfältigen sich die Sternbilder und verschwimmen wie Nebel ineinander. Die orangefarbenen sind wahrscheinlich lange tot, und ihr Licht kommt hier posthum und losgelöst aus dem Nichts an, während andere noch unsichtbar im Dunkel geboren werden.

Kapitel Dreizehn

Die Pilger, die den Fahnenmast im Tal umkreisen, ahmen damit womöglich die größere Kora um den Kailash nach. Sie müssen, dem Ritual folgend, die geheiligten Objekte auf ihrer Rechten halten, und so kreisen sie im Uhrzeigersinn um den Mast. Schon seit dem frühen Morgen tun sie das, in ein Fluidum des Triumphes gehüllt. Von der Erhebung, auf der ich stehe, scheint es ein Akt nicht nur des Glaubens, sondern auch der Besitzanzeige, so wie Tiger nachts ihr Territorium markieren, und mir kommt der Gedanke, dass die Tibeter durch ihre wiederholten heiligen Umkreisungen von Bergen, Klöstern, Tempeln unbewusst ihr geheiligtes Land zurückfordern.

Ob im Ritual der Pilgerreise, dem Kreislauf der Reinkarnation oder den Umdrehungen des buddhistischen Lebensrades, der Kreis ist die Form des Heiligen. In der volkstümlichen Überlieferung vollführen Götter, Dämonen und sogar Reptilien die Kora. Durch die Würde des Gehens (im Tibetischen kann ein Mensch ein Aufrecht-Gehender oder Der-wertvoll-Gehende sein) erlangen Pilger Verdienste für ihr zukünftiges Sein und irdisches Glück, und manchmal umrunden ganze Familien mit ihren Tieren und Hunden den Kailash – alle empfindenden Kreaturen sammeln Verdienste an und nähern sich so ein Stück weiter der Vervollkommnung, nachdem sie über Hunderte von Kilometern hergereist sind.

Als der Morgen voranschreitet, wird die Menge immer dichter. Es mögen jetzt tausend Pilger sein, die um den Mast kreisen, wie Planeten um die Sonne. Sie gehen schnell, beschwingt, wie an einem frommen Feiertag. In der bitterkalten Luft hängen ihnen die Schaffellmäntel immer noch so tief von den Schultern, dass die Ärmel über den Boden schleifen. Die Ohrenklappen an den Hauben der Frauen flattern frei in der Luft, und die zottigen Mützen und Cowboyhüte der Männer sitzen ihnen in allen Winkeln auf den Köpfen. Einige zerlumpte Alte stoßen sich mit Stöcken und ihre Gebetsmühlen drehend voran, die Stammesnomaden marschieren in einer bunten Farbenflut. Die Frauen scheinen alles zu zeigen, was sie besitzen, und es liegt ein verspieltes Werben in der Luft. Ihre Gürtel sind aus geprägtem Silber und mit Kaurischnecken umsäumt, und hier und da baumeln Amulette und Glöckchen. Ihre Gesichter strahlen übermütig, und sie tragen Ketten aus Bernstein und Korallen um die Hälse. Um ihre Stirnen haben sie mit Türkisen besetzte Bänder und um die Taillen prächtige Schärpen geschlungen. Es gibt Drokpa-Hirtinnen aus der Gegend hier und robuste Khampas aus dem Osten, die sich purpurne Tücher um das Haar gebunden haben. Und hier und da schimmern fantastische Seidenjacken, rosa, violett und golden, mit Drachen und Blumen bestickt.

Umringt von chinesischen Soldaten, hängt der Mast immer noch schrecklich schief da und wartet. Die festlichen Fahnen und

Wimpel flattern überall, in viel zu synthetischen Farben für die Elemente, die sie repräsentieren: Ihr Gelb ist greller als alle Erde, ihr Grün zu strahlend für das Wasser. Ich studiere sie und erkenne nur Padmasambhava, mit einem Holzstempel gedruckt, und das mit heiligem Feuer gesattelte Windpferd. Ganz am äußeren Rand hängen weitere Gebete, in verblichenen Wasserfällen auf weißes Tuch gedruckt, doppelt mannshoch. Zu durchscheinenden Bündeln gesammelt, fallen sie übereinander und unlesbar nach unten, wie ineinandergefaltete Bücher. Jedes Jahr werden sie hier zusammengetragen, und ihre hingegossenen Formen wehen ruhelos wie Geister im Wind, um mit ihren Sutras Schutz zu spenden, mit der Magie der Worte.

Von einer Erhebung über uns sucht die Polizei das Tal mit Ferngläsern ab, Offiziere koordinieren die Patrouillen mit Walkie-Talkies. Eine mit einem Teleobjektiv versehene Videokamera surrt auf einem Stativ und wartet darauf, Unruhestifter aufzunehmen. Die Soldaten behalten ihren Kordon um den Mast bei, stolzieren in kleinen Trupps mit Schlagstöcken und Einsatzschilden gegen den Uhrzeigersinn den Pilgern entgegen oder stehen zu fünft oder sechst hinter den herabhängenden Gebeten. Aber die Tibeter sehen durch sie hindurch, als wären sie völlig ohne Bedeutung. Den ganzen Morgen über steht ein chinesischer Feuerwehrmann mit Helm allein und starr da und erfüllt irgendeine Vorschrift, mit einem Kanister links und rechts von sich und nichts Brennbarem in Sichtweite.

Die Wolken im Norden haben sich verflüchtigt, und die Spitze des Kailash erhebt sich über den Knochenplatz. Einige Pilger sehen jetzt zu ihm auf und heben die aneinandergelegten Hände an die Stirn. Sie nennen den Berg nicht auf Sanskrit Kailash, sondern Kang Rinpoche, den Kostbaren aus Schnee. Vielleicht stellen sie sich auf seinem Gipfel den Palast Dechogs vor, aber auch diese buddhistische Segnung kann nicht ganz das Gefühl einer uralten, unpersönlichen Heiligkeit zerstreuen, als läge die Kraft dieses Berges in ihm selbst. Es geht um Magie. In den Augen der Gläubigen wird das Mana des Kailash auf wunderbare Weise durch alle, die hier je meditiert haben, verstärkt, sodass die Kora voll von ihrer Kraft ist. Eine einzige Umrundung des Berges, so heißt es, vertreibt die Beschmutzung eines ganzen Lebens und bringt Vergeltung selbst noch für den Mord an einem Lama, an Vater oder Mutter, während einhundertacht Umrundungen den Pilger in den Rang eines Buddha erheben.

Diese Rechnungen wiegen die Magie des Berges gegen den Geist des Pilgers auf. In der Vergangenheit konnten Reiche einen Stellvertreter bezahlen, damit er die Umrundungen machte, und das Verdienst teilte sich zwischen den beiden auf. Auch heute noch, wenn der Pilger zum Beispiel auf einem Yak oder Pony reitet, geht die Hälfte des Verdienstes an das Tier. Das Yak wie der Mensch sind der irdischen Verschmutzung ausgesetzt, die sich neben den eigentlichen Sünden wie ein Fleck oder Schatten auf sie legt. Eine Pilgerreise reinigt sie davon. Der Weg der tantrischen Meditation, der die Illusion der Verschiedenartigkeit zerstreut, taugt nur für wenige, und die Menschen hier um mich herum, die jetzt langsamer werden, um zu sehen, wie der Mast aufgerichtet wird, bringen ihren Verdienst stattdessen durch diese irdischere Reise ein.

Vor hundert Jahren schrieb Sven Hedin, der erste Westler, der die Kora unternahm, die Motive der Pilger seien einfach: Sie hofften, in einem zukünftigen Leben in der Nähe Dechogs sitzen zu dürfen – dabei hatten sie andere, eher materielle Sorgen. Selbst heute verblasst das ferne Wirken des Karmas angesichts alltäglicher Probleme. Der Mann betet, dass sein Vieh wieder gesund wird, dass er einen höheren Preis für seine Butter erzielt, sexuell oder im Spiel Glück hat. Die Frau will ein Radio und ein Kind. Darum geht es, wenn die Pilger zu den Buddhas und den Schutzgöttern eines Ortes beten. In den einsamen Einsiedeleien, den *gönpa,* um den Kailash bieten sie den Geistern Räucherwerk, ein wenig Reis, eine Schüssel sauberen Wassers. Und irgendwo in dieser Wildnis mögen sie den grimmigen Berggöttern auch zuflüstern, sie sollten den Dalai Lama zurück nach Lhasa bringen und die Chinesen aus dem Land jagen.

Eine schmale, in Safran gekleidete Gestalt steht vor dem Mast, winzig und wunderlich mit ihrem mit Quasten behängten purpurnen Hut. Dieser Mann ist der Zeremonienmeister, der mit hoher Stimme Anweisungen durch ein Megafon gibt. Zwei kräftige Gruppen, jede dreißig Mann stark, beginnen an langen, hoch am Mast befestigten Seilen zu ziehen, während sich zwei Lastwagen, deren vordere Stoßstangen ebenfalls mit ihm verbunden sind, im Rückwärtsgang in Bewegung setzen. Erwartungsvolles Rufen erschallt, und auf Zettel geschriebene Gebete werden in den Wind geworfen. Der Mast beginnt sich aufzurichten. Die Stangen, die ihn schräg in die Höhe gehalten haben, fallen weg, und die an ihn gebundenen Gebetswimpelschnüre werden in Harlekinbögen in die Höhe gezogen. Schließlich verharrt der Mast zitternd in einer Fünfundvierzig-Grad-Diagonale und deutet wie ein Gewehrlauf auf den Kailash. Die Zuschauer lassen halb gesungene, angespannte Rufe hören und halten sich bei den Händen. Der Zeremonienmeister läuft hin und her und leitet die Trupps der ziehenden Männer an. Wenn sich der Mast nicht völlig aufrecht in seine steinerne Fassung fügt, wird Tibet im kommenden Jahr von Unglück heimgesucht werden. Zwei Jahrzehnte lang, bis 1981, war die Zeremonie verboten, und das Land litt. Und jetzt sind die Seile der Männer gleich gespannt, die safranfarbene Gestalt ruft etwas, und der Mast hebt sich in die Senkrechte, bis alle Unterstützung wegfällt. Die bunten Stoffe entfalten sich zu Laubwerk, und der große Baum steht auf wunderbare Weise aufrecht, gehalten nur von leichten Farbgirlanden. Die bewusst oder zufällig himmelblaue Seide ganz oben rutscht herunter, enthüllt die goldene Kugel, die den Baum krönt, und die Menge bricht in triumphierende Schreie aus. »*Lha-gyel-lo-so-so! Lha-so-so! Lha-so-so!*«, erklingt es. »Sieg den

Göttern!« Die Pilger werfen *tsampa* in die Luft, wieder und wieder, das in hellen Wolken in Richtung des Berges explodiert. Sie tauchen die Arme in Taschen voll mit Gebetszetteln, die sich bald schon zu einem Schneesturm vereinen. Ein Ofen aus Lehmziegeln, befeuert mit Yakdung und Wacholder, wird zur Quelle weiterer in die Luft geworfener Gebete und Räucherstäbchen, bis die Luft gesättigt ist mit einer weißen Segensblüte – Rauch, verwehter Gerste, Papier –, die sich um die Stiefel der chinesischen, immer noch unbewegt in Habachtstellung dastehenden Soldaten legt und wie ein Nebel auf den Kailash zutreibt.

In diesem Moment geschieht etwas Seltsames. Hoch oben, am Rand der Bestattungsplattform, hebt eine weiß gekleidete Gestalt ein hölzernes Kreuz, steigt wie ein mystischer, vom Golgatha zurückkehrender Christus zu uns herab, einen kleinen, aufgeregten buddhistischen Mönch hinter sich, und taucht in die Menge. Bald darauf verliert sich sein Rätsel unter den Pilgern, die sich erneut wie ein großes farbiges Rad in ansteckender Glückseligkeit um den fahnenwedelnden Baum drehen. Manche drängen zu ihm, um seinen Stamm mit der Stirn zu berühren, andere werfen sich auf die steinige Erde, die Arme zum Berg hin gestreckt, die Handflächen aufeinander. Selbst die Polizisten fotografieren sich gegenseitig.

Die Mönche, die stundenlang betend in einer Reihe dagesessen haben, ziehen jetzt in einer segnenden Prozession voran. Angeführt vom Abt des Klosters Gyangdrak, das in einem Tal unter dem Kailash liegt, bewegen sie sich in schlurfendem Prunk, blasen in Hörner und die Gehäuse von Meeresschnecken und schlagen Becken gegeneinander. Der kleine Abt mit seiner dünn gerahmten Brille wirkt milde und hält Räucherstäbchen in die Höhe, während die safranfarbenen Fahnen hinter ihm weiche, gefältelte Seidenstufen bilden, wie eine in sich zusammengesunkene Pagode. Hinter den Fahnen kommen drei Meter große Hörner, die ein Mönch alleine nicht tragen kann. Röchelnd bewegen sie sich voran, die weiten Öffnungen mit Kordeln an die davor gehenden Männer gebunden. In einem Gedränge zauberroter Hüte folgen den Hornbläsern Mönche mit großen, mit wilden Drachen bemalten Trommeln, hinter denen ein Älterer das Schlusslicht bildet. Er trägt ein Silbertablett mit allerlei Utensilien und einer Flasche Pepsi mit sich.

Am späten Nachmittag sind die Zeremonien vorüber, und die kreisende Menge hat sich zerstreut. Die Feiernden haben die rundum wehenden Fahnen und Wimpel dicht um den Baum gewunden, sodass man dort durch einen Dschungel wilder Schlingpflanzen steigt, die von unten nach einem greifen und von oben auf den Kopf herunterhängen. Bei Einbruch der Dämmerung ziehen sich die Pilger in ihre Lager zurück, und auf dem Platz kehrt Ruhe ein. Alles scheint zu einer strahlend bunten Ruine zusammenzufallen, wie ein großer Spielplatz, der abends von allen Kindern verlassen daliegt. Trotz allem trägt der überkommene Ritus unschuldigen Optimismus, erdverbundene Frömmigkeit und Vertrauen in sich. Ein paar Lagerfeuer flammen im Tal auf, und ein schwacher Duft treibt durch die Luft, von schwelendem Räucherwerk, das die unglücklichen Toten nähren und dem sich verdunkelnden Berg gefallen soll.

Wenige Vorstellungen sind älter als der Gedanke, Himmel und Erde seien einst verbunden gewesen, Götter und Menschen eine Himmelsleiter – ein Seil oder eine Ranke – hinauf- und hinabgeklettert und hätten direkt miteinander Umgang gehabt. Irgendeine urzeitliche Katastrophe hat diese Verbindung dann für immer zerstört, aber überall in Asien und darüber hinaus erinnert man sich noch mit rituellen Pfählen und Leitern daran: mit dem Baum, den der brahmanische Priester erklimmt, um ein Opfer darzubringen, der Treppe, die den Schamanen in den Himmel trägt, und selbst dem Zeltpfosten der mongolischen Hirten, der Himmelssäule, die zum Brennpunkt ihrer Gebete wird. All diese Kulte erwachsen aus einem riesigen archaischen Hinterland, den Weltsäulen des frühen Ägypten und Babylons, der Auffahrt des Mithras, den in den Himmel wachsenden Bäumen des alten China und Deutschland und ja, auch der von Engeln benutzten Jakobsleiter, die aus dem Zentrum der Welt zum Himmel führte.

Miteinander gemein haben all diese Konzepte, die sich zum Teil von Mesopotamien ausbreiteten, dass die lebensspendende Treppe oder Ranke, durch die Heiligkeit auf die Erde fließt, ins Herz dieser Welt reicht, die *axis mundi*. Die Errichtung des geheiligten Baumes am Kailash, dem Zentrum des hinduistisch-buddhistischen Kosmos, ist ein klassisches Beispiel dafür, seine Aufstellung eine zeitlose, in Abständen durchgeführte Zeremonie, die Buddhas oberflächlichen Sieg über den Bön markiert, den ursprünglichen Glauben der Region. Für den Bön war der Kailash selbst die Himmelsleiter, die das Elysium mit der Erde verband. Die Vorstellung einer Seilverbindung zum Himmel ist tief im Glauben Tibets verwurzelt, dessen erste Könige an Lichtkordeln vom Himmel herabfuhren, die an ihren Köpfen befestigt waren. Mit solchen Kordeln, so ging der Glaube, könnten die Toten auch ins Paradies auffahren.

Aber selbst im buddhistischen Mythos gibt es etwas Veränderliches, Unstetes im Verhältnis zwischen Kailash und den Gläubigen. Trotz all seiner Masse hat der Berg kaum Gewicht. Gemäß den tibetischen Volkslegenden ist er aus einem anderen, unbekannten Land hergeflogen – viele der tibetischen Berge fliegen – und wurde mit Gebetsfahnen und Ketten an seinem Platz verankert, bevor er von Teufeln in die Tiefe gezogen werden konnte. Und dann, um die Himmelsgötter daran zu hindern, ihn aufzuheben und an den Ort zurückzustellen, von dem er gekommen war, nagelte ihn Buddha mit vier Fußabdrücken an seinen Platz.

Aber jetzt, so heißt es, befinden wir uns im Kaliyuga, dem Zeitalter des Streits und der Entartung, und der Berg kann jeden Moment wieder davonfliegen.

KAPITEL DREIZEHN 177

Das Rätsel der weiß gekleideten Gestalt mit dem Kreuz klärt sich
bei Einbruch der Nacht. Ich finde den Mann zwischen den Zelten
am Lha Chu. Sein riesiges Kruzifix lehnt an einem Lastwagen.
Wie sich herausstellt, ist er ein in Kasachstan geborener Russ-
landdeutscher. Im Zweiten Weltkrieg deportierte Stalin seine
Familie dorthin. Finster und groß steht der Mann da und spricht,
als überbrächte er ein heiliges Ultimatum. Irgendwie hat er es voller unschuldiger Zuversicht geschafft, mit seinem Lastwagen die
komplizierten Grenzen hierher zu überwinden.

Ich frage ihn staunend: »Hatten Sie keine Schwierigkeiten?«

»Alle waren gut zu mir. Alle haben mich willkommen geheißen!« Seine blauen Augen leuchten klar aus dem fuchsroten Busch
aus Haar und Bart.

»Sind Sie russisch-orthodox?«

»Ich bin Evangelist.«

Sein Kreuz ist voller geheimnisvoller Bilder. Oben klafft ein
Symbol für den Mund der Welt, unten deutet ein mit Schädel und
gekreuzten Knochen gezeichnetes schwarzes Schaf Richtung
Hölle, und in der Mitte hängt die verwirrendste Gestalt für die
Tibeter: ein gekreuzigter Gott.

In schroffem Predigtton erklärt der Evangelist mir die Symbo-
le, und ich spüre, dass er keinerlei Erwartung hegt, ich könnte ihm
glauben. Ich frage mich, wie seine Reise wohl verläuft und unter
wie viel Unverständnis er zu leiden hat. Es ist mehr als zwei Jahrhunderte her, dass ein Missionar in Zentraltibet gepredigt hat,
und jetzt verfällt der Mann in ein so wirres esoterisches Credo,
dass mein Russisch versagt. Er hat die Vorstellung, dass sich die
Bewohner von Atlantis und der Welt in Christus vereinigen werden. »Und die Kraftlinien der Erde verlaufen durch die Sphinx,
wie alle wissen, und die sieht nach Osten zum Kailash, und der
Kailash ...«

Er hört nicht wieder auf. Seine New-Age-Klischees sind nicht
nur voll von Jesus, sondern auch von einem alten slawophilen

Traum. Der Westen ist dem Materialismus verfallen, aber Russland ist die reine Seele. Russland wird die Welt retten.

»Selbst jetzt noch, unter Putin?«, murmele ich.

»Ja, Putin, Medwedew, sie bringen Russland zurück zu sich selbst.«

Er steht neben seinem Kreuz, die Inkarnation des Propheten, der Hüter der Wahrheit. Er sehnt sich nach dem Weltfrieden, einer vollkommenen Ökumene. Wenn die Leute nur zuhören würden. Die Buddhisten sind in Ordnung, sagt er, nur haben sie keinen Christus. Er bringt ihnen den russischen Christus.

»Aber sie verstehen mich nicht. Sie verstehen kein Wort.« Es ist allein seine Präsenz mit seinem übergroßen Kreuz, die vor den Menschen die Erlösung erstrahlen lassen soll, wie er sie sieht. Wie wird seine christliche Dreifaltigkeit aufgenommen?, frage ich mich. Und Gottes Sohn, der durch die Geschichte wandert? Er weiß es nicht. Das großzügige tibetische Pantheon, denke ich mir, könnte sie möglicherweise oberflächlich in sich aufnehmen. Aber zusammen mit dem Schwarm all der Buddhas und kleinen Götter müssten sie wie ein abergläubischer Nebel vor der Absolutheit des Nirwana weichen.

Wird er noch tiefer nach China hinein reisen?, frage ich, fürchte aber irgendwie nicht um ihn.

»Nein. Der Kailash ist mein Endpunkt.« Er schüttelt den Kopf, und sein Haar bildet einen feurigen Glorienschein. »Ich fahre jetzt wieder nach Hause.«

»Wo ist das?« Er sieht zum Berg und der *durtrö* hinauf, und ich frage mich einen Moment lang, ob er meint, hier sein Ende finden zu wollen.

Aber er sagt: »Nach der Perestroika ist meine Familie in den Westen gezogen, nach Deutschland, von wo wir einst aufgebrochen sind.« Er kehrt also zurück ins Paradigma des westlichen Materialismus. »Nach Düsseldorf«, murmelt er.

Kapitel Vierzehn

Tatsächlich beginnt die Kora hier, auf dem Grat zwischen dem großen Mast und dem Fluss, wo der Kangri-Chörten den Berg in seinem dunklen Bogen isoliert. Das Fundament des Chörten liegt voller Steine, die von Pilgern vor ihrem Aufbruch dort hingelegt wurden. Iswor legt in der Morgendämmerung einen Kiesel dazu, umkreist die Stätte im Uhrzeigersinn, die Gebetsperlen locker ums Handgelenk gewunden, und versichert uns gegen Gefahr.

Die Chörten haben ihren Ursprung in den alten indischen Stupas, in denen die Asche Buddhas aufbewahrt wurde. In Tibet haben sie jedoch eine andere Form und andere Bedeutungen angenommen. Einige enthalten Beisetzungsreste, meist aber bergen sie Schriften und Reliquien, oft zu beschädigt, um noch benutzt zu werden, und zu heilig, um sie zu zerstören. Unser Chörten hier

ist ein zeremonielles Tor, das den Pfad der Pilger reinigt und einem mir mittlerweile vertrauten Modell nachgebaut ist: Vom
quadratischen Sockel führen Stufen zu einer konkaven Trommel,
die ihrerseits zu dreizehn kleiner werdenden und verdichteten
goldenen Rädern hinaufführt, auf deren Spitze ein Halbmond die
Sonne wiegt.

Diese Strukturen können auf viele Weisen gesehen werden.
Die fünf Hauptbestandteile, vom erdverbundenen Sockel bis zur
ätherischen Sonne, stehen, wie es auch die Gebetsfahnen tun, für
die buddhistischen Elemente. Gleichzeitig symbolisieren sie den
Pfad des Eingeweihten zur Erleuchtung, und die krönende Schei-
be auf der Sonnenkugel wandelt die Weisheit der Sonne und das
Mitgefühl des Mondes in reine Wahrheit. Tantrische Eingeweihte entdecken in dem Chörten ein Eidolon des sitzenden Buddha
und sehen seine zentrale Achse – die meisten Chörten umschlie-
ßen einen senkrechten Balken – als ein Symbol des Meru-Kailash
oder als männlichen Archetypus, der sich in einen weiblichen
Körper ergießt.

Durch den Bogen des Chörten gehen wir auf eine Vision des
Berges zu. Yakzähne hängen von der Decke und streichen uns
über die Schultern, darüber hängen zwei verrottende Yakköpfe.
Eingeschlossen in der Trommel über uns, rufen unsichtbare Reliquien Segen auf uns herab. Dann treten wir hinaus ins heilige Tal.
Sein Boden ist grün, Yaks und *dzo* grasen darauf. Ein paar Pilger
sind wie Perlen an einer Schnur im Tal aufgereiht. Und hier, um
diese Wiesen, die das Goldene Becken genannt werden, beginnen
die Felswände auf großartige Weise näherzurücken. Vorstehende
Klippen sind orangerot und rosa gesäumt und ragen wie verfallen-
de Türme in die Höhe, um dort in Felsen aufzugehen, von denen
Schiefer herabrieselt.

Seitlich sprenkeln Eremitenhöhlen die Höhen unter der Bei-
setzungsebene. Pilger klettern zu ihnen hinauf, wildhaarig und
jung. Wer hat da meditiert? Bönchung vielleicht, der frühe

Bön-Zauberer, oder Milarepa, der buddhistische Heilige, der ihn verdrängte? Sie wissen es nicht. Die Höhlen sind schmal, mit Podesten aus lose aufgeschichteten Steinen. Gläubige haben Geld und Gebetsperlen an die Decken geklebt, und auf einem Stein liegt eine Halskette.

Wir wandern in bester Stimmung los, und der Weg ist einfach. Der Lha Chu wandert mit uns, eisverkrustet. Nordöstlich ragt der Kailash im einsamen Schnee auf. Im weiten, kiesbedeckten Tal vor uns schiebt sich eine Gestalt voran, streckt sich in voller Länge auf der Erde aus, erhebt sich, geht drei Schritte, lässt sich erneut fallen und streckt die Arme vor. Selbst als wir sie überholen, kann ich nicht sagen, ob es ein junger Mann oder eine junge Frau ist. Auf diese schmerzvolle Weise, jeden Meter des Pfades mit dem Körper vermessend, umrundet ein Pilger den Berg vielleicht in drei Wochen. Jeden Morgen in der Dämmerung kehrt er an die mit einem Stein markierte Stelle zurück. Als sich die Gestalt erhebt, sehe ich, dass sie zum Schutz eine lederne Schürze trägt, und an die Hände, die sie vor jeder neuen Verbeugung betend hebt, sind Holzlatten geschnallt. Aus dem Schmutz wendet sich mir ein geschwärztes Gesicht zu und lächelt. Es ist eine junge Frau, fast noch ein Kind. Wenn sie eine Eingeweihte ist, sieht sie auf dem Weg vor sich ihren schützenden Buddha und sammelt mit jedem Gruß Tugend. Ihr voraus gehen zwei gebeugte Frauen, die zu alt sind, um diesen Ritus selbst auszuführen. Sie haben eine Thermoskanne Tee dabei, hocken sich in den Kies und ermuntern die Junge.

Iswor ist so verblüfft wie ich und sagt nur: »Vielleicht hat sie etwas getan.«

Wir betreten eine so mit Heiligkeit aufgeladene Zone, dass jede Buße und jedes Verbrechen unter ihrer Kraft erzittert, wobei das Kraftfeld der Heiligkeit für die wenigen Menschen, die hier wohnen, besonders stark ist, sind sie doch von ihren vergangenen Inkarnationen hergeführt worden. Das Gebiet wird jedoch nicht

allein von Buddhisten und Hindus verehrt. Die überlebenden Bön
beten den Berg ihrer Vorfahren ebenfalls an und umkreisen ihn
gegen den Uhrzeigersinn. Dazu kommen die Anhänger des friedvollen Jainismus, wenn ich hier auch keinen erkennen kann: Sie
verehren den Kailash als den Ort, an dem ihr erster Prophet ver-
schied, umkreisen ihn wie die Buddhisten und tragen ihre Gebetsperlen in kleinen Taschen mit sich.

Pilger, die dreizehn Umkreisungen hinter sich bringen, dürfen
die innere Kora gehen, einen kürzeren, mitunter gefährlichen
Weg, der nahe an die Südwand reicht. Weiter darf niemand heran. Der Kailash ist nie bestiegen worden. Mit seinen gut sechstau-
sendsechshundert Metern ist er nach Himalaya-Standards kein
Riese, doch er steht furchterregend allein. 1926 kundschaftete ein
englischer Bergsteiger, ein gewisser Colonel Wilson aus der indischen Armee, mit seinem Sherpa Satan den südlichen Zugang
zum Gipfel aus, den Wilson unbeschwert mit einem Bowler ver-
glich. Nachdem sie sich verschiedene sonnenlose Hohlwege hin-
aufgequält hatten, glaubte er einen Grat ausgemacht zu haben,
der zum Gipfel führte. Aber die Zeit wurde knapp. Von einer fast
senkrechten Wand und schiefrigen Abgründen abgeschreckt, zogen sich die beiden Männer zurück, während über ihnen ein ver-
heerender Schneesturm mit Blitz und Donner losbrach.

Es dauerte fast zwanzig Jahre, bis ein weiterer britischer Alpi-
nist, Major Blakeney, die abstruse Vorstellung entwickelte, den
Gipfel mit wenig mehr als einem Schirm zu besteigen, doch sein
tibetischer Führer weigerte sich hartnäckig. Dann, Mitte der
achtziger Jahre, plante der große Reinhold Messner einen Versuch, aber die Chinesen hielten ihn hin, und die Sache verlief im
Sand. Niemand hat seitdem wieder einen Anlauf unternommen.
Die Nordseite fällt fast senkrecht ab, ist stark steinschlaggefähr-
det und womöglich unbesteigbar. Süden und Westen fallen ebenfalls jäh ab, mit Schiefer und Gletschern. Nur der Osten, der von
der Kora aus kaum einsehbar ist, könnte eine weniger furchterre-

gende Route bieten. Aber die Besteigung des Kailash wird immer
noch von den Menschen untersagt, die ihre Götter nicht gestört
sehen wollen.

Während wir weiter nach Norden gehen, sind all diese Abgründe noch nicht sichtbar, sondern hinter vorstehenden Felsen
verborgen, und selbst der Granitsockel, auf dem sich der Gipfel
erhebt, ist kaum zu sehen. In diesem Tal, durch das wir gehen, das
Tal Amitabhas, des Buddha des Unendlichen Lichts, verblasst der
Sandstein beige und bernsteinfarben und ragt fast senkrecht in
mürben Klippen auf. Das Tal verengt sich, und der vorgeschicht-
liche Gletscher, der hier seine Moräne herausgeschnitten hat,
wird düster spürbar. Winzig und hoch an einer Wand kommt die
erste der vier Einsiedeleien in den Blick, die um den Berg angelegt
sind. Sie scheint wenig mehr als eine Scheune, die halb unsichtbar
aus dem Gestein der Wand gebaut ist. Gebetsfahnen fließen von
ihren Wänden, wie himmlische Telegramme an die monströse
Schlucht dahinter. Vielleicht ist das der Ort, wo ein Felsbrocken
fünf Jahre vor Hedins Ankunft ein Kloster zerstörte.

Wir überqueren ein Stück flussabwärts eine niedrige Brücke
und arbeiten uns zu den Mauern des Klosters Chöku Gönpa hinauf. Die Spalten rundum sind mit versteckten Höhlen überzogen,
in denen Padmasambhavas wertvolle Schriften versteckt sein mögen. Oder Milarepa saß in ihnen. Während wir aufsteigen, richtet
sich die Felswand jenseits des Flusses hinter uns auf. Dort, wo ein
eingefrorener Wasserfall an ihr herunterhängt, sieht es aus, als
wären Burgen in sie eingelassen. Die Erde um uns herum ist mit
weißen Pflanzen bedeckt, die wie eingesalzenes Gras aussehen,
und zwischen den Felsen blühen buttergelbe Blumen. Weit unter
uns rauscht der Lha grün vorbei, und eine Reihe Yaks prescht
über den grasgrünen Talboden. Anderthalb Kilometer weiter
vorn bewegt sich der ameisengleiche Umriss Rams unter seiner
doppelten Last in nördlicher Richtung auf unseren nächsten Lagerplatz zu, den wir noch nicht kennen. Der schwarze Strich im

Süden dagegen, die junge Pilgerin, die sich der Erlösung entgegen-
schiebt, scheint keinen Meter voranzukommen.

Aus der Nähe besehen, könnte die Einsiedelei aus jedem Jahrhundert stammen, auch wenn eine Fernsehantenne und eine Sa-
tellitenschüssel auf dem Dach sitzen. Tatsächlich wurde ein Vorgänger aus dem 13. Jahrhundert von den Roten Garden, die alle
Klöster und Chörten um den Berg herum zerstörten, dem Fels
gleichgemacht. Als einige indische Pilger 1983 herkamen, boten
Chökus Ruinen einen fruchtbaren Nährboden für Legenden.
Man sagte, das Kloster sei riesig gewesen, habe nachts Hunderten
von Reisenden Unterschlupf geboten und die Waffen des fast
schon mythischen Zoravar Singh beherbergt. Tatsächlich war es
klein und vernachlässigt wie auch das Kloster heute. Kawaguchi
stellte fest, dass es kurioserweise dem Herrscher von Bhutan un-
terstellt war und nur vier Lamas in ihm wohnten.

Ich entdecke die Mönche, die wie Schwalben in kleinen Zellen nisten, aus deren Fenstern sie auf den Kailash sehen. In ihrer
Toilette gibt es improvisierte Löcher, die fünfzehn Meter über
dem Tal hängen. Es sind nur drei Männer, die keine Sprache sprechen, die ich verstehe, und zwei wilde Hunde mit scharlachroten
Halskrausen, denn auch sie sind heilig. An der Tür zur Gebetshalle kratzen Pilger Staub und Steine zusammen und füllen sie in
kleine Beutel. Drinnen bilden etwa zweihundert Kerzen, jede in
ihrer eigenen Tasse Öl schwimmend, einen feurigen Lichtvor-
hang. Die Dämpfe der Yakbutter, die ehedem tibetische Heilig-
tümer erfüllte, haben sich verflüchtigt, da die Butter durch impor-
tierte Pflanzenöle ersetzt wurde, aber das Geld der Pilger für das
Nachfüllen der Lampen stapelt sich immer noch zusammen mit
Früchten auf dem Altar. Hinter den Säulen füllen die im Dämmer
verschwindenden Reihen von Heiligen und Buddhas die Schatten
mit ihrem Schutz: die Buddhas der Vergangenheit, Gegenwart
und Zukunft. Der Buddha des Langen Lebens wiegt Honig in den
Armen, der Buddha der Weisheit schwingt sein Flammenschwert.

Auch hier sitzen Avalokiteshvara, der Bodhisattva des Mitgefühls, dessen tausend alles sehende Arme ihn wie ein Pfauenrad umrahmen, und die aus seinen Tränen geborene Muttergöttin Tara. Taras großer Felsen krönt den morgen vor uns liegenden Pass, den Zenit unserer Reise in fünftausendsechshundertsiebzig Metern Höhe.

Die von den Pilgern mit größter Ehrfurcht bedachte Statue ist nur schwer auszumachen. Kaum ein Viertel seiner Lebensgröße erreichend und so überladen mit Schmuck, dass keiner der Arme und nicht einmal mehr der Hals hervortritt, ist die weiße Marmorstatue Buddha Amitabhas die älteste und wertvollste hier am Kailash. Unter der Mandarinkrone sieht ein blasses, ausdrucksloses Gesicht hervor. Die Augen scheinen geschlossen, das Lächeln deutet sich kaum an. Es heißt, die Statue sei eine Selbstverkörperung, von Buddha Amitabhas eigenem Willen in Stein geformt und von seinem Geburtsort in den milchigen Wassern eines indischen Sees hergeflogen. Neben ihm eingeschlossen ist das Muschelhorn, in das der heilige Naropa vor tausend Jahren geblasen hat, und in der großen ziselierten Kupferschüssel voller Lichter in der Nähe des Altars hat er seinen Tee gebrüht.

Diese drei Überbleibsel aus jener alten Zeit gelten als Körper, Geist und Sprache des Buddha. Im 17. Jahrhundert trug die Armee des frommen Königs des benachbarten Königreichs Guge alles davon, aber die Statue wurde so schwer, dass sie nicht aus dem Tal geschafft werden konnte, das Muschelhorn flog hoch in die Luft, und aus der Schüssel quoll Blut, bis sich die Armee mit leeren Händen zurückzog. Bald darauf bat die zwischen den Felsen liegende Statue einen alten Mann, er solle sie ins Kloster Chöku zurückbringen, und er tat es. Jetzt war sie leicht wie eine Wolke.

In den Wirren der Kulturrevolution mag der Schirmherr Bhutan einiges gerettet haben, doch das ist unsicher. Bereits im 19. Jahrhundert berichtete ein Tibet-Pilger, die Statue sei zu beschädigt, um identifiziert zu werden, und die erste Schüssel ist

sehr wahrscheinlich eingeschmolzen worden. 1991 wurden sechzehn Artefakte aus dem Kloster für den westlichen Kunstmarkt
gestohlen, und das Muschelhorn mit all seinem geprägten Silber
sieht nagelneu aus.

Ein tibetischer Pilger, der ein zögerliches Mandarin spricht,
fragt einen gut aufgelegten Mönch für mich. Alle Relikte sind alt,
antwortet der Mönch, und durch Magie hier gelandet. Manchmal
tragen sie das Muschelhorn in die Häuser von Hinterbliebenen
und blasen seine Töne ins Ohr der Toten. »Das erleuchtet ihnen
den Weg! Es wird sie führen. Manchmal werden die Toten zu diesem Zweck auch hierher ins Kloster gebracht.« Er spricht mit hin-
gehauchter Sicherheit. »Die Statue? Die ist selbstgeformt. In früheren Zeiten konnte sie sprechen. Es ist der Buddha des Lernens
und des Lichts. Schüler mit Schwierigkeiten kommen her, um zu
lernen, und rezitieren sein Mantra ...«

Erst als ich nach Kangri Lhatsen frage, reagiert der Mönch
frostig. Lhatsen ist der wilde, autochthone Gott der Höhen, an
die sich Chöku Gönpa klammert. Er konvertierte zum Buddhismus, ist aber älter, dunkler und wird versteckt gehalten wie ein
Geheimnis. Aber ich bearbeite einen jüngeren Mönch mit dem
Namen der Gottheit, mehrfach, bis er mich von der Tempelter-
rasse hinunter durch einen Lagerraum führt und dort in annä-
hernder Dunkelheit eine Tür aufschließt.

Erst kann ich nichts erkennen. Eine einzige Butterlampe
brennt unter einem weißen Hauch, und ein Fensterschlitz umrahmt den Kailash, wirft aber kein Licht herein. Der Raum wirkt
ärmlich wie ein Außenklo, der Lehmboden ist zerfurcht, und der
junge Mönch ist nervös und hat etwas Mädchenhaftes. Er wartet
bei der Tür. Langsam kann ich einen einfachen Holzaltar ausmachen, auf dem weiße Seide hängt, darunter liegt Geld. Ich steige
zu ihm hoch, und aus dem Tuchgewölk grinst mich das Gesicht
eines roten Dämons an, umwuchert von rotem Haar. Er sieht mit
einer unheimlichen Starre zu Boden, seine Zähne sind gefletscht,

und die vorquellenden Augen scheinen entzündet. Von seinem Körper, wenn er denn einen hat, kann ich nichts erkennen. Aber er trägt eine grüne Krone, die wie der Papierhut eines Kindes aussieht, und ein klobiges Amulett. Der Altar wird von zwei ein bis anderthalb Meter großen Elefantenstoßzähnen flankiert, und von den Stoffen daneben grinsen weitere Gesichter. Die Buddhisten sagen, die alten Bön-Umstürzler seien zu Hütern des Glaubens konvertiert, doch zumindest dieser hier scheint in einem wütenden Exil zu leben, wie ein störendes Unbewusstes, und alle Geschenke, die ihm gemacht wurden, sind ohne Erfolg geblieben. Ich nehme an, es war dieser Menschenfeind, der vor einem Jahrhundert den Felsen auf das Kloster geworfen hat.

Eine Gruppe Khampa-Pilger hat sich hinter mir in den Raum gedrängt, ohne zu wissen, was sich hier befindet, aber vom inbrünstigen Wunsch zur Anbetung erfüllt. Die Frauen bleiben draußen. Die alten Männer kaufen weitere Tücher, um sie vor Kangri Lhatsen hinzulegen. Flehend in ihrer Dankbarkeit, altersgebeugt vor dem jungen Mönch, beten sie. Ich beobachte sie aus dem Dunkel, fasziniert, fremd, bis sie wieder hinausgehen. Vielleicht sind diese rauen örtlichen Götter des Windes und der Erdrutsche leichter zu begreifen als die andersweltlichen Buddhas, und vielleicht ist es klug, gerade sie auf dieser härtesten aller Pilgerreisen zu besänftigen.

Der Lha Chu, der Fluss der Geister, führt uns weitere acht Kilometer durch einen Korridor verblichenen Sandsteins. Links und rechts wachsen die Wände neunhundert Meter zu himmelhohen Vorhängen auf, rosa und kupferrot. Etwas Weiches im Stein formt sich zu schrundigen Terrassen, die quer zu den senkrechten Rissen verlaufen, bis die ganze Felswand zu zyklopischen Bauklötzen zersplittert, die Hunderte von Metern dahinwandern, ohne weiter zu zerbersten. Dann hoch oben, windgepeitscht, lösen sich die dünnen Schichten voneinander, steigen auf in ein fi-

ligranes Werk aus Türmen und Palisaden, durchbrochen von der
Illusion hochbogiger Türen, und der Himmel füllt sich mit dem
Bild zertrümmerter Paläste und Tempel. Besonders dort, wo der
Fels muschelrosa wird, scheinen seine Umrisse in einem anderen
Äther zu schimmern. Dazwischen stürzen gefrorene Wasserfälle
aus Rinnen oder schwappen eisig blitzend über die Felsgipfel.
Wenn sie endlich das Tal zu unseren Füßen erreichen, schmelzen
sie in kaum sich bewegende Zuflüsse zum Lha Chu und verstop-
fen ihn mit Splittern und Felsbrocken.

Die Paläste hoch oben sind natürlich die Aufenthaltsorte der
Buddha-Gottheiten, und jede Besonderheit eines Spaltes oder
Felsens wird zum Zeichen ihrer Anwesenheit oder ist gar die
spontane Selbstverkörperung eines heiligen Wunderkinds. Auf
der Talseite gegenüber vom Chöku Gönpa sehen die Mönche
sechzehn Heilige im Fels versammelt, während oben auf dem
Gipfel das Seidenzelt Kangri Lhatsens treibt. Ein Stück weiter
trägt ein mystischer Strom das Licht des Regenbogens vom Berg,
und eine Felskuppel im Osten ist die Feste des Hindu-Dämons
Ravana, der zusammen mit seinem Yak und seinem Hund zum
Buddhismus übergetreten ist. Der Fels, der ein Stück näher her-
vorragt, ist der kristallene Reliquienschrein des Heiligen Nyö
Lhanangpa mit seiner Vision des Buddha, und dahinter kniet der
Affengott Hanumam und bietet dem Kailash sein Räucherwerk
dar. Hinter uns im Osten ergießt sich der Schweif des wundervol-
len Pferdes von Gesar von Ling, Tibets epischem König, in einer
eisigen Kaskade von der Höhe, und seine sieben Brüder bewoh-
nen sieben Felsspitzen entlang unseres Weges. Im Westen, auf
drei sechstausend Meter hohen Gipfeln, wohnen die drei großen
Bodhisattvas des Langen Lebens, und ein Granitfelsen neben unserem Pfad ist die Manifestation eines die Schlange besiegenden
Buddhas. Für die, die es sehen, ist der Fels überall voller Leben.
Und auf dem Kailash selbst schimmern die Gletscherportale zum
Herzen von Dechogs Zitadelle.

Es ist eine äußerst komplexe Topografie. Götter und Geister von Buddhisten, Hindus und Bönpo säumen den Pfad in sich überlappenden Stätten. Es gibt buchstäblich Tausende von ihnen. Oft kann ich nur durch einen einzelnen, auf der Erde ausgestreckten Pilger erkennen, wo sich der Hand- oder Fußabdruck eines Buddha wie Schwefel in den Fels gebrannt hat. Und nicht alles ist statisch: Einige der Götter und Bodhisattvas fliegen auch auf verwirrende Weise zwischen verschiedenen Wohnstätten hin und her, andere residieren in mehreren Adlerhorsten gleichzeitig. Aber immer sind sie in irgendeiner Weise körperlich mit ihren versteinerten Behausungen verbunden, vor denen die Pilger beten. Der große Lama Gotsampa, der nach Steinen für einen Herd suchte, um seinen Tee zu kochen, fand keinen, den er benutzen konnte, denn alle um ihn herum waren die von Buddhas geformten Abbilder ihrer selbst oder mit ihren Worten beschriftet.

Wo immer sich eine Höhle in den Fels gräbt und man sich an einen Eremiten erinnert, ist der Stein mit den Leistungen vergangener Frömmigkeit durchtränkt, und die Heiligen verweilen an diesen Orten in mystischer Form lange über ihren Tod hinaus. Die Kora eines jeden frommen Pilgers fügt diesem Vorrat an unsichtbarer Tugend noch etwas hinzu, und die jahrelange Meditation eines verehrten Heiligen – Milarepas, Padmasambhavas und sogar des verdrängten Bönchung – sättigt den Berg mit ihrem Mana. Doch weder ergebene Asketen noch erobernde Buddhas haben die Ahnung dunklerer Gottheiten ganz ausgelöscht. Die meisten dieser uralten Unruhestifter sind wie Kangri Lhatsen zu meditierenden Göttern und Schutzheiligen gemacht worden, manchmal jedoch scheint ihre Konversion zweifelhaft, und sie rutschen in ihr altes Selbst zurück. In Stufen um die Hänge des Kailash verteilt, bekämpfen die *lha*-Himmelsgötter die *lhamayin* (die in die Hölle fahren werden), und ihre Leidenschaften verurteilen sie zu immer neuen bitteren Wiedergeburten. Die gewöhnlichen Dämonen, die das Leben der Tibeter drangsalieren – die *sadag* (Herrscher der

Erde), die schwarzen Schnecken der *klu,* die unter den Wassern lauern, die schrecklich bewaffneten *tsen* auf ihren fliegenden roten Pferden –, verkümmern im Schatten des Kailash zu buddhistischen Dienern, aber die Launenhaftigkeit des Berges mit seinen plötzlichen Stürmen und Steinschlägen nährt entgegengesetzte Ängste und nervöse Riten der Besänftigung.

Es kommen nur mehr wenige Pilger an uns vorbei. Sie gehen schnell, zielgerichtet und lächeln. Viele bringen den schweren zweiundfünfzig Kilometer langen Weg in sechsunddreißig Stunden hinter sich, einige schaffen es in einem Tag. Dabei ist Mühsal von größter Wichtigkeit. Die Kora folgt einem Pfad intensiver Läuterung vorbei an Stätten ritueller Reinigung von Sünden hinauf zum furchterregenden, Tara geweihten Pass und der Klimax der Erlösung, und selbst die großlungigen Pilger aus den Tälern des Himalaya können unterwegs erschöpft ins Stocken geraten. Unterdessen generiert der Puls des steinernen Fußabdrucks unter ihren salbenden Händen, ihres auf die Erde gestreckten Körpers, des Blicks des Berges selbst einen tiefen sinnlichen Austausch. Sie sammeln ermächtigte Erde und pflücken heilende Kräuter. Sie trinken göttliches Wasser. Die Sünde wird wie Schweiß von ihrem Körper gewaschen. Laut sprechen sie ihre Gebete in die lauschende Luft, ich höre sie, kann sie aber nicht unterscheiden, vielleicht sind sie ein Familienerbe, oder das Mantra, das atmend gemurmelt wird, während sie voranschreiten. Und irgendwann äußern sie die Bitte, dass ihre Pilgerreise allen empfindenden Geschöpfen Erleuchtung bringen möge.

Es überrascht mich, drei Männer zu sehen, die gegen den Uhrzeigersinn auf mich zukommen. Ich stelle mir vor, dass es sich um Bönpo handelt, deren ältere Gläubige den Berg auf diese Weise umkreisen, gegen den buddhistischen Strom, und ich rufe einen zögerlichen Gruß zu ihnen hinüber. Aber sie gehen mit unter ihren Kapuzen verborgenen Gesichtern vorbei, abgewandt, wie aus Scham, und ich bleibe verwirrt zurück.

Vor Buddha und vor Dechog war das hier ihr Berg. Vor Jahr-
tausenden, sagen die Bönpo, stieg ihr von einem Kuckuck gezeug-
ter Gründer Shenrab vom Himmel herab, besiegte die örtlichen
Dämonen und schenkte den Berg dreihundertsechzig Göttern,
gekko genannt, die das Mondjahr widerspiegelten. Ihr Anführer,
Gekko, war trotz seines echsenartigen Namens ein furchterre-
gender Vorgänger Dechogs und Shivas, hatte neun Arme, eine
blauschwarze Haut und schnaubte Schneestürme und Donner
über das Land. Sein Kailash war ein Berg aus Fels und Kristall, die
irdische Emanation eines himmlischen Palastes, der die Zerstörung der Welt überstehen würde. Wenn das Bön-Universum ein
Zelt war, so war der Kailash seine zentrale Stange, die eine Öff-
nung hineinstieß, durch die die Sonne und die im Inneren kreisenden Sterne und die Welten darunter beleuchtet wurden. Für
die Bönpo ist dieser Neunstöckige Swastika-Berg mit dem Zeichen des (sich gegen den Uhrzeigersinn drehenden) Glücks versehen, und die Fußabdrücke ihrer Heiligen sind überall zu finden.

Die Buddhisten sagen, der Bön sei das Überbleibsel einer dämonengeplagten Vergangenheit. Die Bönpo halten dagegen, ihr
Glaube sei der lange vor dem Buddhismus aus Persien, vielleicht
auch Zentralasien hergelangte Urglaube. Der historische Buddha,
sagen sie allerdings, könne durchaus eine Inkarnation Shenrabs
sein. Der Bön reicht zurück in die Zeit des um den Kailash gelegenen Königreichs Shangshung, das als die erste, königliche Wiege
der tibetischen Kultur gilt. Die Bönpo waren die Priester der irdischen Könige, und ihre Praktiken strotzten vor Zauberei, Geis-
terkontrolle und Führung der Toten. Yogis beherrschen ihre Legenden, hängen ihre Kleider an Sonnenstrahlen und werden zu
Adlern. Wenigstens zwei Jahrhunderte lang kämpfte der Bön mit
dem hereindrängenden Buddhismus und wurde langsam von ihm
verwandelt – um tausend Jahre später als eine Religion neu zu er-
stehen, deren Glaubenssätze oft nicht von denen Buddhas zu unterscheiden sind.

Der Buddhismus seinerseits nahm viele Götter und Praktiken des Bön in sich auf, einschließlich heiliger Tänze und der Gebetsfahnen. Wobei beide Religionen, so scheint es, von den Riten und Geistern ihnen vorangegangener namenloser Kulte beeinflusst wurden. Tibetische Buddhisten akzeptieren den Weißen Bön nur mit Unbehagen, dessen Tempelstatuen noch wilder als die eigenen sind und der sich umfassender der Magie öffnet. (Der Schwarze Bön bleibt ein unnennbares Randgebiet schamanischer Außenseiter.) Und so existieren die ineinander verflossenen Religionen nebeneinander, selbst in Lhasas Allerheiligstem. Bis zur chinesischen Invasion reiste ein buddhistischer Offizieller jedes Jahr zu einem Heiligtum beim Yarlung-Tal, dem Friedhof der tibetischen Könige, entzündete Butterlampen, verstreute Korn und bat den Kuckuck, den heiligen Vogel des Bön, zurück nach Tibet zu fliegen.

Er war jetzt ein alter Mann, hoch in den Achtzigern. Er saß zwischen Kissen in einem Raum des Klosters in Kathmandu, das er gegründet hatte: in einer einfachen Zelle, neben seinem zusammengeklappten Bett. Ein Mönch hatte ein winziges Kissen auf den Teppich vor ihn hingelegt, auf dem ich knie. Vom Berg gegenüber mischten sich die Geräusche eines von Touristen, räudigen Affen und zinnoberrot gefärbten Statuen überrannten Hindu-Klosters in die in der schwülen Luft liegenden Gerüche. Nichts im Gesicht Rinpoches, dessen sanfte Augen und immer noch dunkle Augenbrauen wie im Nachhinein hineingemalt schienen, verriet die Anstrengungen der langen Reisen zur Unterstützung der Bön-Gemeinden, für die er so etwas wie ein Heiliger geworden war, oder seines Jahres in einem chinesischen Gefängnis. 1961 hatte er mit einer Gruppe Lamas aus seinem Kloster aus Tibet zu fliehen versucht, mit heiligen Schriften und Artefakten im Gepäck.
»Ja, es war sehr gefährlich. Chinesische Soldaten spürten uns auf, und viele unserer Seligen wurden getötet. Ich selbst wurde an-

geschossen ...« Schwer verwundet, blieb er als totgeglaubt zurück. Eine Familie versteckte ihn, und nach einem zweiundzwanzigtägigen Marsch, immer nur nachts, überquerte er die Grenze nach Mustang.

Das alles hatte er lange hinter sich gelassen, hatte sein Kloster überlebt, das von den Roten Garden zerstört worden war, und es hier im Exil auf dieser grünen Erhebung neu gegründet. Die Zeit lief hier langsamer. Wie der zehn Jahre jüngere Dalai Lama meditierte Rinpoche jeden Tag stundenlang, schien in sich zu ruhen und zufrieden. »Wir Bönpo sind älter als der Buddhismus«, sagte er, »weit älter. Wir reichen zurück bis in die Zeit des Schamanismus, und niemand weiß, wann der begann. Lange, bevor der Buddhismus im 8. Jahrhundert nach Tibet kam, gab es unsere Schriften, unsere Kultur ...«

Ich vergaß für einen Moment lang, dass der Kailash, der einstige Bergtempel seines Glaubens, vom Buddhismus annektiert worden war (es gibt berühmte Legenden darüber). Umfangen von Rinpoches fließendem, sorgfältigem Englisch, vom klösterlichen Frieden und der Erinnerung an den Berg, fragte ich, wie er diese Heiligkeit heute wahrnehme, und er sprach, wie er es als Lehrer im Exil Hunderte Male getan haben musste, in der Erinnerung an ein verlorenes Tibet.

»Am Anfang war der Kailash nichts als Fels. Fels und Stein. Ohne einen Geist. Dann stiegen die Götter mit ihrem Gefolge herab und ließen sich auf ihm nieder. Vielleicht leben sie heute nicht mehr genau dort, aber sie haben ihre Energie auf dem Berg hinterlassen, und er ist voller Geister. Am besten lassen sich die Götter, denke ich, als Kolonisierer beschreiben. Jeder ließ sich in seiner eigenen Gegend nieder, auf Gipfeln und Bergketten, und ließ seine Geister dort zurück. So wurden es Orte der Macht.«

Keine Andeutung westlicher Vernunft, so schien es, behinderte seine Geschichte. Er sprach von den Göttern, wie man über Stadtpolitik oder nomadische Siedlungen sprechen mochte, mit kraftvoller Sicherheit. »Erst war der Kailash nichts als Eis«, fuhr er fort, »dann wurde er zu einer Meeresschnecke, hellweiß, und eines Tages wird er eine Wüste sein, alles ist im Übergang ... Aber heute ist es ein Ort für die anderen. Es gibt einen Berg, der für uns Bönpo noch heiliger ist. Er liegt weiter im Osten und heißt Bönri. Da werden Sie uns finden, ja, wie wir ihn gegen den Uhrzeigersinn umkreisen. Obwohl es nicht wichtig ist. Es ist nur so der Brauch.«

Oft hing sein Mund wie unentschieden offen, als könnte er in Lachen ausbrechen, und ich hatte das Gefühl, dass trotz seiner offenbaren Sicherheit für ihn alles flüchtig und bedingt war und sich leicht in etwas anderes verwandeln konnte, sodass meine Aufmerksamkeit, während er weiter über seine Gottheiten sprach, ehrfurchtslos davontrieb und ich mich fragte, ob der Kuckuck, der seinen Gott Shenrab gezeugt hatte, ein *optatus* oder ein *saturatus* gewesen und die Verwandlung des Kailash von einem Gletscher in eine Wüste nicht das Schicksal unseres ganzen Planeten war.

Er selbst sei vor langer Zeit zum Kailash gepilgert, sagte er. »Sechs Mal habe ich die Kora vollendet, aber es war Winter, die falsche Jahreszeit, und ich war sehr jung. Shangshung ist sehr kalt, und wir wanderten über verdichteten Schnee. Das ist nicht mein Tibet.« Und dann fragte er plötzlich: »War es grün, als Sie da waren? War etwas vom Frühling zu spüren?«

»Ja, in den Tälern.«

Er lächelte. Er wollte sich an ein blühendes Tibet erinnern. »Vielleicht lieben Sie diese Berge«, sagte er. »Ich liebe sie nicht. Ich komme aus einer anderen Gegend, aus dem Osten. Da war es immer grün.« Und für eine kleine Weile, bevor er sich zum Meditieren zurückzog, wurde er ein von Heimweh geplagter alter Mann, der sich erinnerte, nachfragte. War ich östlich von Lhasa gewesen? In Kham? In der Schwüle Kathmandus wollte er von den grünen Yakweiden seiner Heimat hören, von den grasenden

Pferden und den schmelzenden Wasserfällen oben auf den Bergen.

Die rosafarbenen Wände des Amitabha-Tales, die Iswor und mich näher an den Kailash herangebracht haben, öffnen sich in großartiger Weise, und mit einem Mal bricht der Berg hinter den Steilhängen hervor und hängt nahe und bedrohlich über uns. Die ebenmäßige Kuppel ist verschwunden. Im Gegensatz zur Südseite wird die Westflanke von massiven Traufkanten aus schwarzem Fels umwunden, eine über der anderen, die den Berg zu einer gigantischen Pagode werden lassen. Die gekrümmten Überhänge fallen konzentrisch zu Eissimsen ab, die Kessel mit reinem Schnee beschirmen, während über den weißen Feldern hoch oben auf dem Gipfel silberner Staub davontreibt.

Es ist erst Mittag, aber es sind jetzt weit weniger Leute unterwegs. Erst verstehe ich das nicht. Oft sehe ich in dem weiten, sich krümmenden Tal nur den einsamen kleinen Fleck Iswors vor mir, wie es auch in Nepal war, dazu ein paar auseinandergezogene österreichische Trekker. Wo sind die Pilger hin?

Da kommen andere, von vorn, gegen den Uhrzeigersinn. Sie reiten auf Ponys und Yaks, und als sie näher kommen, sehe ich, dass es keine Bönpo sind, sondern indische Hindus, die offenbar umkehren. Es ist ein trauriger, unzusammenhängender Trupp. Ihre tibetischen Treiber pfeifen und rufen neben ihnen, aber die Pilger reiten stumm dahin, dick eingewickelt, unter Kapuzen, die Gesichter im Schatten. Sie sagen auch nichts, als sie an mir vorbeikommen. Viele von ihnen wirken völlig erschöpft, die Gesichter der Männer sind wie dunkle Asche, die Schnauzbärte matt, die Blicke gesenkt. Einige halten Sauerstoffkanister gepackt, die sie zwischen die Felsen werfen werden, wenn sie leer sind. Für ein, zwei Stunden scheint es niemanden auf diesem Berg zu geben als ein paar blonde Trekker, die kräftig vorwärtsstapfen, und diesen Zug dunkler, zurückkehrender Pilger.

Der Wind ist eiskalt und schneidend, er bläst vom Kailash herunter. Die Berge vor uns zeigen nackte Flanken und Schneefelder. Eine einzelne Gestalt kommt auf mich zu, eine Frau in einem braunen Anorak und mit einer Strumpfmütze, die stehen bleibt, um den Reißverschluss bis unter die Augen zuzuziehen. Ihre Gruppe kommt aus Bangalore, sagt sie, ganz im Süden Indiens, und nichts und niemand hat sie auf das hier vorbereitet. Ihre Stimme klingt leicht und wie entkernt durch den Wind.

»Ich weiß nicht, was mit uns geschehen ist. Alle waren so sicher, dass sie es schaffen würden. Wir haben die Regierungstests gemacht, Lunge, Herz, alles. Vielleicht haben sich ein paar gedrückt, ich weiß es nicht.« Sie klingt weniger müde als verblüfft. Von ihrem Gesicht sehe ich unter der Kapuze und hinter der dunklen Brille nur ein paar ergrauende lose Haarsträhnen und den schwarz umrandeten roten Tika auf ihrer Stirn, der irgendwie etwas Tragisches hat. »Am Anfang waren wir achtundsechzig, aber die Hälfte ist am Manasarovar umgekehrt, wegen der Gesundheit. Atembeschwerden, Bluthusten. Zwei sind dort gestorben, auch eine erst vierzigjährige Frau. Etwas ist in ihrer Brust passiert. Also haben wir alle Angst bekommen. Wir sind die Kälte nicht gewöhnt. Sie im Westen schon, nehme ich an. Ich bin so voller Traurigkeit. Der Rest von uns ist weitergegangen, bis auf fünftausendzweihundert Meter, dann ging es nicht mehr. Der Mut hat uns verlassen. Deshalb kehren wir um, ohne unsere *parikrama* zu vollenden. Ich bin so traurig und schäme mich.«

Hinter ihr kommen die Letzten von ihrer Gruppe das Tal herunter. Eine Frau in einer blumenbedruckten Pluderhose hängt halb bewusstlos auf einem Pferd, das von einem grimmig wirkenden Hirten geführt wird. Ihr Mann geht neben ihr und versucht sie zu stützen.

Die Frau vor mir nimmt die Brille ab, und ich sehe in wache, sehr schöne Augen. Sie sagt: »Der Manasarovar war auf jeden Fall wundervoll. Wir sind ein wenig hineingewatet und haben uns mit seinem Wasser übergossen, vom Kopf an, und wissen Sie, es hat sich überhaupt nicht kalt angefühlt, sondern recht warm, wegen der Heiligkeit.« Sie lächelt. »Wenigstens hatten wir das.« Dann nimmt sie ihren langen Abstieg wieder auf, die Arme um sich geschlungen, und sieht sich nicht noch mal um.

Ich gehe mit leicht unguten Vorahnungen weiter und horche in mich hinein. Seit im 19. Jahrhundert zerlumpte shivaistische Sektierer herfanden und sich bettelnd durchschlugen, scheinen Hindu-Pilger immer wieder erbärmlich schlecht vorbereitet herzukommen. In den 1930er-Jahren schossen die Pilgerzahlen in die Höhe, und jedes Jahr versuchten sich etliche Tausend Kasten-Hindus an ihrer Kora, der *parikrama*. Lange nach der Unterbrechung durch die Kulturrevolution kamen 1981 ein paar Hundert durch eine Lotterie von der indischen Regierung ausgewählte Pilger westlich von Nepal über den Lipulekh-Pass. Die Zahl dieser staatlich geförderten Pilger ist mittlerweile auf tausend angestiegen, was ein Bruchteil derer ist, die an der Lotterie teilnehmen. Andere Tourveranstalter ignorieren die offiziellen Vorsichtsmaßnahmen. Gesundheitsvorschriften werden routinemäßig missachtet, und die Pilger sind oft mittelalte, mäßig fromme Geschäftsleute. Ich habe sie in überfüllten Schlafsälen Taklakots gesehen. Viele sind Anhänger Shivas, kommen aus dem Süden, aus tief liegenden Städten wie Bangalore oder Chennai, werden von Kathmandu nach Lhasa geflogen und steigen innerhalb einer Stunde fast zweieinhalbtausend Meter auf. Dann geht es mit Lastwagen über vier Tage zum Manasarovar in viereinhalbtausend Metern Höhe, wo sie völlig erschöpft ankommen. In den letzten Tagen sind hier im Gebirge acht Pilger gestorben.

Das Tal führt jetzt steiler in die Höhe, und der Wind wird noch stärker. Die schwarz-weißen Wände des Kailash glitzern grausam nahe. In vielen Kulturen grenzen die Berge direkt an den Tod. In indischen Mythen war Yama der erste Sterbliche, der in den Himmel gelangte. Er bestieg einen Berg, über »die hohen Päs-

se«, und zeigte den Menschen den Weg. Hoch über mir, von einer
schmelzenden Schneezunge freigesetzt, erwacht ein Eisstrom
zum Leben und rauscht glitzernd die Felswand hinunter. Ich frage mich, was es bedeutet, hier zu sterben. Einige Buddhisten sagen, das Verdienst der Kora werde annulliert, wenn ein Pilger die
Umrundung des Berges nicht vollende – als rutschte er mit dem
Rückzug gegen den Uhrzeigersinn in der Zeit zurück. Aber vielleicht fühlt sich die Hindu-Reisegruppe ja durch die Berührung
mit dem Wasser des Sees schon gereinigt. Auf dem Weg vor mir
ist niemand, den ich fragen könnte, und als auch der letzte Pilger
unter dem Schimmer des Kailash aus meinem Sichtfeld verschwindet, kommen mir die Überzeugungen etlicher Völker, vom
alten Ägypten bis zu den Aborigines in Australien, völlig natürlich
vor: Der Bergpfad ist der Weg in den Tod. Das assyrische Wort
für sterben bedeutete den Berg umklammern. Viele altaische Völker stellen sich vor, dass ihre Seele auf eine mystische Bergkette
verschwindet.

Der Pfad krümmt sich nach Nordosten, und der ätherische Sandstein verschwindet. Die Hänge werden granitschwarz, und die unteren Kämme des Berges brechen in unbeständige Stacheln und
Füllmauern auf. Ihre Rippen sind hell-dunkel geschlitzt, und die
untersten Ausläufer ergießen sich in flüssige anthropomorphe
Formen. Die Pilger lieben diese Gebilde. Das Rückgrat und die
Hüften einer massigen steinernen Bestie, die zum Kailash hinauf-
starrt, wird als der Shiva heilige Nandi-Bulle gepriesen. Ein anderer Fels ist der Votivkuchen Padmasambhavas.

Im Westen, unter den letzten schwarzen und orangefarbenen
Felsen des Amitabha-Kessels, sehe ich die zweite *chaksal gang* zur
Niederwerfung unter windgepeitschten Fahnen. Es ist eine der
Stellen, an denen Buddha den Kailash mit einem immer noch als
Vertiefung im Stein erkennbaren Fußtritt auf die Erde genagelt
hat. Bald darauf sickert der Pfad durch die Wiesen von Damding

Dönkhang. Nomadenzelte sind entlang des Stromes aufgestellt.
Nach und nach beginnt sich der Weg nach Osten zu wenden. Ein
eingefrorener Zufluss führt das Tal des Wilden Yaks hinauf. Der
Lha Chu ist hier ebenfalls fast reines Eis. Jetzt wendet sich die
Westseite des Berges von uns ab, und wir sehen uns einer anderen, Ehrfurcht gebietenden schroffen Wand gegenüber, die eine
Weile noch durch die davorliegende Felsspitze Vajrapari abgemildert wird. Innerhalb einer Stunde klettern Iswor und ich – er
müde unter seiner doppelten Last, aber ohne Klage – zum Drirapuk Gönpa hinauf, dem Kloster der Yakhorn-Höhle. Klein und
wie die anderen aus groben Steinen gemauert, schmiegt es sich
zwischen riesigen Felsbrocken an die trostlose Talseite, dem Berg
zugewandt.

Auf halbem Wege dreht sich Iswor mit einem kurios nach
oben gerichteten Daumen zu mir um und ruft: »Sind Sie glücklich?«

Ich antworte, ohne zu überlegen: »Ja! Und Sie?« Aber irgendwie fühle ich mich unwohl.

»Wenn Sie glücklich sind, bin ich auch glücklich!«

Ein Mönch, es ist noch ein Junge, winkt uns eilig herein, und
der schärfer werdende Wind treibt uns aus dem Hof und von den
wimpelumwehten Terrassen. Wir können nicht hierbleiben. Die
Räume für Pilger sind voll, obwohl wir keinen sehen, und Ram hat
unser Zelt wahrscheinlich längst an den Rand des Schnees gebaut,
wo wir auf fast fünftausendzweihundert Metern versuchen werden, uns zu akklimatisieren und zu schlafen.

Das vertraute, von *thangka* umgebene Oberlicht im Tempel
verdunkelt sich zum Abend hin. Der Altar steht voller von Pilgern
mitgebrachter Miniatur-Stupas aus Gerste und Buchweizen, einige sind bemalt. Die Tische leuchten mit künstlichen Blumen, und
Reihen muschelförmiger Nischen überziehen die Wände mit
verblichenem Gelb und Gold. Wie in Spielzeugfenstern sitzen die
Gottheiten dort im Halbdunkel. Ich sehe ihr olympisches Lä-

cheln, die segnend erhobenen Hände und die herunterhängenden Halsketten. Die Körper und verschränkten Beine schimmern golden. In allen Nischen liegt Pilgergeld.

Drirapuk war einst das reichste der kleinen Klöster um den Kailash. Als Kawaguchi herkam, wohnten darin einige höhere Lamas, und 1935 stieß der Gelehrte Giuseppe Tucci auf eine Holzdruckpresse, mit der ihm die Mönche ein Exemplar eines seltenen Pilgerführers druckten. Wir finden die Mönche zwischen Kissen liegend und von einem Yakdung-Ofen gewärmt. Iswor versucht sie auf Tamang anzusprechen, ich auf Mandarin, doch sie sprechen weder das eine noch das andere. Zwei von ihnen dösen, während uns ein weiterer, ein gespenstisch schöner Junge mit langen Locken und Mädchenhänden, Tee mit Salz und Yakbutter bringt und dann ebenfalls einschläft.

Das Kloster erinnert auf eine seltsame Weise an die Kora selbst. Im 13. Jahrhundert war der Weise Gotsampa der Erste, der den Berg umkreiste, nachdem er von einer *dri,* einem weiblichen Yak, durch dieses Tal gelockt worden war. Er folgte ihr in die Höhle über uns und fand einen Abdruck ihres Horns in dem Felsen, durch den sie verschwunden war. Die *dri* war, wie er begriff, eine verkleidete *dakini,* eine Feen-Himmelstänzerin mit dem Namen Sengdongma. Als er sich in der Höhle niederließ, um zu meditieren, kam sie zurück, um ihm zu Diensten zu sein, und danach ließen sich hier Generationen von Kagyü-Eremiten nieder. So wurde er der Begründer der Kora.

Jetzt führt uns der einzig wache Mönch, ein eifriger junger Mann mit Igelfrisur, tiefer in den Fels hinein. Auf den Wänden und in den blau getünchten Nischen des Ganges, durch den wir kommen, treiben Bodhisattvas. Die Höhle führt unter einen schrägen Felsüberhang, und aus dem Sitz des Heiligen ist ein Altar geworden. Von der Hand des Mönchs geführt, fühle ich in der Decke, wo das Horn der *dri* den Fels geteilt hat. Eine kleine vergoldete Statue von Gotsampa meditiert hier noch immer, ist aber im schwachen Licht der einzigen Lampe kaum erkennbar. Ich gehe davor in die Hocke. Der Mönch deutet auf eine andere Figur nahebei: »Sengdongma!«

Ich starre sie staunend an. Die *dakini* ist nicht die feenhafte Verführerin, die ich mir vorgestellt habe, sondern eine Dämonengöttin mit einem Schweinsgesicht und lüsternen Reißzähnen, die ein Schwert schwingt. Sie hat sich in den löwengesichtigen himmlischen Engel dieses Hochtals verwandelt und ist so veränderlich wie der Fels, auf dem sie sitzt. Als ich mich abwende, bückt sich ein alter Pilger neben uns, um die Lampe mit Butter aufzufüllen, und bittet den Mönch, sagt Iswor, an diesem Ort der Macht in dessen Gebete aufgenommen zu werden.

Bevor wir uns zum Gehen wenden, möchte der plötzlich nervös wirkende Iswor zu Tara beten, der Göttin des fünftausendsiebenhundert Meter hohen Passes, den wir morgen erklimmen müssen. Ihr weißer Körper im Hauptheiligtum ist derart mit Schmuck überladen, dass selbst die Augen an ihren Händen und Füßen verhangen sind. Aber ein drittes Auge sieht aus ihrer Stirn, aus einem Gesicht leerer Süße, und die blaue Lotusblüte des Mitgefühls schwebt hinter ihr. Andere Pilger haben sich offenbar ebenfalls bei ihr Sicherheit erbitten wollen, denn die Finger ihrer barmherzig erhobenen rechten Hand sind so voller Votivgeld, dass die Geste darunter verschwindet. Iswor stellt zwei Lampen vor sie hin, verbeugt sich und flüstert mir zu: »Entzünden Sie eine für Ihre Zukunft.« Dann geht er zurück zu seinem schweren Rucksack, und wir treten hinaus in die knisternde Kälte.

Wir wandern durch Dämmerlicht. Die Nordseite des Kailash bricht in den dunkler werdenden Himmel. Zwei vorgelagerte Berge, die Pyramiden von Vajrapani und Avalokiteshvara, die Gipfel der Macht und der Güte, rahmen ihn wie zwei Schildwachen ein. Von der Symmetrie der Berge inspiriert, sind tantrische Meister gehalten, diesen Moment im Mandala der Höchsten Glückseligkeit zu feiern, in dem sich die Hindus Shiva vor Augen rufen und die Buddhisten die Gottheit, die sie auf den Weg der Erlösung führt, wer immer es ist. Weiter hinten komplettiert ein dritter pyramidenförmiger Berg, Manjushri, der dem Zerstörer der Unwissenheit geweiht ist, eine die Eigenschaften Buddhas symbolisierende Trias. Der schmaler werdende Pfad zum Pass der mitfühlenden Tara, für die wir unsere schwachen Lichter entzündet haben, verläuft weiter östlich.

Während wir dem Berg näher kommen, verschwindet das Lha-Tal nach Norden, zur Quelle des Indus, und wir ersteigen die steile, dunkle Schlucht eines Zuflusses. Wie durch die Drehung eines riesigen Rades hat sich nach der weicheren Schönheit der Südseite die Westseite des Berges mit ihren mächtigen, wie Hängematten am Fels klebenden Schneesimsen in den Blick geschoben, und vor uns erhebt sich ein Vorhang reinen Schreckens. Zum ersten Mal bietet sich der ganze Berg unserem Blick dar. Vom Gipfel bis an seinen unteren Rand geht es fast senkrecht tausendfünfhundert Meter schroff in die Tiefe. Nichts mildert den schaurigen Absturz, die Wand ist pechschwarz und kaum von Eis gesäumt. Direkt unter dem Gipfel türmen sich rasiermesserscharfe Schneeschichten, weiße Spitzen überlappen einander sechsfach, achtfach wie umgedrehte Fächer und fallen in gespenstischen Etagen zum Abgrund ab.

Zitternd halte ich den einzigen gedruckten Kailash-Führer in Händen, der die Nordseite des Berges mit der »Eiger-Nordwand von Grindelwald aus« vergleicht. Vielleicht ist es die verschüttete Erinnerung an den Eiger, die mich so frösteln lässt. In Grindelwald ist meine Schwester umgekommen, mit zweiundzwanzig wurde sie von einer Lawine getötet. Zwischen Fels und Schnee, beim Skifahren. Im Schatten der Eiger-Nordwand. Meine Lunge fühlt sich wie mit Eis gefüttert an. Uralte Gletscher haben die Schluchten im Granit ausgescheuert. Jahrelang wollte meine tief betroffene Mutter nicht über meine Schwester sprechen, die Erinnerung an sie war in Schweigen gehüllt. Wir klettern ins Dunkel. Die Temperatur ist weit unter den Gefrierpunkt gesunken. Ich zittere, als wären mein gefütterter Anorak und meine Thermokleidung nichts als Musselin. Buddhisten sehen auf der Nordwand des Kailash einen Teufel mit einem Schwein und den Palast des Schlangenkönigs. Ich habe das Betrachten für heute aufgegeben.

Mein Vater ist auf der Polizeiwache, und ich sitze unten im Hotel, wo meine Mutter fremde Menschen bittet, für uns zu beten. Erst jetzt verspüre ich Angst. Meine Mutter hat nie jemanden bedrängt. Wir vergraben die Gesichter in den Händen und warten. Eine Stunde vielleicht, eine Minute, es gibt keine neuen Nachrichten vom Berg. Dann öffnet sich die Tür, und mein Vater kommt herein: »Es ist schlimm ... schlimm«, und er nimmt meine Mutter in den Arm.

Es dauert Jahre, bis ihr Lächeln wieder normal wird und ich erneut in die Berge fahre.

Unser Zelt steht vor einem schmalen Felsvorsprung, an ein paar Felsbrocken verankert. Der Nachtwind weht schneidend das Tal herauf. Wir schlingen Nudeln und warmen Thunfisch hinunter und kriechen voll angezogen in unsere Schlafsäcke. Ram ist still, und in Iswors Kopf pocht es: die ersten Anzeichen der Höhenkrankheit. Ich kann ihm nur Aspirin geben. Morgen werden wir innerhalb von drei Stunden weitere fünfhundert Meter aufsteigen, und ich frage mich, wann uns alle die erste Übelkeit überfallen wird. Ich versuche zu schlafen, liege stattdessen aber fiebrig und hellwach da und lausche auf Geräusche von Iswor. Nachts geht der Atem flacher, und die Schmerzen werden stärker. Aber ich höre nichts, und in der ausgedünnten Luft treiben meine Gedanken ins Delirium. Die ganze Nacht über schlägt mir der Zeltstoff gegen den Kopf. Ich glaube draußen Stimmen zu hören und die sich über die Berge wälzenden Wolken.

Kapitel Fünfzehn

Als ich noch vor Tagesanbruch aus unserem Zelt krieche, erstrahlt der Himmel im Sternenlicht, der Wind hat sich gelegt, und es herrscht völlige Stille, die unberührte Stille einer großen Wüste. Aber wir sind mehr als fünftausend Meter hoch. Die Luft scheint so dünn, dass meine Stimme sie zerschellen lassen würde. Selbst mein Atem, der tiefer geht als gewöhnlich, klingt zu laut, und ich setze mich auf einen Felsen, um ihn zu beruhigen und darauf zu warten, dass das schwache weiße Licht des Tages ins Tal unter mir sickert.

Iswor erwacht ohne Kopfschmerzen und wirkt robust und zuversichtlich. Ram brät drei Eier, was ein Luxus ist, und baut das Zelt um uns ab. Der Kaffee wird kalt, während wir ihn trinken. Mein Kopf ist leicht, gehört nicht ganz mir, mein Körper schüttelt alle Schmerzen ab, und eine innere Erregung lindert die Unru-

he über den vor uns liegenden hohen Pass. Wir brechen auf in die
Blässe einer unsichtbaren Sonne, die noch weit unter unserem
Horizont liegt. Bis zum Abend haben wir zweiundzwanzig Kilo-
meter zurückzulegen.

Die Senke, in der wir aufsteigen, liegt tief im Schnee, der auch
den eingefrorenen Fluss Dölma-la bedeckt. Eine versunkene Brücke steckt zertrümmert in seinem Eisgefängnis. Vorsichtig bewegen wir uns über das Schneefeld. Die Berge nördlich des Kailash
erheben sich Strebebögen gleich über dem Tal, und die Bergmas-
sive hinter dem Lha Chu sind mit ersten Morgenwolken überzogen. Es ist bitterkalt. Unter unseren Füßen hören wir den erwa-
chenden Fluss durch seine Eistunnel hallen, unsichtbar der Tiefe
zufließend.

Nach einer Weile öffnet sich südlich von uns eine Moräne, die
Tal des Weihrauchs genannt wird. Ein Kamm wie der Teil eines
riesigen Amphitheaters schließt es ab und hebt sich in einem langen Grat zum Gipfel des Kailash, der sich bereits wieder verwandelt hat und halb in einer aschfarbenen Wolke steckt.

Gestern habe ich mich gefragt, warum es so wenige Pilger zu
geben schien, jetzt begreife ich es. Viele brechen offenbar lange
vor Sonnenaufgang auf und vollenden die Kora in weniger als zwei
Tagen. Manche kampieren zwischen den Felsen, und schon früh
am Morgen kommen die ersten durch das Schneetal hinter mir.
Sie gehen in Zweier- und Dreiergruppen, alte Leute benutzen Stö-
cke und drehen Gebetsmühlen, Nomaden treiben beladene Yaks
vor sich her. Die Pilger bilden ein Durcheinander aus Moderne
und Tradition, einige sind in lange Mäntel gekleidet, die ihnen offen um die Hälse hängen und sich um mit Schärpen umwundene
Taillen bauschen, andere tragen Schirmmützen und Steppjacken.
Sie wirken unerschütterlich glücklich. Manche grüßen mich im
Vorbeigehen, als wäre ihr Glaube auch meiner. In billigen Turnschuhen und dünnem Schuhwerk wandern sie über die Steine.
Mit zerfasernden Stricken geschnürte Bündel hängen an ihren

Schultern, und ich wundere mich über ihre Geschwindigkeit und
ihre Freude, wurde ihnen doch alles genommen, was von Wert für
sie ist. Besonders den Alten. Ich denke an die Kulturrevolution,
den chinesischen Glaubenskrieg, und frage mich, was sie erlitten
haben, was anderen zugefügt. Das Lächeln, das ihr Gesicht überzieht, wirkt wie das von Kindern. Bei den Frauen zeigt sich mitunter eine bunte Schürze, oder ein verdeckter Schmuck blitzt auf.
Manche tragen Babys auf dem Rücken, unbeweglich unter Pudelmützen, oder hüten Kinder neben sich.

Was sie hier sehen, kann ich nicht sagen. Manche murmeln
ihr *Om mani padme hum* wie einen drängenden Pulsschlag, und
die Gebetskugeln hängen zitternd zwischen ihren Fingern. Die
meisten gehen unbeirrbar, als enthalte die Kora eine eigene, un-
artikulierbare Bedeutung. Die buddhistische Überlieferung besagt, dass sich das Land verändert, wenn der Blick gereinigt ist.
Der hohe Lama, so heißt es in einem heiligen Führer, mag in der
Lücke zwischen zwei Steinen eine große Stadt erkennen, ein
einfacher Yogi eine schöne Hütte und das normale Auge nichts
als Fels und Schmutz. Ein vollkommener Meister mag zum Kailash aufsehen und den Palast Dechogs mit sechzehn dazugehöri-
gen Göttinnen-Bergen erkennen, innerlich jedoch transformiert
er den Anblick in ein von Bodhisattvas bevölkertes Mandala, die
Göttinnen vervielfachen sich zu zweiundsechzig, und er wird zu
neuem Wissen geleitet, als würden weitere Schichten der Illusion abgetragen.

Wenig davon berührt die Pilger, die mich überholen. Ihre
Welt ist direkt greifbar, sinnlicher. Die Erde unter ihren Füßen
könnte heilende Kräuter hervorbringen. Die selbst geformten
Steine sind offensichtlich Götter oder zumindest Orte göttlichen
Innewohnens. Der Kailash kann der König sein, seine Ausläufer
sind seine Minister. Dazu bestürmt eine ganze Horde niedrigerer
Geister den Weg des Pilgers. Himmelstänzerinnen und kleine
Berggötter entziehen sich gerade so den Blicken.

Das Wissen um diese halb sichtbaren Bewohner – was sie vermögen und wo genau sie sich befinden – wurde bereits im 13. Jahrhundert in Pilger-Führern kodifiziert. Ein paar davon werden immer noch benutzt. Ihre Erzählungen sind von gebildeten Pilgern mündlich an die ungebildeten weitergegeben worden, die sie mit Berichten über Wunder verbinden. Das sind die Baedeker der Frommen. Sie legen ein Transparentpapier über die sichtbare Welt, verändern sie mit Geschichten und überführen sie in die Heiligkeit. So wird der Kailash symmetrisch. Er bietet vier Plätze für die Niederwerfung, die Prostration, und seine bescheidenen *gönpa* sind in den vier Himmelsrichtungen angeordnete leuchtende Tempel, deren Statuen und Schätze ehrfürchtig aufgeführt werden. Jeder Gipfel, jede Erhebung des Massivs erhält einen buddhistischen Namen. Die Meditationshöhlen quellen von den Visionen der aufgezählten Asketen über, die seit Menschengedenken in ihnen gelebt haben. Jede ungewöhnliche Form einer Klippe oder eines Felsens, ein zufälliger Fleck, eine merkwürdige Höhlung wird mit dem Wirken eines Heiligen oder der Tat eines örtlichen Helden verbunden. Dazu gibt es weltliche Angaben darüber, wie der irdische Pfad verläuft und in welcher Richtung es von einer Stätte zur nächsten geht, einschließlich der wahrscheinlich dafür benötigten Zeit und der völlig sachlichen Bestimmung, wie viel Verdienst der jeweils zurückgelegte Weg erbringt.

Der ausführlichste Pilger-Führer für den Kailash wurde vor über einem Jahrhundert von einem Kagyü-Mönch verfasst. Er sammelte die mündlichen Überlieferungen und kopierte frühere Texte. Kein Pilger kann auch nur die Hälfte der in ihm aufgeführten Stätten besuchen. Seine frühen Kapitel beschreiben die Erschaffung der Welt aus Wind und Regen, fahren mit einer ungeordneten Darstellung von Kämpfen zwischen Geistern und Dämonen fort und kommen schließlich zur Konversion der Götter des Kailash zum Buddhismus. Der Autor benennt auch eine Autorität, die behauptet, Dechog residiere nicht auf dem Kailash,

was er jedoch fromm zurückweist. Dann folgt ein Schritt-für-
Schritt-Führer voller Wunder in der praktischen Sprache altein-
geführter Wahrheiten. Auf einem einzigen kurzen Seitenpfad vor
uns mischt sich der Fußabdruck eines tantrischen Meisters unter
die von fünf Himmelstänzerinnen-Familien, und auf ein selbst
entworfenes Abbild von Dechogs Gefährtin folgt das eines zorni-
gen Beschützers. Dann kommen die versteinerte Brustwarze einer Dämonin, eine Avalokiteshvara geweihte Höhle, die Lepra
heilt, und die steinernen Fußabdrücke einiger Kagyü-Lamas, denen der Autor noch die eigenen hinzufügt. Am Ende warnt er:
»Was meine Versicherungen betrifft: ›Dieses ist eine Gottheit,
und dieses ist ein Palast‹, so ist es unangemessen, die ketzerische
Ansicht zu vertreten, sie seien übertrieben, nur weil sie für die gewöhnliche Wahrnehmung nicht sichtbar sind.«

Während wir weiter aufsteigen, donnert der aus seiner Eisum-
mantelung gebrochene Dölma-la-Fluss in die andere Richtung.
Auf den Talseiten türmt sich zersplitterter Granit, und unsichtbare Geister werden von Steinhaufen und in Fels gemeißelten
Mantras begrüßt. Nach Süden weicht ein schlecht gekennzeich-
neter Weg von unserem ab: Der Geheime Pfad der Dakinis genannt, ist er normalen Pilgern verboten und folgt einem kleinen
Wasserlauf zwischen den Bergen. Er verläuft höher als unser Pfad,
ist aber kürzer und trifft nach acht Kilometern wieder mit unserem zusammen. Nur wenige trauen sich, ihn zu benutzen. Die
Himmelstänzerinnen sind nicht nur gutartige Feen, sondern auch
Beschützerinnen des Berges. Ihr Wissen ist uralt und reicht wahrscheinlich bis in vorbuddhistische Zeiten zurück. Sie gewähren
die Fähigkeit zu fliegen und sich durch Fels zu bewegen, und sie
lehren die Sprache der Vögel. Aber sie nehmen unversehens auch
hässliche Formen an, wie die Schweinemuse, die mich in Drirapuk erschreckt hat. Und sie können den Tod bringen.

Ein Stück an ihrem Pfad vorbei, wo der Kailash sich hinter
Wolken verbirgt und andere Berge herandrängen, ebnet sich un-

ser Weg entlang des Flussufers, und plötzlich gehen wir durch eine Müllkippe. Eisige, verrottete Kleidungsstücke liegen ineinander verheddert auf einem wuchernden Haufen und sind über die Felsen rundum gebreitet. Aber ihre Unordnung ist kein Zufall. Die verblichenen Stücke, sogar die sich auflösenden Schuhe wurden hier zumeist unbeschädigt, fast neu abgelegt. Es gibt Taschen, Stiefel, Strümpfe, Hüte. Etwa hundert Meter den nächsten Hang hinauf sind die Felsen mit Pullovern und Mützen bekleidet. Einer trägt eine Halskette, ein anderer einen neuen Seidenschal, und an wieder einen anderen ist ein Büschel Menschenhaar geklebt.

Wir überqueren den Vajrayogini-Beisetzungsplatz, den Inder in Erinnerung an einen heiligen Verbrennungsort zu Hause Shiva Tsal nennen. Das Plateau über uns war einst ein Platz für Himmelsbeisetzungen. Die dort aufgeschichteten Steinhaufen beschwichtigen die rastlosen *dakini,* deren Totenplatz es ist, und manchmal werden Leichen unbekannter, auf der Kora gestorbener Pilger hergebracht, um so ihr Verdienst zu sichern. Iswor, dessen Glaube Teil seines Alltags ist, umkreist den Kleiderhaufen mit düsterer Miene und zieht weiter. Ich bleibe einen Moment stehen, warte, dass ich zu Atem komme, und suche Zuflucht vor dem aufgekommenen Wind, der an den verblichenen Kleidungsstücken auf den Felsen zerrt.

Trotz seiner verwahrlosten Erscheinung bildet dieser Friedhof das Herz der Kora. Hier liegen keine Körper begraben, sondern das Treibgut vergangener Leben. Die Kleider und das Haar sind Opfer an Yama, den Gott des Todes, damit er den Seelen die Wanderung durch den Schwebezustand zu ihrer nächsten Inkarnation erleichtert. Pilger lassen hier vielleicht sogar einen Zahn zurück oder vergießen ein paar Blutstropfen, um sich zu versichern, dass er sich bei ihrem Tod an sie erinnert. Ich sehe sie in losen Gruppen vorbeikommen. Ein Mann hält inne, um einen kleinen Steinhaufen zu errichten, und legt etwas darunter. Eine

Hirtenfamilie umkreist die Kleider und stößt leise Schreie aus, die an die *dakini* gerichtet sein mögen, vielleicht aber auch an den Rest der Familie. Ihr Haar hängt unter breitkrempigen Hüten hervor oder fliegt zu zottigen Glorienscheinen auf. Der Hund der Familie wälzt sich in den Kleidern. Eine Gruppe japanischer Buddhisten fotografiert den Ort, verwirrt.

Später kommt ein junger Mann und legt ein Kleidungsstück ab. Er spricht ein vorsichtiges Englisch, kann sich aber nicht ganz erklären. »Sie legen etwas hin, was Ihnen wertvoll ist. Sie legen etwas Nahes hin«, sagt er und spreizt die Hand. »Manche Leute schneiden die Nägel von ihren Fingern. Ich habe gerade meine Lieblingsshorts hergebracht.«

Ich frage behutsam: »Warum?«

Er hält inne. Die Frage ist irgendwie falsch gestellt. Es ist einfach das, was man tut. Am Ende deutet er zum Himmel. »Weil Sie nach oben gehen!«

Ich sehe ihn schnell den Pfad weiter hinaufgehen, wo sich einige Inder auf Pferden gegen den Wind voranquälen.

Die Bedeutungen dieses Ortes vervielfältigen sich. Einige Pilger lassen ein Kleidungsstück verstorbener Familienangehöriger zurück, ein Foto oder eine Prise ihrer Asche, und beten für sie, in welcher Inkarnation sie auch überleben mögen. Aber die lebenden Buddhisten können den Hingeschiedenen nicht helfen, deren Seelen nicht existieren. Solche Hoffnungen setzen sich über das Gesetz des Karma hinweg, gedeihen durch einen unausgeformten Instinkt und trösten den Trauernden, nicht den Betrauerten. Denn nichts Geliebtes oder auch nur Erkennbares existiert weiter. In der kalten, geschwächten Luft starre ich etwas bedrückt auf den Haufen Lumpen, der den reinen Verlust zu symbolisieren scheint: den Verlust aller menschlichen Ausformungen, des improvisierten Liedes eines Hirten vielleicht, des Klanges eines Lachens in Grindelwald, der Finger, die einen geliebten Hund kraulen. Die bekleideten Felsen auf dem

Hang neben mir, an denen der Wind zerrt, sind Zwerge, und sie beobachten mich.

Ein paar Meter weiter kommt ein Kleiderbündel auf die Beine. Es ist ein alter Mann. Mit geschlossenen Augen hat er dagelegen, seine Schärpe ist verrutscht, und aus den Ärmeln hängt das Schaffellfutter. Hier trainieren die Leute ihren eigenen Tod. Manchmal liegt eine ganze Gruppe hingestreckt da, begutachtet von einem Lama. Aber jetzt war es nur dieser alte Mann, der mich angrinst und davongeht. Etwas über uns, unter dem rauen Gipfel des Sharma-ri, reflektiert ein rostbrauner Felsen, den sie den Spiegel des Todeskönigs nennen, alle früheren Sünden der vorbeiziehenden Pilger. Einige nennen es eine Höllenvision. Mit dieser Warnung versehen und mit den Kleidern ihr vergangenes Leben zurücklassend, steigen die Leute weiter in die Höhe. Es ist das Herz der Kora. Hier beschleunigt und intensiviert sie sich. Der Pilger ist in einen rituellen Tod übergegangen. Hindus wie Buddhisten treten in dieses Stadium ein. Sie haben noch dreihundert Meter zu erklimmen. Ihr atemloser Aufstieg auf den Pass Taras wird sie in ein neues Leben tragen.

So steigen wir also durch die Landschaft eines vorübergehenden Todes. Das Tal um uns herum wird steiler, und das Granitgeröll, manchmal milchig oder korallenfarben, bedeckt die Erde in dunkler werdenden Brocken. Der Fluss rauscht seitlich entlang, und ein neues Bergmassiv füllt den Horizont mit Felsbrüstungen und Schneeschluchten.

In seinem Schatten ziehen die Pilger wie Ameisen ihrer Bergerlösung entgegen. Es sind zumeist arme Menschen, und ihr Todesbewusstsein ist kaum weit hergeholt. Der Übergang von einer Inkarnation in eine andere, die Reise, die sie durchspielen, ist seit langem Teil ihres Glaubens. Die ersten und letzten Lehren Buddhas beschäftigten sich mit der Unbeständigkeit, und die tibetischen Beerdigungsriten gründen tief im Tibetischen Totenbuch, dem einzigen Text, mit dem die äußere Welt vertraut ist. Als junger Mensch habe ich ihn gelesen, und selbst nachdem ich zu ihm zurückgekehrt bin, ernüchtert, berührt er meine Reise wie das Licht eines toten Sterns.

Denn seine Große Befreiung durch Hören im Zwischenzustand beschreibt die erstaunlichste Reise überhaupt, durch das Land des Todes und der Wiederauferstehung. Seine Worte werden laut in das Ohr des Leichnams gesprochen, um ihn zu trösten und zu einer höheren Inkarnation zu führen. Idealerweise von einem frommen Lama gelesen, trägt die Schrift dem ratlosen Geist Hinweise aus dem erleuchteten Leben zu. Ihr Klang hat eine so verstörende wie hypnotische Kraft. Die Wirklichkeit, die sie vor Augen führt – die Buddhas und Gottheiten, die dem Toten auf seiner Reise begegnen –, erklingt mit der gebieterischen Sicherheit einer so nachdrücklichen und so exakt klinischen Stimme, dass die Beschreibungen das Gewicht einer bewiesenen Wahrheit bekommen. Die Mischung aus geistiger Allmacht und wissenschaftlicher Präzision verleiht den Worten einen besonderen Reiz für den Westen. Jung nannte das Buch seinen ständigen Begleiter und stellte die Fantasie in den Raum, diese uralten Lamas hätten womöglich den Schleier vom größten Geheimnis überhaupt gerissen. Und es faszinierte auch die Gegenkultur von R. D. Laing und William Burroughs, und in den Mittsechzigern stellte sich Timothy Leary seinen Ritus als ein von LSD befeuertes Psychodrama vor.

In Tibet selbst, wo es einen tatsächlichen Beerdigungsritus darstellt, wird die Große Befreiung vor allem von den alten Schulen Nyingma, Kagyü und Bön favorisiert. Sie beruht auf dem Glauben, dass die Toten noch neunundvierzig Tage nach dem Atemstillstand nicht völlig tot sind und Instruktionen (die ihnen auf ihrem Bett oder an ihrem normalen Platz gegeben werden) hören und befolgen können. Drei Tage lang sind die Toten von einem reinen weißen Strahlen umgeben, das sie mit Angst und Verwirrung erfüllt. Aber in ihrem Ohr, aus der Welt der Sterblichen, erklingt die Stimme der Großen Befreiung: »Oh Sohn edler Familie ... höre! Nun strahlt der reine Glanz der Dharmata vor dir ...«

Im Tod erkennt der fortgeschrittene Yogi dieses Licht als das der reinen Leere – manchmal wird es als transparentes Mondlicht beschrieben – und geht ins Nirwana ein. Dort mag er das Geräusch heiliger Instrumente hören, Regenbogen erscheinen.

Aber für fast alle anderen verblasst das Licht, eine Reihe gutmütiger Buddhas taucht auf, gleißend erleuchtet, und so geht es sieben Tage. Jeder wird vom trüben, sinnlichen Licht der einst erlebten Welt begleitet, und die dem Toten halb zugesungenen Worte bringen den Geist dazu, nicht zusammenzuzucken, sondern zu Erkenntnis zu gelangen und mit der Buddhaschaft zu verschmelzen. Jedes Mal, wenn der Geist zurück in die Weltillusion rutscht, taucht ein anderer Buddha auf, und die führende Stimme der Großen Befreiung wiederholt sich sanft: »Oh Sohn edler Familie, nun ist gekommen, was man den Tod nennt. Nicht allein du verlässt diese Welt; dies geschieht jedermann ...«

Erst nachdem diese ersten Aufrufe fehlschlagen, verblassen die Visionen und andere, schrecklichere drängen an die Oberfläche. In nochmaligen, siebentägigen Zyklen stürmen wütende Gottheiten durch das Denken, mit Schlangen und Knochen geschmückte Ungeheuer. Ihre mit ihnen verschlungenen Gefährten bieten auch keinen Trost: Sie nähren sie mit Schädeln voller Blut. Doch selbst jetzt, wenn diese Ungeheuer als Aspekte frommer Götter erkannt werden und letztlich als Emanationen des eigenen Selbst, kann sich der Geist der Toten ins Reich der Bodhisattvas befreien.

»Oh Sohn edler Familie, wenn derartige Projektionen erscheinen, fürchte dich nicht. Du hast einen Gedankenkörper aus unbewussten Neigungen. Selbst wenn du gehenkt und in Stücke geschnitten wirst, kannst du nicht sterben.«

Wenn der Geist diese Gespenster nicht vertreibt, rutscht er noch tiefer in Wahnvorstellungen. Der Schrecken durch seine letzten Taten wird schlimmer. Die bluttrinkenden Gottheiten werden eins mit Yama, dem Gott des Todes, in dessen Spiegel auch jetzt die Sünden der Pilger erscheinen, die sich um den Kailash und hinauf auf den Pass des Mitgefühls quälen. Der Sternenkörper der Toten kann sich bewegen, wohin er will, doch sein Elend nimmt nur noch zu. Er kehrt zu seinem alten Zuhause zurück, vermag aber nicht zurück in seinen Körper zu schlüpfen, selbst wenn der noch existiert. Er hört seine Familie trauern, doch die kann seine Antwort nicht hören. Jetzt sammeln sich seine vergangenen Taten wie ein Sturmwind hinter ihm. Die Alptraumgötter gewinnen an Glaubwürdigkeit, und eine nach der anderen werden seine Taten erschreckender. Der Geist flieht in die Dunkelheit, hört Berge zerfallen, versucht sich in Spalten zu zwängen. Endlich wägt Yama Sünden und Tugenden als schwarze und weiße Kiesel miteinander ab und köpft und zerlegt den unsterblichen Geist, der immer noch nicht erkennt, dass auch das jetzt nur eine Illusion ist.

»Oh Sohn edler Familie ... Wenn du dich jetzt beirren lässt, dann wird der Faden des Erbarmens durchgetrennt, und du wirst an einen Ort wandern, an dem es keine Befreiung gibt, also nimm dich in Acht.«

Danach sind die Toten zur Reinkarnation verdammt. Sie sehen sich sechs Eingängen zum Mutterleib gegenüber, die zu den Regionen sterblicher Götter und Antigötter führen, wiedergeborener Menschen, Tiere und Geister, und in die letzte Zone der Hölle. Der Geist beginnt die Art zu erkennen, zu der er gehört. Aber immer noch gibt es Gebete und Praktiken, einen Eingang zu blockieren und einen anderen zu öffnen. Zum Ende der Beisetzung hält der Lama ein Schild mit dem Namen des Toten in der Hand, schließt die Eingänge und besieht dessen Sünden, bis der Geist seinen Platz gefunden hat.

Zurück in Kathmandu, erzählte mir der Mönch Tashi, wie er die Befreiung über der Leiche seines Großvaters gesprochen hatte.

»Er war ein Lama, ein Mann, der sich in seinem Dorf bewährt hatte«, sagte er. »Er kann nicht viel gelitten haben. Dennoch, in diesem Zwischenstadium mag die Seele nicht wissen, dass sie tot ist, und sieht all die Trauernden, die sich um etwas versammeln und weinen. Es kann lange dauern, bis sie begreift, wo sie umherschweift.«

Dort im Klostergarten, im Glanz von duftlosen Hibiskusblüten und Ringelblumen, schien die Reise in eine neue Inkarnation unvorstellbar fern, aber Tashi sprach mit derselben unerschütterlichen Autorität wie seine Schriften. »Die Seele mag ihren Fuß in einen Strom stecken und feststellen, dass da gar kein Fuß ist, oder ihr fällt plötzlich auf, dass ihr Körper keinen Schatten wirft. Dann begreift sie, dass sie tot ist ...«

Tashi schrieb das Tibetische Totenbuch Padmasambhava zu, tatsächlich aber scheint sein Ritus aus Quellen des 14. Jahrhunderts geschöpft worden zu sein und wurde dreihundert Jahre später von einem gefürchteten Mystiker namens Rigzin Nyima Dragpa standardisiert, der auf dem Kailash zweifelhafte Wunder wirkte.

In ihrem Kampf zwischen Unwissen und Begreifen, Illusion und dem Licht der Leere scheint die höllische Seelenreise eine zermürbende kosmische Stimmigkeit zu erlangen. Es gebe sogar die *delog,* die aus dem Tod zurückkehrten, warnte mich Tashi (meist waren es Frauen, wie es schien), und wohltuende oder haarsträubende Nachrichten mitbrächten.

Ich hätte von diesen Menschen gehört, antwortete ich, und dass sie nur Überlegungen zu ihrer eigenen Kultur mit sich brächten. War jemals einer mit verblüffend anderem zurückgekommen?

Jetzt zeigte sich Tashi als leichtgläubig, kindlich und erzählte von Begebenheiten, die besagten, dass Leute die Vergangenheit anderer als ihre betrachteten. »Ich habe von einem kleinen Mädchen in unserer Gegend gehört, das die Reinkarnation eines toten

Kindes aus dem Nachbardorf war. Plötzlich lief es in das Haus seiner früheren Geburt und nannte seine alten Eltern beim Namen.
Niemand konnte es erklären ...«

»Aber kann es laut Ihrem Glauben das Wissen um ein früheres
Leben geben?« Ich hörte, dass meine Stimme unsicher klang.
Denn die buddhistische Seele erkannte ihre Vergangenheit nicht.
Fortwährend nahm sie einen anderen Körper, eine andere Kindheit, andere Eltern an. »Wird nicht alles abgestreift?« Ich klang
harsch, das wusste ich, weil ich es mir anders wünschte. Was für
ein Verlangen mochte sich da in mir rühren, das von diesem einfachen Mönch erwartete, den Schlüssel zu den Geheimnissen des
Lebens zu besitzen?

Er lächelte, wie er es bei Widerspruch zu tun pflegte. »So ist es.
Nur das Karma überdauert. Verdienst und Fehler.«

»Also überlebt nichts Individuelles? Nichts, was Erinnerungen
behält?«

»Nein.« Er spürte die Anspannung in mir und sagte mit leich-
tem Bedauern: »Sie wissen, was die Buddhisten sagen?«

Ja, ich erinnere mich.

Der Mensch muss sich von allem trennen, was er liebt.

Der Kailash entgleitet mir. Die Wände des Sharma-ri drängen
sich an seiner Stelle in den Blick, und wieder verwandelt sich sein
Gipfel. Von hier, wo die Hälfte seiner Nordseite von anderen
Bergen verborgen wird, gleicht er nicht länger der Eiger-Nordwand in Grindelwald oder irgendeinem anderen Berg, den ich
kenne. Seine Kuppe schwebt in vorbeiziehenden Wolken, seine
herabhängenden Fächer sehen hübsch aus, wie eine Narrenkappe
oder eine Glockenkette. Die ausgedünnte Luft steht still.

In großen Höhen haben Trekker manchmal das Gefühl, jemand ginge hinter ihnen. Oft ist dieser Jemand ein Toter. Ich
habe dieses Gefühl nie, aber ein oder zwei Mal denke ich, jemand
gehe direkt vor mir.

Ich bin erst neunzehn, und ich betrauere, selbstsüchtig, den Menschen, der du für mich gewesen wärst. Eine Weile ist deine Stimme spielerisch neben mir. Wir nähern uns der Fünftausendfünfhundert-Meter-Marke. Bin ich okay? Tagträumender Bruder. Kein Verantwortungsgefühl. Ja, ich bin okay.

Seit langer Zeit habe ich die Person verloren, die ich mit dir war. Und ich habe mir so oft dein Gesicht vor Augen gerufen, dass die Bilder dich überschatten.

Der Pfad wird steiler. Die Yaks und *dzo,* die bisher dem Flussbett gefolgt sind, trotten zwischen den Pilgern dahin. Immer wieder halte ich mich an einem Felsen fest, schnappe nach Luft und fürchte mich vor dem ersten Krampf der Höhenkrankheit, der nicht kommt. Vor uns erstreckt sich eine lange Bergarena, deren Felsen sich schwarz vor dem dicker werdenden Schneeteppich abzeichnen. Alle Farbe ist aus dem Bild gewichen, nur der Himmel wirft hier und da noch ein flüchtiges Blau über den Fluss von Kämmen und Spitzen ins Tal. In der eisigen Luft sind die Leute so dick eingepackt und hinter Brillen versteckt, dass ich zwischen den schnell voranschreitenden Tibetern mit ihren Gebetsperlen, ihren Gehstöcken und Thermoskannen mit gebuttertem Tee kaum noch Inder, Deutsche und Österreicher unterscheiden kann oder gar ein Paar als Russen erkenne. Ein Hirte hat zwei Mastiffs mit roten Wollkragen dabei, damit sie Verdienste für sich sammeln.

Die Felsen werden zu umschwärmten Anbetungsorten. Wir kommen durch ein zerklüftetes Granitlabyrinth: hüttengroße Felsen, pudergrau, muschelrosa. Milarepa besiegte hier seinen Bön-Rivalen, indem er einen dritten riesigen Felsen auf den zweiten des Zauberers packte und die mit seinen Fußabdrücken geprägte, schwankende Säule hinter sich zurückließ.

Für die Pilger gibt es keine stummen Steine. Sie zerstreuen sich und sitzen wie in einer Familie mit ihnen zusammen. Es gibt

Felsen, zwischen die sie sich quetschen, um ihre Tugend zu tes-
ten, unter andere kriechen sie sogar darunter. Die Felsen werden
das Urteil des Berges. Ein hervorstehender Fels, den sie den Ort
Schwarzer und Weißer Sünden nennen, bildet einen rauen Tunnel, durch dessen symbolische Hölle sich der Pilger drücken muss,
um gleich darauf durch eine andere Passage in einen höheren Zustand einzutreten. In solchen Spalten spürt der lebende Fels die
Reinheit des durch ihn gleitenden Körpers und kann sich so heftig zusammenziehen, dass die Schuldigen halb begraben werden.

Drei Pilger, die angenehm beisammen sitzen, erinnern sich an
eine Zeit, als der Doppelfelsen vor ihnen ein Urteil fällte. Zögerlich sprechen sie mit Iswor, auf Tamang, können aber nicht in den
Felsdurchgang hinein. Er sieht unpassierbar schmal aus und wird
von dickem Eis blockiert. Noch die dünnste Person kann dort
stecken bleiben, sagen sie. Der Fels weiß alles. Vor zwei Jahren
haben sie einen dicken Freund hindurchgehievt. »Er war so groß
wie Sie!«, rufen sie mir zu und verfallen in hilflose Fröhlichkeit. Einer hat geschoben, zwei haben gezogen, und nach einer halben
Stunde, sagen sie, kam der Mann, dünner, sündenlos, aber blutig
und halb erstickt wieder hervor. Kann ich nicht warten, bis das
Eis schmilzt?

Der Pfad trägt uns weiter hinauf, und das Bergtal schließt sich
ungemildert um unser merkwürdiges, vielfältiges Rinnsal aus Tieren und Menschen, die wie Eisenspäne zum Pass hochgezogen
werden. Wir kommen durch unregelmäßiges Sonnenlicht. Wann
immer sich die Wolken zusammenziehen, friert die Luft um uns
ein. Die von Yakhufen durchbrochene Schneekruste unter unseren Füßen ist spröde und hart, selbst noch im Juni. Ein scharfer
Wind ist aufgekommen. Weit vor uns zieht sich der Pfad am
Hang entlang, bis die Pilger zu Schnee und Granit werden. Wir
klettern durch ein monochromes Zwischenreich. Hunderte
Steinhaufen und beschriftete Felsen säumen den Weg und recken
sich in den Horizont. Zwischen den Felsen flammen die schar-

lachroten Tücher der Frauen auf und verlöschen wieder. Ich bin kaum noch eine Stunde vom Gipfel entfernt. Irgendwo rechts von uns ist der Dölma-la verschwunden. Gelassen ziehen Yaks, einige mit blonden Köpfen und Schweifen, die Steigung hinauf. Ihre gespaltenen Hufe zermalmen die Felsen, und ihre Reiter, ängstliche Hindus, klammern sich an die gepolsterten Sättel. Einmal überholt mich ein schnurrbärtiger Alter in abgetragenen Turnschuhen und fasst meine Schulter mit zittriger Hand, die einen Stoß Wärme in mich schickt.

Wir kommen zu einem geheiligten Rinnsal, aus dem Yaks trinken. Es wird vor allem von Metzgern aufgesucht, die sich hier von der Sünde reinwaschen, Tiere zu töten. Iswor ist ebenfalls stehen geblieben. Er ist so dicht mit Tüchern umwickelt, dass nur die beiden aufmerksamen Augen sichtbar sind. Er sagt: »Wir können nicht lange auf dieser Höhe bleiben. Mein Kopf ...«

Ein anderer Mann geht hinter mir: ein Pilger mit seiner Frau, einem Kind und einem Tier. Die vergangenen Jahrhunderte haben ihn unberührt gelassen. Er hat sein eigenes. Sein Blick ist von heller, konzentrierter Intensität. Er kommt aus einem Seenland im Norden, oder vielleicht von noch weiter, und die Entfernung bedeutet Verdienste. Immer wieder wirft er sich vor dem Götterberg zu Boden, und die Erde unter ihm fühlt sich heiß an. Die Worte der Gebete sind stark, auch wenn er sie nicht versteht, und die Götter atmen von den Gipfeln zurück. Er hat sich alles gemerkt, was der Dorfschamane gesagt hat, und die *klu* im Strom besänftigt, für den Fall, dass sie dort sind. Die Kälte des Wassers reinigt die Berührung. Er gibt etwas in eine Phiole, für seine kranke Mutter. Deshalb ist er gekommen, wegen der schwarzen Erdgötter – damit sie seine Gerste verschonen – und für das Kalb des dritten Yaks. Das sind die großen Dinge. Seine Frau, die er sich mit seinem Bruder teilt, denkt anders. Frauengedanken. Er denkt, er kennt sie.

Im letzten Kloster hat er Rhododendronblätter und Wacholderzweige verbrannt, während die Augen des Gottes im Lampen-
licht auf ihm ruhten: Chenrezig, der Vielarmige (war er es?). Er
hatte genug *tsampa* geopfert, um die Aufmerksamkeit des Gottes
zu erlangen, da war er sicher. Und eine Butterlampe entzündet.
Dann betete er dafür, dass die Chinesen Tibet verließen. Sie hatten seinen Großvater irgendwo in ein Lager verschleppt und tot
wieder zurückgebracht. Er erinnerte sich an die Tränen seines
Vaters. Es gab auch die Große Elefantenhöhle voller Eremitenta-
ten, wo er etwas *chang* aus seiner Thermosflasche ergoss. Der
Mönch gab ihm eine aus heiliger Erde gebackene Pille, die wenig
kostete. Auf dem Beisetzungsplatz schnitt er ein Stück Wollstoff
von seiner *chuba* und ließ es zurück. Darauf fühlte er sich leichter.
Seine Frau ließ eine Perle zurück. Damit der Gott des Todes ihnen eine schlimmere Zukunft erspart. Jetzt sind sie sauber.

Unser Pfad schwenkt durch Gletschergeröll zum letzten Anstieg.
Die Erhebungen unter uns wirken rauhäutig, wie unfertig. Ihre
einzigen Farben sind die, die wir mitbringen, dazu ein plötzlicher
kupferroter Flechtenschein auf den Felsen. Mein Kopf ist ohne
Schmerz, aber schwindelig, schwach. Die Furcht vor der Krankheit ist vergangen, stattdessen beginnt mich eine atemlose Müdigkeit auszufüllen. Ich steige nicht mehr als zehn Schritte weiter
auf, bevor ich erneut stehen bleibe und nach Luft schnappe. Die
kleinste zusätzliche Mühe – auf einen Vorsprung oder über einen
Stein zu steigen – fordert ihren Atempreis. Ich warte darauf, dass
meine schon panische Atemlosigkeit während des Murenauf-
stiegs wiederkehrt, doch das geschieht nicht. Ich richte den Blick
auf die Erde unter mir, die mit dem trüben Glitzer von Schnee gemustert ist. Meine Füße bewegen sich wie die eines anderen. Ich
steuere sie von Fels zu Fels. Sie klettern an frisch in Votivkleider
gehüllten Felsbrocken und in Felsspalten geworfenen Sauerstoff-
kanistern vorbei. Ein Büschel Haar, von einem Menschen oder

Yak, weht mir gegen die Knöchel. Ein Pferdeschädel leuchtet im Schnee.

Hier sterben Menschen. Viele denken, es ist sicherer zu reiten als zu gehen. Kawaguchi, von Kopfschmerz geplagt, und sogar Sven Hedin erklommen den Pass auf Yaks. Der vom Pech verfolgte Svami Hamsa wäre fast von einer Lawine in den Tod gerissen worden. Andere ertranken im eiskalten Fluss unter dem Drirapuk-Kloster, bevor 1986 eine neue Brücke gebaut wurde. Die toten Hindus werden zurück nach Indien geflogen, die anderen bleiben auf dem Berg. Hedin sah die Leiche eines Mannes, der wie ein Bündel Lumpen in eine Spalte gestürzt war, und kürzlich erst sind Pilger auf den ausgeweideten Torso eines Mädchens gestoßen.

Selbst Tibeter straucheln manchmal, fallen vor auf die Felsen, und die hell beringten Hände der Frauen klammern sich an den Stein. Die Inder reiten aschfahl auf ihren Ponys, den Mund hinter einem Tuch verborgen. Von der Passhöhe vor uns weht uns ein eiskalter Wind entgegen. Unser Atem kratzt vor Schwäche oder im Gebet. Er erstirbt unter dem Stoßen und Scharren von Hufen und Stiefeln. Ich halte inne, um diese Notizen zu machen, hocke auf meinen Knien. Meine Finger sind taub, meine Handschrift bricht. Als ich sie zu lesen versuche, sehe ich die Worte wie Keilschrift unter der Nässe von Graupel oder tropfenden Nasenlöchern verwischen. Ein Pilger neben mir ruft etwas, aber was immer ich an Bedeutung verstehe, bleicht unlesbar von der Seite. Genau wie meine Sorge um Iswor, der vorausgeeilt ist. Auch die weitere Landschaft, die uns umgebenden Gipfel verschwimmen ineinander zur Unkenntlichkeit.

Der weise Gotsampa, der Pionier der Kora, war der Erste, der den Pass erklomm. Nachdem er auf den Geheimen Pfad der Dakinis abgewichen war, lockte ihn eine Schar von einundzwanzig Wölfen her. Staunend folgte er ihnen, während sie ineinander aufgingen, bis nur noch ein Tier übrig blieb, das in der Felswand auf dem Scheitel des Passes verschwand. Da begriff der Eremit, dass er von

222 EIN BERG IN TIBET

einer Vision der einundzwanzig Taras geleitet worden war, Emanationen der Göttin des Mitgefühls. Es ist ihr Gipfel der Erlösung.
Hinter ihm fällt der Weg über dreihundert Meter hinunter ins Tal
ab. Aber hier, auf dem fünftausendsiebenhundert Meter hohen Zenit der Kora, in einem Augenblick blendenden Übergangs, können
Pilger an der Achse der Welt in die Reinheit eingehen.

Heisere Schreie erklingen über uns im Wind, und ein Kegel
leuchtender Farben birst aus der Lücke dort. Von einer Welle der
Erleichterung getragen, steige ich weiter. Die Hänge weichen zur
Seite, der Himmel ist aus Porzellan. Minuten später wandere ich
durch eine Feuersbrunst aus Gebetsfahnen. Sie sind so dicht um
alles gewickelt, dass erst ganz oben die Tara geweihte doppelte
Spitze des Steins, des Flammenden Felsens, frei und graniten her-
vorbricht. Die Stangen, an denen die Fahnen einst hingen, sind
längst im Sturm des Passes zusammengebrochen und haben diesen formlosen Ozean ausgedörrten, strahlenden Stoffs auf den
Felsen hinterlassen. Pilger versuchen den heiligen Felsen zu umkreisen und stolpern zwischen Schnüren und verschleierten Felsen durch. Nur hier und dort, wenn man den leuchtenden Vorhang teilt, erblickt man die purpurn und gelb strahlenden Mantras
im Stein, das mit Butter darauf geklebte Geld, die Haarbüschel,
sogar Zähne von Menschen. Hartnäckig kämpfe ich mich durch
das Dickicht. Meine Füße bleiben an abgeworfenen Kleidern
hängen, an Schuhen, Tellern und Tierschädeln im halb geschmol-
zenen Eis. Ein ansteckendes Siegesgefühl hängt in der Luft.

Erschöpfte Pilger sitzen in Gruppen zusammen und tun sich
an Tee und gerösteter Gerste gütlich. Andere ziehen die Fahnen
zur Seite, um mit Handflächen und Stirnen den Fels zu berühren.
Männer sitzen betend im Kreis und klingen wie schnurrende Katzen. Zwei Mönche hocken sich schweigend gegenüber, und Hindu-Pilger reichen in feierlicher Benommenheit ihre *prasada*-Sü-
ßigkeiten herum. Von Zeit zu Zeit lässt ein Neuankömmling
einen Freudenschrei hören. Gebetszettel werden in die Luft ge-

worfen und davongeweht. Zwei Schamanen in scharlachrot und
golden gesäumten abgetragenen Kutten springen mit fliegendem
Haar auf, werfen *tsampa* in den Wind und rufen: »*Lha-so-so-so! Lha-so-so!*« – »Sieg den Göttern!«

Ich sinke zwischen die Gruppen und bade in ihrem Glück. Angesichts der schroffen Abgründe und Felshänge wirft das künstliche Farbenmeer der Wimpel und Fahnen eine heftige Gebetswelle auf, rührend und trotzig. Selbst noch die entlegeneren Felsvorsprünge, auf denen für die Augen der Gläubigen der Pfotenabdruck von Gotsampas Wolf klar zu erkennen ist, sind mit Stoffen bedeckt.

Die einundzwanzig sich auflösenden Wölfe rufen die Göttin dieses Ortes aus. Für die Tibeter ist diese proteische Gottheit Dölma, die Göttin der Befreiung. Sie ist es, die ihnen die Sünden vergibt und die frisch Gereinigten zurück in die Welt unten führt. In ihren Lieblingsgestalten als Grüne und Weiße Tara, den Göttinnen der Mutterschaft und der Tat, sitzt sie auf einem lotusgeschmückten Mond-Thron und streckt mitunter ein Bein aus, bereit zu handeln. Ihr Körper kann die Farben des Regenbogens annehmen, und in ihren einundzwanzig Formen (die als Wandgemälde fast identisch aussehen) strahlt sie vielfältige Güte aus und besitzt die Macht, unbeschadet in die Hölle hinabzusteigen. Vor allem ist sie die Göttin des Mitgefühls, geboren aus den Tränen Avalokiteshvaras, des Bodhisattva des Mitgefühls, als er wegen seiner Unfähigkeit weinte, allen lebenden Dingen zu helfen. Rufe ihren Namen an, beschwöre ihr Mandala herauf, und sie kommt dir zu Hilfe. Ihre Statuen sprechen. Sie ist die Mutter des tibetischen Volkes und bewegt sich als fromme Königin oder Gefährtin durch seine sterbliche Geschichte, sodass auch Ungebildete ihre Bitten kennen, die sie auf ihren gebetsverhangenen Felsen hauchen.

Es ist Sitte, irgendein Objekt auf dem Dölma-Pass zurückzulassen und ein anderes dafür mitzunehmen. Iswor, der auf mich wartet, hat eine Schnur mit Gebetswimpeln aus Darchen mitgebracht, und gemeinsam binden wir sie fest. Aber er fühlt sich wieder leicht krank. Ich stelle mir vor, dass er unter Mütze und Tuch, seiner dunklen Brille und der glitzernden Sonnencreme zu blass ist. Er will schnell zurück nach unten, schämt sich aber, mich allein zu lassen. Er trägt das schwere Gepäck, ich so gut wie nichts. Ich dränge ihn voranzugehen.

Ich selbst bleibe noch eine Weile, ich will nicht gleich weiter, obwohl Wolken vor die Sonne gezogen sind. Andere Pilger machen sich wieder auf den Weg. Ich warte, als könnte etwas geschehen, doch da sind nur der sandpapierraue Wind und der verblassende Himmel. Die Luft ist dünner, als ich es je erlebt habe. Die Hochstimmung der Menschen um mich herum mündet für eine Weile in Gesang, der mich wie eine gutartige Infektion ansteckt.

Tief in meiner Tasche finde ich Tashis Sandelholz-Räucherstäbchen, die er mir mitgegeben hat, damit ich sie hier oben auf dem Pass entzünde. Er sagte: »Ich glaube, ich werde nie dort hinaufkommen, aber Sie werden für mich gegangen sein.«

Ich untersuche die Packung im stärker werdenden Wind und lese: »Nicht nur, um Buddhas und Schutzgöttern zu gefallen, sondern auch, um gewöhnliche Wesen aus den sechs Reichen zu sättigen, Dämonen und Hindernisaufsteller zu befrieden (Sandelholz und geheime Substanzen).«

Ich habe vergessen, Streichhölzer mitzubringen, aber ein eifriger junger Bursche, Gebetsperlen in der einen, eine Kamera in der anderen Hand, bietet mir sein Feuerzeug an. Nach langen Versuchen entzünde ich eine Garbe und stelle sie geschützt zwischen einige Fahnen. Im beißenden Wind beschwöre ich Tashis Bild herauf und mache mich an den Abstieg.

Gut anderthalb Kilometer mit einem Höhenunterschied von vierhundertzwanzig Metern liegen vor mir, und ich bin zu spät, um es gemächlich angehen lassen zu können. Der Pfad fällt steil über feuersteinscharfe Felsen ab, dem Grat eines jäh abfallenden Kammes folgend, dessen Ende unsichtbar ist. Nichts lockert den grauen Untergrund auf, kein Gras, keine Blume. Der Pfad ist für Yaks zu steil, Ponys gehen ohne ihre Reiter, und fast unmittelbar erscheint der kleine, zu den höchstgelegenen Bergseen der Welt gehörende Gaurikund in einem Kessel direkt unter uns. Dunkel liegt er unter den Felsen, der immer noch reine weiße Schnee in der Mitte wird von einem vernebelten Jadekreis schmelzenden Eises umgeben. Der Weg zu ihm hinunter ist so schwierig, dass nur wenige Pilger zu ihm zu gelangen versuchen. Buddhisten nennen ihn den See der Gnade. Es ist der Badesee der Himmelstänzerinnen und der Göttin Parvati, der Frau Shivas, die ihren Mann mit ihren Waschungen verführt hat. Erst im Spätsommer klettern kühne Pilger dort hinunter, um Wasser zu schöpfen und es sich in einem eiskalten Taufakt über den Kopf zu gießen.

Ich komme an einem wunderschön purpurn-goldenen Sari vorbei, der frisch neben dem Pfad zurückgelassen wurde. Nicht weit davon entfernt liegt ein traurig aussehender Hindu zwischen den Felsen und starrt auf den See hinunter. Er ruft mich an: »Wie weit ist es bis ins Tal? Wie viele Stunden?«

Ich wage eine Schätzung. Es ist ein Inder aus Malaysia, der nie etwas wie das hier gesehen hat. »Ich habe es nicht begriffen. Ich dachte, es wäre leicht. Und doch bin ich hier.« Er scheint am Ende seiner Kräfte. »Aber die anderen sind weg.«

»Wohin?«

»Nur sieben aus unserer Gruppe haben es geschafft, von einundzwanzig.«

»Sie haben das Schwerste hinter sich.«

»Es hieß, wenn wir im Manasarovar baden und die *parikrama* um den Kailash vollenden würden, sei alles gut ...«

»Dass Sie Verdienste gewinnen würden? Vielleicht *moksha?*« Das ist das Nirwana der Hindus.

»Vielleicht.« Aber seine Worte klingen so erschöpft, so mutlos,
dass es unwichtig scheint. Es ist der vor ihm liegende lange Abstieg, der ihn mit Angst erfüllt. »Die anderen sechs sind vorausgegangen.« Er berührt meinen Arm. »Wird es unten Pferde geben?«
»Ja, da gibt es Pferde.« Ich rate wieder. »Und der Weg ist
eben.« So viel weiß ich. »Es ist ein Flusstal. Wunderschön.«

Er erhebt sich schwankend, als ich ihn verlasse. Es dauert noch
lange bis zum Einbruch der Dämmerung, aber eine tiefe, sonnenlose Kälte macht sich breit. Der für die Knie quälende Abstieg ist
mit Pilgern übersät. Sie halten sich bei den Händen, beten und
bleiben auch jetzt noch stehen, um die Hände auf Felsen zu legen,
auf denen Milarepa einen Fußabdruck hinterlassen hat, an denen
Baumwollfäden hängen und die mit Yakbutter beschmiert sind.
Oder sie legen einen Stein auf einen Haufen. Ich entdecke Iswor,
sechzig Meter unter mir, wartend, und tappe über losen Schiefer
zu ihm hinunter. Treibgut aus leeren Dosen und Zigarettenschachteln überzieht den Pfad, als wäre hier selbst Abfall heilig.
Auf beiden Seiten sinken die Hänge in diagonalen Furchen ins
Lham-Chu-Tal ab, während der Horizont in Klippen und Felsspitzen zerspringt. Hoch zur Rechten droht ein schwarzer Gipfel
namens Achse des Karma dem Himmel, aber nicht (so heißt es)
dem Pilger in der Gnade Taras.

Endlich erreiche ich ein Tal, das weich in der Abendsonne
liegt. Hinter einem einsamen, von Buddha gezeichneten Fels
fließt der Lham Chu durch ebenes Grasland, auf dem anderen
Ufer erklingen die Glöckchen der Nomadenpferde. Ich habe
noch dreizehn Kilometer vor mir, doch der Weg ist einfach, an
hinabgleitenden Bächen entlang und von Bergen geschützt, die
vor langer Zeit zum Buddhismus konvertiert sind. Von einer weiteren Prostrationsplattform kommt kurz die östliche Spitze des
Kailash in den Blick, während links von mir der Berg des Medizin-
buddha schimmert, dessen Hänge voller heilender Kräuter und
Mineralien sind.

Als ich das Lager erreiche, ist die Sonne untergegangen. Ein paar Sterne sind zu sehen, und die Wiesen unter dem Kloster Zuthulpuk, der Höhle der Wunder, liegen ruhig da, mit schlafenden Yaks und ausländischen Zelten. Ram, der uns den ganzen Tag voraus war, hat unsere eisernen Rationen mit warmer Suppe aufgebessert. Stumm sitzen wir zusammen, während draußen die Kälte der Nacht wartet. Jetzt, da der Pass hinter uns liegt, scheinen wir alle erschöpft. Wir breiten unsere Schlafsäcke auf der harten Erde aus, als wären die Steine aus Samt. Eine Weile noch mache ich mir im Licht der Taschenlampe Notizen und versuche mir die Farben der Pilger und die Beschaffenheit der Felsen oben auf dem Pass ins Gedächtnis zu rufen. Aber meine Finger sind steif vor Kälte, und ich gebe bald auf. In den Minuten vor dem Schlaf senkt sich ein melancholischer Schatten auf mich herab: das Erstaunen darüber, dass etwas lang Erwartetes vorüber ist.

Bleiches Licht umgibt das Zelt. Ich habe nur unruhig geschlafen. Draußen hängt der Saga-Dawa-Mond noch in der Dämmerung, ein übrig gebliebener Geist über dem vernebelten Tal. Neben unserem Zelt knistert ein Rinnsal durch Eissplitter zum Lham Chu, und ich bemerke zum ersten Mal wieder den Hauch Gelb im Gesträuch zwischen den Felsen, der mir aus Nepal vertraut ist: als sickerte etwas altes Leben zurück in die Welt.

Das Kloster duckt sich unter die windgepeitschten Terrassen, die sich vom Kailash nach Westen hinunter ergießen. Seine niedrigen Mauern sind grob gefügt und werden von kleinen, einfachen Fenstern durchbrochen, den Geschützöffnungen einer Galeone gleich. Seine Geschichte wird wie die all dieser Kagyü-Außenposten von Wundern und Geheimnissen geprägt. Gegründet in den 1220er-Jahren, war es vor hundert Jahren so arm, dass nur ein einziger Hauswart darin wohnte. Während der Kulturrevolution wurde es geschliffen und 1983 als diese Lehmziegel-Redoute neu aufgebaut.

In der Morgendämmerung betrete ich den Tempel und gehe vor Kälte zitternd an den längst vertrauten Statuen entlang – Avalokiteshvara, Amitabha, Padmasambhava –, die wie Inquisitoren mit ihren jadegrünen Gloriolen dahocken. Auch die Höhle der Wunder wirkt vertraut: ein Felsüberhang, nicht mehr, unter dem der Dichter und Weise Milarepa meditierte und sang. Die bedruckten Steine auf seinem Altar bewahren den Besuch anderer Heiliger und Eremiten. Es gibt sogar einen Hufabdruck des Rosses von König Gesar. Aber der wahre Schatz an diesem Ort seiner Macht ist die Statue Milarepas. Das Original, so heißt es, wurde von seinem tantrischen Schüler, dem heiligen Narren von Tsang, aus dem Blut und den Exkrementen des Heiligen geformt, ist aber, wenn sie denn je existiert hat, verschwunden. Stattdessen sitzt ein bronzener Milarepa auf dem steinernen Altar. Von allen Bodhisattvas sind seine Statuen am leichtesten zu erkennen, denn er legt die rechte Hand ans Ohr, um – vielleicht – dem Flüstern der Himmelstänzerinnen zu lauschen, oder seinem eigenen Gesang.

Seine Lebensgeschichte, die er vor seinem Tod 1135 einem Schüler erzählte, ist von schwarzer Magie und Selbstverletzungen, heftigen Bindungen und Loslösungen, asketischer Drangsal und Ekstase geprägt. Aufgezeichnet mit der Innigkeit, ja dem Zauber der Ich-Form, hat Milarepas Leben sein Volk über Jahrhunderte entzückt. Tatsächlich wurde seine ›Autobiografie‹, zusammen mit dem Großteil seiner Lieder, von einem Gelehrten vierhundert Jahre nach dem Leben verfasst, das sie nachzeichnet. Aber wer immer auch die Quelle sein mag, Milarepa erscheint in einer Rolle voller Wehmut und Menschlichkeit.

Es ist eine Geschichte angstvoller Reue für die mörderischen Verbrechen seiner Jugend, angestiftet durch die Rachsucht seiner geliebten Mutter. Über Jahre dient Milarepa dem unerbittlichen Lehrer Marpa, der ihn Sisyphusqualen erleiden lässt, um sein schlechtes Karma abzutragen. Als er im Mondlicht zu seinem al-

ten Zuhause zurückkehrt, findet er es verfallen vor, denn die
Dorfbewohner haben es aus angstvoller Erinnerung an ihn gemie-
den. Drinnen stößt er auf Lumpen und Knochen, die, wie er mit
Schrecken begreift, die seiner Mutter sind. Sieben Tage lang legt
er den Kopf darauf und versenkt sich in der Vergänglichkeit alles
Irdischen.

Danach lebte er jahrelang als Eremit fast nackt in entlegenen
Höhlen und isst nur Nesseln, sodass seine Haut der Legende nach
grün wird. Seine Schwester, die ihn endlich entdeckt, nennt ihn
eine menschliche Raupe, und am Ende ist seine Erscheinung so
furchterregend, dass alle vor ihm fliehen. Er selbst fühlt sich zu
reinem Geist geläutert. Oft beginnt er unvermittelt und improvi-
siert zu singen, und nach und nach ziehen seine Lebensweise und
seine Lehren eine Gruppe Schüler an, bevor er im Alter von drei-
undachtzig Jahren stirbt, vergiftet von einem eifersüchtigen Riva-
len. Sein Leben und seine Verse, wer immer der Autor sein mag,
haben ihn zu Tibets überragendem Heiligen gemacht, sodass lange nach seinem Tod ein Anhänger sagte: »Die Menschen könnten
auf ihn treten, ihn als Weg, als Erde benutzen, dennoch würde er
immer da sein.«

Rund um den Kailash wurde Milarepa die Person, durch die
der Buddhismus den Bön ersetzte, und seine mythischen Taten
durchdringen den Berg. Ein Bön-Zauberer wurde das Opfer von
Milarepas größerer Zauberkraft, und die Felsen ihres Kampfes,
bei dem Milarepa seinen Widersacher Bönchung im Uhrzeigersinn um den Kailash zerrte, haben uns auf unserem Weg begleitet.
tet. In einem letzten Wettkampf forderte der Bön-Zauberer den
buddhistischen Mystiker heraus, vor ihm den Gipfel des Kailash
zu erreichen, und flog auch schon auf seiner Schamanentrommel
los. Aber Milarepa nahm einen Sonnenstrahl, war vor ihm oben,
und die Trommel des Zauberers polterte die Südseite des Berges
hinunter und hinterließ die immer noch sichtbaren Narben. In einem Akt der Versöhnung schenkte Milarepa dem vertriebenen

Glauben einen anderen Berg, den dessen Anhänger gegen den
Uhrzeigersinn umrunden: Es ist der Berg, der auch den Bön-Lama
in Kathmandu tröstete und der sich schneeleuchtend über dem
nördlichen Ufer des Manasarovar erhebt.

Die Höhle der Wunder, in der es so dunkel ist, dass ich kaum
etwas erkennen kann, ist voll mit Milarepas Magie. Der Druck
seiner Hände und Schultern hat Vertiefungen im Stein hinterlassen, und auf dem Dach außen wird seinem Fußabdruck gehuldigt,
mit dem er die Decke gesenkt hat. Selbst sein steinerner Dreizack
ist hier, wenn auch von den Roten Garden beschädigt, und ein
Felsknauf, der alle die beschützt, die über ihn streichen.

Ein junger Mönch deutet auf Fingerabdrücke in der rußüber-
zogenen Decke. Sie fühlen sich kalt an. Milarepa hat den Fels dort
zurechtgerückt, um der Höhle ein angenehmes Klima zu geben.
Wenigstens sagt das der Mönch. Die spirituelle Bedrängnis im
Martyrium des Heiligen ist kaum vorstellbar, doch die menschlichen Einzelheiten sind anrührend: Auf den Regalen des Hauses,
in dem er aufwuchs, nisten Mäuse. Seine Verlobte verlässt ihn ungläubig. Als er zurück nach Hause kommt, zahlt er mit seinen halb
vermoderten Büchern für die Gebete, die der einen neuen Körper
suchenden Seele seiner Mutter helfen sollen. Nach kurzem Aufenthalt verlässt er das Dorf wieder und trägt die Knochen seiner
Mutter auf der Brust, unter seiner Kleidung – als direkten Ausdruck der Vergänglichkeit, seiner selbst und seiner Mutter. Wel-
chen anderen Trost gab es für den Hinterbliebenen? Nur was die
Grenzen des menschlichen Bewusstseins ihm sagten: dass alles,
alle äußeren Erscheinungen ein Irrtum waren.

Ich lasse Geld für seine Butterlampen da und sehe zu, wie der
Mönch sie entzündet, bevor ich gehe.

Die Felsen hinter dem Kloster sind mit verlassenen Höhlen
durchsicht, und das Morgenlicht sickert über leere Herde und
Meditationsplätze. Von überall auf den Hängen feuern Tausende

von Mani-Steinen und behauenen Felsen Gebetssalven über das Tal. Wir wenden uns zum Gehen. Der Fluss ist voll und blau und wendet sich nach Südwesten. Iswor hat seinen Schwung wiedergefunden, und sein Kopf ist klar, während ich wie im Traum dahingehe, als holte mich die tagelange Übermüdung ein.

Der Pfad steigt hoch über den Fluss und windet sich an einer violett-schwarzen Schlucht entlang, getüncht mit dem Blut des Dämonen-Yaks des Teufels, wie es heißt, das König Gesar erlegt hat. Benommen wandern wir dahin, durch Gestrüpp und über rostbraunes Schiefergestein, und sehen in Abgründe von bunter Merkwürdigkeit. Vor uns bewegen sich zwei Pilger wie Raupen über diese Farbenvielfalt, werfen sich auf die Steine nieder, erheben sich, erheben die gepolsterten Hände zum Gebet, werfen sich nieder. Ihre geschwärzten Gesichter sind von Stoff umhüllt: Es sind zwei Frauen, jung und müde. Eine murmelt mit jedem Sich-Hinstrecken immer noch Gebete, die andere miaut wie ein Kätzchen. Der Staub vorüberziehender Ponys schließt ihnen die Augen.

Ich überhole sie vorsichtig, wie um ein privates Ritual nicht zu stören, aber sie heben die Gesichter und lächeln. Innerhalb einer Stunde erreiche ich den Scheitelpunkt des Pfades über der Schlucht, und der Friede der Barga-Ebene öffnet sich vor mir. Unter mir leckt das überall hervortretende Quellwasser des Satluj die Hänge hinunter, bevor es Tausende von Kilometern entfernt in den Indus mündet, und der Himmel hängt voller regloser Wolken. Die Kora kommt an ihr Ende und führt an den südlichen Erhebungen des Kailash entlang. Sechzig, siebzig Kilometer entfernt erhebt sich der Gurla Mandhata klar jenseits der Ebene empor, und der Rakshastal, der Dämonensee, erstreckt sich indigoblau unter ihm. Direkt vor uns führt ein Pfad zwischen die letzten Bergausläufer, über den Pilger nach Hause gehen.

Glossar – tibetische und Sanskrit-Begriffe

Amitabha: Buddha des Unendlichen Lichtes; einer der fünf
   Transzendenten Buddhas

Avalokiteshvara (tibet. Chenrezig): Bodhisattva des Mitgefühls

Beyul (tibet.): geheime Zufluchtsorte, verborgene Täler

Bhagavad Gita: wörtl. Gesang des Erhabenen, eine der zentralen
   Schriften des Hinduismus

Bodhisattva: Erleuchtungswesen. Im Mahayana (Großes Fahr-
   zeug) 1. ein Mensch, der das Bodhisattva-Gelübde abgelegt hat
   und sich in selbstlosem Streben nach Erleuchtung übt; 2. ein
   transzendentes Wesen, das Buddhaschaft erlangt hat, aber auf
   den Eingang ins Nirwana verzichtet, um anderen Wesen zur
   Erlösung zu verhelfen

Bön (tibet.): alttibetische animistische Religion, später dem La-
   maismus stark angeglichen

Bönpo (tibet.): Anhänger des Bön

Buddha: der Erwachte; 1. der historische Buddha Shakyamuni
   (Siddharta Gautama); 2. ein Mensch, der völlige Befreiung aus
   dem Kreislauf der Wiedergeburten erlangt hat; 3. transzenden-
   te Buddhas (insbesondere die fünf Tathagatas) als Verkörperungen des Buddha-Prinzips; 4. das Absolute, die letzte eigent-
   liche Wirklichkeit (Buddha-Natur)

Chaksal gang (tibet.): Plattform zur rituellen Niederwerfung

Chang (tibet.): alkoholisches, dem Bier ähnliches Getränk auf
   Gersten-, Hirse- oder Reisbasis

Chenrezig (Skrt. Avalokiteshvara): Bodhisattva des Mitgefühls

Chöd (tibet.): Durchschneiden des Egos; spirituelle Praxis im
   tibetischen Buddhismus, die zugehörigen Rituale werden be-
   vorzugt auf Leichenstätten durchgeführt – Überwindung der
   Angst als Beweis für die Erkenntnis der Leere

Chörten: tibet. Bezeichnung für Stupa; s. dort

Chu (tibet.): Wasser, auch die Bezeichnung für Fluss

Chuba: langer Schaffellmantel

Dakini: Die in den Himmel Wandelnde. Partnerin auf dem
Heilsweg, gibt es in vielen Gestalten

Dalai Lama (tibet.): wörtlich Lehrer, dessen Weisheit dem Ozean gleicht. Titel des Oberhaupts der Gelugpa (Schule der Tu-
gendhaften, Gelbmützen-Schule); gilt als Emanation (Verkörperung) Bodhisattva Avalokiteshvaras und als *tulku*

Damphu (tibet.): doppelseitige mit Leder bezogene, scheibenför-
mige Trommel

Dechog (Skrt. Chakrasamvara): Rad der Glückseligkeit; ein *yidam*
(eine tantrische Initiationsgottheit)

Delog (tibet.): Mensch, der im Zwischenzustand von Tod und
Wiedergeburt gereist ist und wieder aufwacht, um die Geschichte zu erzählen

Dri (tibet.): Yak-Kuh

Durtrö (tibet.): Leichenstätte, Stätte für ein Himmels-/Luftbe-
gräbnis

Dzo: Kreuzung aus Yak und Rind

Gönpa (tibet.; auch *gompa*): kleines Kloster, Einsiedelei

Gönpo (tibet.; auch *gompo*): Sanskrit = Mahakala, Große Schwarze; große, zornvolle Beschützergottheiten, gelten als Emanation des Buddha Akshobya

Kagyüpa (tibet.): eine der vier Hauptschulen des tibetischen Buddhismus, gegründet von Marpa (1012–1097)

Kaliyuga: Zeitalter des Kali; im Hinduismus und Buddhismus das
letzte von vier Weltzeitaltern (*yuga*). Im Hinduismus ist Kali
die negative Manifestation Vishnus, Vishnu als Zerstörer

Kangri Lhatsen (tibet.): Schutzgottheit der Kailash-Region; ursprünglich autochthone Gottheit, die zum Buddhismus konvertierte

Kanjur (tibet.): Teil des 300-bändigen Kanons des tibet. Buddhismus, die Übersetzung der Worte (der Verkündigung) Buddhas

Karma(pa): eine der vier Hauptschulen des tibetischen Buddhismus (eigentlich Kagyü-Karmapa), gegründet von Düsum Khyenpa (1110–1193), dem ersten Gyalwa Karmapa. Die Schule führte das *tulku*-System, bewusste Reinkarnationen, in Tibet ein. Der Gyalwa Karmapa gilt wie der Dalai Lama als Emanation Avalokiteshvaras.

Khata (tibet.): traditioneller Schal als Begrüßungsgabe, meist von weißer (Symbol des reinen Herzens) oder blauer (Symbol des Himmels) Farbe

Kora (tibet.; Skrt. *parakrima/pradakshina*): Ritualweg um ein/rituelle Umrundung eines Heiligtums, im (tibet.) Buddhismus im Uhrzeigersinn, im Bön gegen den Uhrzeigersinn

La/-la (tibet.): (Berg-)Pass

Lama (tibet.): Höherstehender; ein religiöser Meister, Lehrer

Lha (tibet.; Sktr. *deva*): Gottheiten, göttliche Wesen

Lhamayin (tibet.): die in die Hölle fahren werden; Elementargeister, Dämonen

Lu (tibet.; auch *klu*): ursprünglich Wasserdrachen; im tibet. Buddhismus verschmolzen mit den indischen Schlangengottheiten bzw. -dämonen, den *naga*

Lunggompa (tibet.): Windmänner; Lamas, die dank psychischen Trainings oder intensiver Meditation in der Lage sind, schnell wie der Wind weite, unwegsame Strecken zurückzulegen

Mandala: Kreis; symbolische Darstellung des Makro- und des Mikrokosmos, wichtigstes tantrisches Hilfsmittel zur Meditation

Mani (tibet.): Gebet

Meru: Weltenberg; mythologischer Berg im Zentrum des Universums (im Hinduismus, Buddhismus, Jainismus); Sitz von Göttern und Schutzgottheiten

Moksha: Erlösung, Erleuchtung (im Buddhismus, Hinduismus, Sikhismus)

Nandi: der Glückliche; Buckelstier, Reittier und Begleiter Shivas

Nirwana (Skrt. *nirvana*): Verlöschen; Befreiung aus dem Kreislauf der Wiedergeburten; Einswerden oder Einssein mit dem
Absoluten; Verwirklichung der Buddha-Natur

Nyen (tibet.): Dämonen

Nyingma(pa): Schule der Alten; älteste der vier lamaistischen
Hauptschulen, auf Padmasambhava (8. Jh.) zurückgehend

Padmasambhava: 8. Jh., der aus dem Lotos Geborene; Begründer
des tibetischen Buddhismus, verband autochthonen animisti-
schen Zauber- und Geisterglauben (inkl. Bön) mit dem Buddhismus

Pandit (Skrt. *pandita,* Hindi *pandit*): Gelehrter; hoher buddhisti-
tischer Gelehrter

Parikrama/pradakshina: s. *kora*

Parvati: eine Erscheinungsform der weiblichen Gottheit Devi/
Mahadevi; Gemahlin/weiblicher Gegenpart *(shakti)* Shivas in
ihrem gütig-wohlwollenden Aspekt; zornvolle Inkarnationen
von Devi/Parvati sind z. B. Durga oder Kali

Phagmo (tibet.; auch *Dorje Phagmo;* Skrt. *Vajravarahi*): Dia-
mantsau; tantrische Gottheit, Weisheitspartnerin Dechogs

Prasada: (süße) Opferspeise

Purana: aus alten Zeiten; alte hinduistische Göttererzählungen

Ravana: ursprünglich hinduistischer Dämonenkönig; im Ramayana als König von Lanka und Führer der *rakshasa* (Dämonen)
Gegenspieler Ramas

Ri/-ri (tibet.): Berg

Rigzin (tibet.): 1. wissenshaltende Gottheit des Bardo; 2. Reprä-
sentant vorbuddhistischer Weisheit; 3. tantrische Meister der
Nyingmapa

Rinpoche (tibet.): Juwel; ehrerbietige Anrede/Bezeichnung für hoch-
rangige Lamas bzw. *tulku* (tibet., Erscheinungskörper); wiedergeborener, erleuchteter hoher Lama; häufig gelten sie als Emanation eines Buddha oder Bodhisattva wie z. B. der Dalai Lama

Rogyapa (tibet.): Körper-/Leichenzerteiler (in Vorbereitung einer Himmels-/Luftbestattung)

Rolang (tibet.): von einem Geist besessener Körper eines Toten

Sadag (tibet.): Dämonen (Herrscher der Erde), Mitglied des Gefolges Vajrakilas

Saga Dawa (tibet.): heiliger Tag (15. des 4. Monats nach dem tibet. Kalender; meist Mai/Juni), an dem die Geburt des historischen Buddha Shakyamuni, dessen Erleuchtung und dessen Eintritt ins Nirwana gefeiert werden

Samantabhadra: der All-Gute; als Ur-Buddha (Adi-Buddha) identisch mit Vairochana, geistiger Vater aller Buddhas, 2. ein Bodhisattva als Emanation Vairochanas, steht für das Verstehen der Einheit von Gleichheit und Verschiedenheit

Sengdongma (tibet.): die Löwengesichtige; Beschützerin der Lehre, zornvolle Emanation Padmasambhavas

Shakti: weibliche (Ur-)Kraft des Universums; Gegenpart eines Hindu-Gottes (z. B. Shiva–Parvati)

Shambala (tibet.): Quelle der Freude; mythisches Königreich im nördlichen Tibet, soll am Ende des jetzigen Zeitalters eine bedeutende Rolle als Frieden stiftendes Reich spielen

Shangri-la (tibet.): paradiesischer, fiktiver Ort, der in Tibet liegen soll

Shangshung (tibet.; auch *Zhangzhung*): einst ein unabhängiges Reich auf dem Gebiet des heutigen Tibet, genauer im heutigen westtibetischen Regierungsbezirk Ngari; hier soll der Bön entstanden sein; der Begründer des Bön, Shenrab Mibo (Miwoche), soll das Reich geeint haben

Shiva: der Glückverheißende; Shiva der Zerstörer, zusammen mit Brahma (der Schöpfer) und Vishnu (der Bewahrer) Teil der Hindu-Trinität und eine der höchsten Gottheiten im Hinduismus;

Stupa (tibet. *chörten*): buddh. Bauwerk, Grabmal(-schrein), Reliquienschrein, Sinnbild für den Eingang Buddhas ins Nirwana

Svami: im Hinduismus Ehrenbezeichnung für einen religiös-spirituell Gebildeten

Swastika (svastika): Hakenkreuz; im Bön altes Heilssymbol; im Buddhismus dem Rad der Lehre gleichgesetzt

Tanjur (tibet.): Teil des 300-bändigen Kanons des tibet. Buddhismus, die Übersetzung der Lehre

Tara (tibet. Dölma): Göttin des Erbarmens, des Mitgefühls; weiblicher Bodhisattva, der Legende nach aus einer Träne Avalokiteshvaras entstanden. In Tibet am bekanntesten sind die Weiße und die Grüne Tara.

Tarpan: hinduistisches Opferritual

Thangka (tibet.): Gemälde (Rollbild), meist auf Stoff, mit der Darstellung von Buddhas, Bodhisattvas, Paradiesen, Schutzgottheiten etc., dient im tantrischen Buddhismus der Meditation

Tibetisches Totenbuch (tibet. Bardo Thödol): Befreiung durch Hören im Zwischenzustand; soll auf Padmasambhava zurückgehen; Lehren, die einen Verstorbenen durch die 49 Tage seiner Bardo-(Zwischenzustands-)Existenz begleiten, damit dieser zur befreienden Einsicht, zur Großen Befreiung aus dem Kreislauf der Wiedergeburten gelangen kann

Tika/tikala: Zeichen, Markierung; Segenszeichen auf der Stirn von Hindus

Tsampa (tibet.): geröstetes Gerstenmehl; mit Butter und Tee vermischt ein Hauptnahrungsmittel in Tibet

Tsen (tibet.): zornige Naturgottheiten, Erdgeister

Tulku (tibet.): wiedergeborener hoher Lama

Urna: Reines Licht; gütig-wohlwollende Erscheinungsform der Devi/Mahadevi; vgl. Paravati

Vajrapani: Bodhisattva, Emanation Buddha Akshobyas, des Unerschütterlichen; im tibetischen Buddhismus soll er von Buddha selbst das Vajrayana , die tantrische Tradition des Buddhismus, erhalten haben

Vajrasattva: ein Buddha, auch Ur-Buddha

Vajrayana: Diamantfahrzeug; tantrisch/esoterische Tradition des Buddhismus, in dem geheime, meditative und rituelle Praktiken eine bedeutende Rolle innehaben

Yama: altindischer Gott des Todes; in der buddhistischen Mythologie der Höllenherrscher

Yeshe Tsogyal (tibet.): Gefährtin Padmasambhavas, soll dessen Lebensgeschichte niedergeschrieben haben; gilt als Verkörperung einer *dakini*

Yidam (tibet.): Initiations-(Einweihungs-)gottheit und symbolische Versinnbildlichung eines tantrischen Lehrsystems

Yogi: sich im Yoga (Weg zur höchsten Erkenntnis) Übende

von Britta Rath

Zitate

Bhagavad Gita. Das Lied der Gottheit. Aus dem Sanskrit von Robert Boxberger, neu bearbeitet und hg. von Helmuth von Glasenapp, Reclam, Stuttgart 1955, 2008 (S. 154)

An Account of Tibet. The Travels of Ippolito Desideri of Pistoia, S. J., 1712-1727, Edited by Filippo de Filippi, Routledge, London 1937 (S. 156)

Das Totenbuch der Tibeter, hg. v. Francesca Freemantle und Chögyam Trungpa, Diederichs, München 2008 (s. 213, 214)

DUMONTREISE.DE

DUMONT

Weitere Reiseabenteuer bei DuMont ...

Paperback, 336 Seiten
ISBN 978-3-7701-8250-3
Preis 14,99 € [D]/15,50 € [A]
Auch als E-Book erhältlich

DUMONTREISE.DE

Die Suche nach Indien

Eine Reise in die Geheimnisse Bharat Matas

von Dennis Freischlad

Über viele Jahre hinweg hat der Dichter und Künstler Dennis Freischlad in Indien gelebt, er hat sich als Übersetzer und Bibliothekar, Farmer, Koch und Hostelmanager verdingt. Nun begibt er sich auf einen weiteren Roadtrip durch *Bharat Mata,* Mutter Indien, um jenen indischen Geheimnissen nahezukommen, die zwischen Mensch und Mythologie einen einzigartigen Zugang zur Welt bilden. Auf der Suche nach Indien reist Dennis Freischlad auf abenteuerlicher Route mit seinem Motorrad vom tempelreichen Süden des Landes über das paradiesische Kerala und das schillernd-zerstörerische Mumbai bis in die Steppe des romantischen Rajasthan. Weiter geht es mit dem Zug in den Punjab, um schließlich an den Ufern des Ganges im mystischen Varanasi anzukommen, der heiligsten Stadt der Hindus.

Hinsichtlich Erfahrungen, Begegnungen und Intensität wird es eine Reise durch das »reichste Land der Welt«. Der Indienkenner schildert den Alltag, die Geschichte und Gegenwart der Inder in spannenden, poetischen und oft skurrilen Begegnungen und erzählt aus erster Hand von ihren Träumen und Realitäten, immerwährenden Katastrophen und Hoffnungen.

PAPERBACK, 456 SEITEN
ISBN 978-3-7701-8257-2
PREIS 16,99 € [D]/17,50 € [A]
AUCH ALS E-BOOK ERHÄLTLICH

Wolkenpfad

Zu Fuß durch das Herzland der Inka

von John Harrison

Übersetzt von Christina Schmutz und Frithwin Wagner-Lippok

Der »Wolkenpfad« verläuft hoch über dem Rücken der Anden, durch raues Land. Kälte, Niederschläge und Höhe machen Harrison während seiner mehrmonatigen Fußreise vom Äquator bis zu den magischen Ruinen der Inka-Stadt Machu Picchu wahrhaftig zu schaffen. Die Menschen, auf die er in den Bergen trifft, haben kaum je einen Weißen gesehen. Harrisons Buch lässt die extremen Landschaften, die er unter den Vulkanen der Anden durchstreift, und die extremen Lebensbedingungen der Menschen ebenso lebendig werden wie die zahlreichen Ruinen des Inka-Imperiums am Weg, die er eingehend würdigt.

Er läuft den Camino Real ab, den Königsweg, auf dem einst die Staffelläufer der Inka aus allen Winkeln des Reiches Nachrichten zu den Herrschern beförderten. Das Gelände ist eine einzige Herausforderung, der Weg beschwerlich. Die vielen Unwägbarkeiten der Reise, die Ängste und die Einsamkeit, kaum einmal unterbrochen durch kurze Aufenthalte in Gebirgsdörfern, werden feinfühlig und spannend erzählt.

PAPERBACK, 272 SEITEN
ISBN 978-3-7701-8251-0
PREIS 14,99 € [D]/15,50 € [A]
AUCH ALS E-BOOK ERHÄLTLICH

»*Beste Symbiose von Krimi und Infotainment ...*«
Rüdiger Nehberg, TARGET

Der Mann, der den Tod auslacht

Begegnungen auf meiner Reise durch Äthiopien

von Phiipp Hedemann

»Wer nicht reist, wird immer glauben, dass seine Mutter die beste Köchin ist«, lautet ein afrikanisches Sprichwort. Philipp Hedemann wollte wissen, wie andere Mütter kochen und reiste mit dem Geländewagen mehrere Tausend Kilometer durch Äthiopien. Er ließ sich von einem Aidsheiler den Teufel austreiben, lachte mit dem äthiopischen Lachweltmeister, besuchte die heilige Quelle des blauen Nils, bestieg den höchsten Berg des Landes und wäre beinahe Mönch geworden. Er traf Flüchtlinge in trostlosen Lagern und versuchte, das Rätsel der Bundeslade, in der die Zehn Gebote verwahrt werden, zu lüften. Er fürchtete in der Danakil, der heißesten Wüste der Welt, von Rebellen entführt zu werden, und trainierte mit äthiopischen Wunderläufern. Er feierte mit bekifften Rastafaris den Geburtstag Haile Selassies und fütterte wilde Hyänen ...

»Der Mann, der den Tod auslacht« erzählt von abenteuerlichen Reisen und spannenden Begegnungen und porträtiert unterhaltsam ein geheimnisvolles und widersprüchliches Land im Osten Afrikas.

PAPERBACK, 256 SEITEN
ISBN 978-3-7701-8253-4
PREIS 14,99 € [D]/15,50 € [A]
AUCH ALS E-BOOK ERHÄLTLICH

Das verlorene Paradies

*Eine Reise durch Haiti und die
Dominikanische Republik*

von Philipp Lichterbeck

Was tut man, wenn man während eines
Vodou-Rituals in Haiti plötzlich zum Objekt der Zeremonie auserkoren wird? Was
haben Sextouristen in der Dominikanischen
Republik mit Kolumbus gemein? Warum
ist Haiti eines der ärmsten Länder der
Welt, obwohl Milliarden von Dollars in die
winzige Nation gepumpt werden? Philipp
Lichterbeck ist mehrere Monate durch die
Dominikanische Republik und das erdbe-
benversehrte Haiti gereist. In Sosúa traf er
einen Aussteiger, der die Menschheit mit
seinen Raumschiffen retten will, in den
dominikanischen Zentralkordilleren den
Hexenjäger Bernardo Távarez und in Port-
au-Prince zwei Bildhauer, die aus Schrott
und Menschenschädeln Weltkunst montie-
ren. Er war auf seiner Reise ganz unten: bei
den Minenarbeitern, die den Halbedelstein
Larimar schürfen. Und er war ganz oben:
auf der Citadelle La Ferrière, dem »Machu Picchu Haitis«. Philipp Lichterbecks
einundzwanzig Stories sind mal witzig, mal
abenteuerlich, mal tragisch. Zusammen-
gesetzt ergeben sie das Porträt einer Insel,
auf der Schönheit, Kreativität und Witz
neben Korruption, Gewalt und Ausbeutung
existieren.

PAPERBACK, 384 SEITEN
ISBN 978-3-7701-8258-9
PREIS 14,99 € [D]/15,50 € [A]
AUCH ALS E-BOOK ERHÄLTLICH

DUMONTREISE.DE

*»Ein spektakuläres
Reportage-Buch«*
Stern

Mein Russisches Abenteuer

*Auf der Suche nach der wahren
russischen Seele*

von Jens Mühling

Als der Journalist Jens Mühling in Berlin
den russischen Fernsehproduzenten Juri
kennenlernt, verändert sich sein Leben.
Juri, der deutschen Sendern erfundene Geschichten über Russland verkauft, sagt: »Die
wahren Geschichten sind viel unglaublicher
als alles, was ich mir ausdenken könnte.«
Seitdem reist Jens Mühling immer wieder
nach Russland, getrieben von der Idee,
diese wahren Geschichten zu finden.
Die Menschen, denen er unterwegs begegnet, sind das echte Russland. Eine Einsied-
lerin in der Taiga, die erst als Erwachsene
erfahren hat, dass es jenseits der Wälder
eine Welt gibt. Ein Mathematiker, der
tausend Jahre der russischen Geschichte
für erfunden hält. Ein Priester, der in der
atomar verseuchten Sperrzone von Tscher-
nobyl predigt. »Mein russisches Abenteuer«
ist eine Reiseerzählung, die durch das heutige Russland führt. Aus ganz persönlicher
Perspektive porträtiert Jens Mühling eine
Gesellschaft, deren Lebensgewohnheiten,
Widersprüche, Absurditäten und Reize
hierzulande nach wie vor wenigen vertraut
sind.

PAPERBACK, 472 SEITEN
ISBN 978-3-7701-8259-6
PREIS 16,99 € [D]/17,50 € [A]
AUCH ALS E-BOOK ERHÄLTLICH

DUMONTREISE.DE

»Ein poetisches Buch –
interessant, schockierend und
zutiefst fesselnd ...«
Daily Telegraph

Im Schatten der Seidenstraße

Entlang der historischen Handelsroute
von China nach Kurdistan

von Colin Thubron

Übersetzt von Werner Löcher-Lawrence

In Bussen, Zügen, klapprigen Taxis und Geländewagen, auf Eselskarren und Kamelen folgt Colin Thubron dem Verlauf der ältesten und berühmtesten aller historischen Handelsrouten. Im Herzen Chinas beginnend, steigt sie auf in die zentralasiatischen Gebirgsmassive, führt durch Uiguren-Land, durch Usbekistan, Kirgisistan und Afghanistan und zieht sich schließlich durch die weiten Ebenen des Iran und den kurdischen Teil der Türkei bis ins alte Antiochia am Mittelmeer. In sieben Monaten legt Colin Thubron mehr als elftausend Kilometer zurück. Mit Zähigkeit, Ausdauer und bewundernswertem Durchhaltevermögen meistert er die Strapazen und Gefahren seiner geradezu epischen Reise. Den Rucksack nur mit dem Nötigsten gefüllt, das Geld in einer leeren Flasche Mückenschutzmittel versteckt, Sandstürmen, Schnee und Hitze trotzend, sucht er nach den Spuren einer Jahrtausende alten Geschichte und ist immer und überall ein sensibler Beobachter, neugieriger Gesprächspartner und glänzender Erzähler, der sich auf die Menschen, denen er begegnet, einlässt und ihre Identität erspürt. Das geradezu poetisch geschriebene Werk zeigt Thubrons tiefe Passion für die Belange und die Geschichte einer Weltgegend, die uns weithin unbekannt ist.